スペイン巡礼路を歩き尽くす

2010年-2017年
11,300キロ独り歩きの記録

笠井利之
kasai toshiyuki

文理閣

まえがき

　私は2009年3月に退職して、米国映画「フォレスト・ガンプ」(1994)のように突然歩き始めた。その歩く動機付けは、2007年春に国立民族学博物館特別展「聖地巡礼―自分探しの旅へ―」に出かけた時に遡る。その会場で、フランス陸軍退役軍人をモデルにしたドキュメンタリーフィルム「星の道：サンティアゴ・デ・コンポステーラ」を鑑賞して強い印象を受けた。これが幼少の頃からぼんやり考えてきた放浪や旅への思いを、元気なうちに遠くへ歩いてみたいという気持ちにさせた。そして、同じ年の夏にサンティアゴ巡礼を舞台にした映画「サン・ジャックへの道」(2005)を観て、一層衝動を覚えた。その夢を実現させるために退職を2年早めることにし、その時間を我が人生のプレミア期間と位置付けた。

　それまで小登山もランニングやウォーキングもほとんどしないメタボ寸前の身体だった。まず身近なウォーキングや小登山から始め、次に聖地サンティアゴ・デ・コンポステーラへ歩く第一ステップとして家内と四国遍路（公称約1200キロ）を歩くことにした。平安初期の高僧・空海（入定後弘法大師）の聖跡を追って四国4県88か所を巡礼するもので、各札所で決まった作法で読経し、納経帳にご朱印を頂く。2009年3月下旬から歩き始め、3度の区切り打ちを経て同年11月に結願した。家内は途中膝の故障でリタイアしたので、その後サンティアゴまでの歩きは全て単独行となる。

　第二ステップとして、熊野古道（スペイン巡礼路との姉妹道提携協定を1998年に締結）を2010年1月から歩き始める。熊野古道は古来より神仏混在の霊場を修業する地にあり、熊野三山（本宮、新宮、那智）を参詣する道である。紀伊路をまず歩き、そしてスペイン行に臨んだ。その後順次、中辺地、大辺地、大雲取越・小雲取越、伊勢路、小辺地、高野山町石道（累計約750キロ）を歩く。遍路と古道歩きの初期に痛めた足指と膝のトラブルは克服した。

　2010年3月－4月には、念願のスペイン巡礼路を歩き始めた。当初はフランス人の道（約800キロ・歩行28日）だけを考えていたが、欲を出して翌

2011年3-4月には銀の道（約1000キロ・同33日）、そしてまだ歩けそうだと同年7月にポルトガル人の道・プリミティヴォの道・フィステーラの道（計430キロ・16日）を歩いた。さらには、同年11月に北の道・イギリス人の道（計480キロ・16日）を歩いた。その後も毎年2～3回違うルートを求めて歩き、ついに2017年4月までの7年間に17次を数えるに至った。歩いたスペイン巡礼路の累計歩行日数は371日、累計歩行距離は1.1万キロ以上になる。サンティアゴ・デ・コンポステーラの巡礼・サンティアゴ博物館によれば、名前が付いたスペイン国内の巡礼路は39本あるが、ルート距離200キロ以上の巡礼路はおおかた歩いたことになる。

　旅は知的好奇心から始まる。見知らぬ地を歩いていると、珍しい自然や興味深い営み、風物に出会い、五感が活気づく。道端や資料館・博物館などの説明をメモし、インターネットや図書館で情報・文献を漁る。色々な古典・書物を読み、現地で思いを馳せる。古希という区切りの歳を過ぎた今、スペイン巡礼路だけではなく、国内の巡礼路、古道、街道歩きなどを含めると延べ1万4千キロ以上となり、一先ず歩き終えたという達成感がある。しかし、国内外には歩きたい道はまだ幾つも残っている。気力と体力がある限り、頭と足による旅を続けたい。

　本書は、17次にわたるスペイン巡礼歩行を振り返って、それら道中で得た体験と見聞を、各次に書き留めたメモから抜粋整理したものです。

2017年6月

笠井利之

目　　　次

まえがき　　i

サンティアゴ巡礼路　　v

Ⅰ　サンティアゴ・デ・コンポステーラへの道 …………… 1
　1. 聖地巡礼　　1
　2. 多様な巡礼ルート　　2
　3. 巡礼者の数　　5

Ⅱ　巡礼の動機付けと準備 ………………………………… 7
　1. 巡礼の動機付け　　7
　2. 準備と装備　　8

Ⅲ　これまでの歩行実績 …………………………………… 13

Ⅳ　各ルートを歩く：道中日記から ……………………… 16
　第1次　フランス人の道　　16
　第2次　銀の道　　23
　第3次　ポルトガル人の道、プリミティヴォの道、フィステーラの道　　35
　第4次　北の道、イギリス人の道　　41
　第5次　北の道（海沿いの道）、プリミティヴォの道　　47
　第6次　仏・アルルの道、仏・ピアモンテの道　　55
　第7次　レヴァンテの道、サナブレスの道　　61

第 8 次　レヴァンテの道（続）、銀の道、フランス人の道　68

第 9 次　エブロの道、アラゴンの道、フランス人の道　73

第 10 次　仏・トゥールの道、バスク中央の道、フランス人の道　80

第 11 次　ラナ（羊毛）の道、フランス人の道　87

第 12 次　マドリッドの道、フランス人の道、サルバドールの道、プリミティヴォの道　94

第 13 次　カタルーニャの道 I、モサラベの道（グラナダ）、プリミティヴォの道　102

第 14 次　アウグスタの道、南の道、カステリャーノ・アラゴネスの道、フランス人の道　107

第 15 次　ジローナの道、カステリャーノ・アラゴネスの道（続）、フランス人の道　117

第 16 次　モサラベの道（マラガ）、サン・ファン・デ・ラ・ペーニャの道、インヴェルノ（冬）の道　124

第 17 次　モサラベの道（ハエン）、カステリョンの道、ヴァディニエンセ・レバニエゴの道、プリミティヴォの道、フィステーラ・ムシアの道　132

V　道中記余聞：7 年間を振り返って …………………………… 145

付　各次巡礼路の実績行程表　157

コンポステーラ（巡礼証明書、第 17 次）　186

参考資料　187

サンティアゴ巡礼路

出所：http://www.editorialbuencamino.com/camino/img/mapa_base.gif

I

サンティアゴ・デ・コンポステーラへの道

1. 聖地巡礼

　キリスト教徒にとっての世界三大巡礼路（聖地への道）は、エルサレムへの道（イエスの墓）、ローマへの道（聖ペドロの墓）、そしてサンティアゴ・デ・コンポステーラ[1]への道（聖ヤコブの墓）である。12使徒の一人である聖ヤコブ（ヤコブはラテン語、英語ではセント・ジェームス、フランス語ではサン・ジャック、スペイン語ではサンティアゴ Santiago；Santo Iago または Yacob）はキリストの死後、スペインで布教していたが、エルサレムに戻り、AD44年（42年説もある）に斬首された。時を経て、813年に聖ヤコブの墓[2]がスペイン・ガリシア地方内で発見されたことを機に、折しもレコンキスタ（国土回復運動）の最中、その精神的支柱の一つとして当地への巡礼が始まった。当地への巡礼は次第に欧州各地に広がり、12世紀にはキリスト教世界における聖地として確固たる地位を得た。「帆立貝の貝殻」を首に掛け、長い杖と瓢箪を持ち、黒いマントをまとう巡礼者の姿は、巡礼のピークとなった12世紀頃には既に出来上がったとされる。中世後半以降の歴史的混乱の中で巡礼は衰退する。しかし、19世紀（1879年）に聖ヤコブの遺骸が再発見されて以後再び聖地巡礼が高まり、20世紀に入り、サンティアゴ旧市街とカテ

1　サンティアゴは人名、サンティアゴ・デ・コンポステーラは地名だが、本文では、特に断らない限り、以降地名もサンティアゴと略す。
2　処刑された聖ヤコブの遺骸は、弟子と共に小舟でガリシアのイリア・フラビア（現在のパドロン）に漂着し、そこから遠くない丘の上に葬られたという伝説がある。813年（814年説もある）に遺骸発見の報に接し、当時のアストゥリアス王アルフォンソ2世（760-842）が急きょその墓を訪れ、直ちにそこに小さな教会の建設を命じたという。現在のカテドラルの場所である。

ドラル（1985年）、そして巡礼路（スペイン側1993年、フランス側1998年）がUNESCO世界遺産に登録されると、一層多くの巡礼者がサンティアゴを目指すようになった。この三大聖地の他にも、キリスト教徒にとって多くの聖地が世界各地に点在する。

　キリスト教は392年にローマ帝国の国教となり、9世紀には西方教会（ローマ・カトリック教会）と東方教会（ギリシア正教）に分裂。16世紀にはプロテスタントが誕生し、時代と共に幾つかの教派に分かれてきたが、キリスト教徒の聖地巡礼は、それらを区別することなく続けられた。

　聖地巡礼は、元々、罪の意識を和らげ、魂の救済や精神の修養を求め、そして新しい人間に生まれ変わろうとする宗教的な動機で行うものであり、道中で死を覚悟するほどの多くの危険を伴った。しかし、巡礼路の道や施設が整備され、物資や生活が豊かになった現在は、宗教的な動機以外に、自分探しや旅気分で行動する巡礼者が多くなっている。

2. 多様な巡礼ルート

　自分が最初に歩いたスペイン巡礼路は、2010年3月−4月に歩いた「フランス人の道」であった。

　それは、フランスの各地から主に4本のルートを辿ってピレネー山脈の麓で合流し、峠を越えてスペインに入る。うち3本はフランス側のサン・ジャン・ピエド・ポー Saint Jean Pied de Port からイバニェタ峠（標高1055m）を越える「フランス人の道 Camino Frances」、もう1本はオロロン・サンマリー Oloron Sainte-Marie からソンポルト峠（標高1632m）を越える「アラゴンの道 Camino Aragones」。主なスペイン巡礼路は他にも、「北の道 Camino del Norte」、「銀の道 Via de la Plata」、「ポルトガル人の道 Camino Portugues」などがある。

　サンティアゴへの道は、一体どのくらいあるのだろうか。サンティアゴの墓が発見された中世以降、ヨーロッパ各地からサンティアゴへ通じる巡礼路が網の目のように発展した。遠くはスカンジナビア半島やロシア領域からも目指す巡礼者がいたからである。巡礼に使われた多くの道は、かつてローマ

帝国が整備した街道であり、その後に各地で商業・交易、布教、軍用などを通じて発展した道である。これらヨーロッパ各地から巡礼に使われた道が、フランスで4，5本の道に集約され、ピレネー山脈を越えて、スペイン巡礼路となる。

ピレネー越えの巡礼路には、前に挙げた2ルートの他に、バイヨンヌ Bayonne から標高900m超の峠を越えるバスタンの道もある。ピレネー越えではないが、フランスからスペインに入る巡礼路として、バスク地方海岸沿いでバイヨンヌからイルン Irun に至るバイヨンヌの道、地中海近くのペルトゥース Pertus から旧アウグスタ街道を伝ってホンキュエラ Jonquera に入るカタルーニャの道がある。またスペインには、北側のカンタブリア海あるいは反対の地中海からの上陸地点ないしは沿岸部の都市からスタートする巡礼路が幾つもある。

スペイン国内のサンティアゴ巡礼路は、各地域の政治的社会的発展過程と関係しており、実際、登録あるいは指定されたルートはどれそれか正確には分からない[3]。最も多く挙げているのは、editorialbuencamino.com で39ルート。mundicamino.com では34ルート、gronze.com では26ルート、caminodesantiago.consumer.es[4] では21ルートである。サンティアゴのカテドラルに隣接する巡礼・サンティアゴ博物館のボードには39ルートが挙げられている。

スペインではこれら巡礼路の他に、エル・シド El Cid の道、ドン・キホーテ街道、地域版自然遊歩道、欧州規格の GR（Gran Recorrido、長距離歩道）などがある。それぞれ道標または標識が違うものの、サンティアゴ巡礼路と重なる区間もあり、巡礼者にとってはよく混乱する。

スペイン国内のサンティアゴ巡礼路一覧は表1.1の通り。

ルートの位置は目次の次に示した図を参照。

---

[3] サンティアゴ市内の観光案内所や、図書館、博物館などで何度か参考資料を照会したが、各主要ルートのガイド冊子はあっても、その歴史的発展過程を総合的に解説する文献が見当たらなかった。よって、様々なウェブサイトを参照した。

[4] 日本カミーノ・デ・サンティアゴ友の会（本部は東京）は、このウェブサイト情報を参考に、巡礼者に人気の高い9ルートを挙げている。

表 1.1　スペイン国内　ルート別サンティアゴ巡礼路の一覧

（※）は踏破した巡礼路

ルート名	区　間	距離	備　考
（北部）		(km)	
Camino Frances（※）	Roncesvalles − Santiago	750.0	仏側 Saint Jean Pied de Port
Camino Aragones（※）	Somport − Puente la Reina	154.9	フランス人の道(C.Fr.)に合流
Camino a Fisterra（※）	Santiago − Fisterra	87.4	さらに Muxia へ 30.3km
Camino del Norte（※）	Irun − Arzua	816.0	C.Fr. に合流。STG へ+39.8km
Camino Primitivo（※）	Oviedo − Santiago	312.9	
Camino del Salvador（※）	Leon − Ovied	117.8	
Camino Ingles（※）	Ferrol − Santiago	105.6	
Camino Vasco del Interior（※）	Irun − Santo Domingo de la Calzada	194.2	C.Fr. に合流
	(Bayonne-Burgos)	(284.9)	(C.Fr. に合流)
Camino Baztan	Bayona/Bayonne − Pamplona	106.0	C.Fr. に合流
Camino Invierno（※）	Ponferrada − A Laxe	212.2	サナブレスの道に合流
Camino Vadiniense y Lebaniego（※）	San Vincente de la Barquera − Mansilla de las Mulas	208.2	C.Fr. に合流。STG へ+328km
Camino Viejo de Santiago	Pamplona − Columbrianos	508.0	C.Fr. に合流
Camino Olvidado o Camino Viejo	Bilbao − Ponferrada	448.8	C.Fr. に合流
Camino del Valle de Mena	Bilbao − Burgos	167.2	C.Fr. に合流
Camino Castellano-Aragones（※）	Gallur − Santo Domingo de Silos	228.2	ラナの道に合流
Camino Sanabres（※）	Granja de Moreruela − Santiago	368.0	
（南部）			
Via de la Plata（※）	Sevilla − Astorga	703.5	C.Fr. に合流。STG へ+260km
Camino Portugues（※）	Lisboa − Santiago	504.0	
Camino de Madrid（※）	Madrid − Sahagun	320.5	C.Fr. に合流
Camino de Levante（※）	Valencia − Zamora	805.8	銀の道・サナブレスの道に合流
Camino Mozarabe（※）	Almeria − Granada − Merida	550.4	銀の道に合流
Camino Mozarabe de Jaen（※）	Jaen − Alcaudete	43.4	モサラベの道に合流
Camino Mozarabe de Malaga（※）	Malaga − Baena	158.3	モサラベの道に合流
Ruta de la Lana（※）	Alicante − Burgos	676.7	C.Fr. に合流
Camino del Sur（※）	Huelva − Zafra	186.4	銀の道に合流
Via Augusta de Cadiz a Sevilla（※）	Cadiz − Sevilla	173.4	銀の道に合流
Camino de Requena	Valencia − Monteagudo de las Salinas	199.0	ラナの道に合流

4

Camino del Sureste（※）	Alicante – Mota del Marques	670.2	レヴァンテの道にほぼ同道
Camino Manchego	Ciudad Real – Toledo	136.2	レヴァンテの道に合流
Ruta del Argar	Lorca – Mora	346.0	レヴァンテまたは Sureste の道に合流
（東部）			
Camino Catalan I（por Zaragoza）（※）	Montserrat – Fuentes de Ebro	253.1	Camino del Ebro に合流
Camino Catalan II（por San Juan de la Pena）（※）	Monserrat – Santa Cilia de Jaca	325.0	Camno Aragones に合流
Camino del Ebro（※）	Deltebre – Tortosa – Logrono	441.5	C.Fr. に合流
Camino de Girona（※）	El Pertus – Montserrat	213.0	
Camino de Tarragona	Tarragona – Lleida	143.0	Camino Catalan I に合流
Camino de Barcelona	Barcelona – Montserrat	63.0	Camino Catalan I に合流
Camino Castellon（※）	Castellon de la Plana – Fuentes de Ebro	280.9	Camino del Ebro に合流

（備考）スペイン側・フランス人の道に連結するフランス側の主要ルート：
・Camino de Tours（一部※）
・Camino deVezelay
・Camino de Le Puy
・Camino de Arles（一部※）
・Camino del Piamonte（一部※）
（出所）editorialbuencamino.com、Mundicamino.com、Gronze.com

3. 巡礼者の数

毎年、どのくらいの巡礼者がサンティアゴを訪れているのであろうか。

サンティアゴに着いた巡礼者は、巡礼者協会事務所で、道中で使用したクレデンシャル（巡礼手帳）[5] を提示して、コンポステーラ（巡礼証明書）を発行してもらう。発行の条件は、サンティアゴまでの最後の距離が徒歩と馬では 100km、自転車では 200km 以上が必要である。同巡礼者協会は、このコンポステーラの発行データから毎年巡礼者統計を取っており、集計結果を

---

[5] Credencial del Peregrino。巡礼の始発地で入手すべき巡礼者の身分を証明する折りたたみ冊子。各地の巡礼者友好協会、一部の教会、観光案内所などで ID かパスポートを提示して発行してもらう。巡礼中は、巡礼宿等での宿泊施設、参拝する教会、飲食施設、立ち寄る観光案内所等で日付を付したスタンプを押してもらう。

ウェブサイト[6]で公表している。

　その統計によれば、2010年[7]及び飛んで2013年以降、巡礼者は年間20万人以上に上り、年々増加の傾向にある。2016年のケースを見ると、巡礼者総数は277,854人（男性51.8％、女性48.2％）。国籍別では、スペイン人が44.7％、次いでイタリア人（8.6％）、ドイツ人（7.6％）、アメリカ人（5.5％）と続く。日本人は、1,459人（0.5％）とまだ少ない。手段別では、91.4％が徒歩で、自転車は8.4％である。ルート別では、フランス人の道が圧倒的に多く、63.4％、次いでポルトガル人の道（17.8％）、北の道（6.2％）と続く。始発地別では、フランス人の道のSarriaが25.8％、次いで同じくSaint Jean Pied de Port（12.1％）、ポルトガル人の道のOporto/Porto（6.4％）となる。

　この他に、サンティアゴには到達しないが、多くの巡礼者が巡礼路を歩いている。彼らの多くは区切り打ち（限られた区間を歩くこと）をする一方、サンティアゴに達した後、自分の家まであるいは他の巡礼路を歩く者がいる。また、巡礼者ではないが、観光や小旅行、ハイキングなどの目的で、巡礼路を歩く人が大勢いる。同様に自転車組は特に週末に多い。地域の人々も散歩、ウォーキング、ランニング、サイクリングをしている。これらの人達は、巡礼者統計には含まれない。

6　http://www.oficinadelperegrino.com。統計は年別、月別、性別、手段別、動機別、国籍別、ルート別、始発地別、職業別、年齢層別等となっている。
7　聖ヤコブの祝日である7月25日（エルサレムで殉教した日）が日曜日に当たる年を聖年としており、近年では1999年、2004年、2010年がそれに当たる。次の聖年は2021年。

II
巡礼の動機付けと準備

1. 巡礼の動機付け

　「まえがき」で述べたように、サンティアゴ巡礼路を歩く動機は、2007年春に国立民族学博物館（吹田市）の特別展「聖地巡礼―自分探しの旅へ―」に出かけた時に覚えた感動に遡る。その会場で上映されたドキュメンタリーフィルム「星の道：サンティアゴ・デ・コンポステーラ巡礼」に強い印象を受け、幼少の頃から心に抱いていた「さすらいの旅」への思いを呼び起こさせた。そしてその年の夏に、サンティアゴ巡礼を舞台にした映画「サン・ジャックへの道」[8]（2005年製作）を観て、退職後に「フランス人の道」を歩こうと心に決めた。

　自分は疎い仏教徒といえるが、キリスト信者ではない。巡礼の目的は、サン・ジャン・ピエド・ポー（以後略してサンジャン）及びサンティアゴの巡礼者協会事務所で、宗教的（religious）と記入したが、当らずとも遠からず、である。四国歩き遍路で経験したことだが、ルールと儀式に則って振る舞えば、おのずから弘法様を敬い、あるいは教会では、イエスや聖ヤコブの前にひざまずきたくなるものである。未知の世界を歩いてみたいという衝動と好奇心は何よりも得難い。

8　この映画は、母親の遺産を相続するために日頃あまり仲の良くない兄・妹・弟の3人が、他の様々な身上を持つ巡礼仲間5人及びガイドと共にフランスのル・ピュイからサンティアゴまで歩き、それぞれが自分を見つけて再生していく姿を描いたヒューマン・コメディー。

2. 準備と装備

身体の準備

　2009年3月の退職を前に足腰を鍛えることにし、まずは自宅近くの二条城周りや近郊のウォーキングから始めた。それまでは若い頃を除いて、小登山、ランニングやウォーキングもほとんどしないメタボ寸前の身体だった。スペイン巡礼を考えているうちに、フランス人の道の行程に勝るとも劣らない巡礼の道が国内にもあることに気付いた。そこで、退職する年の3月下旬から四国巡礼・八十八ケ所巡り約1200キロを家内と一緒に歩くことにした。結果的には3度の区切り打ちとなった。

　さらに2010年1月から2月にかけて、熊野古道のうち、紀伊路と中辺地約210キロを歩いた。その歩き始めに、ウォーキングシューズからトレッキングシューズに買い替えたが、そのためか早い時期に左膝を痛め、ヒアルロン酸液を注入してもらう羽目になった。

　そして2010年春にフランス人の道を歩き、その後も約7年間にわたって、年に2,3回スペインの巡礼路を歩くことになる。サンティアゴへの道を歩いて分かったことは、数百キロにもわたって連日歩くと腿や脹脛（ふくらはぎ）がパンパンに張るが、帰国する頃には張った筋肉はほぼ無くなり、元の木阿弥状態になる。よって、巡礼に出かける毎に出発直前まで足慣らしが必要になる。そのために、二条城周りのウォーキングの他に、自宅から歩いて大文字山や愛宕山に登り、あるいは御室仁和寺の八十八ケ所巡りを行い、それらを何度も繰り返した。

ルートの選択と情報

　具体的にサンティアゴ巡礼「フランス人の道」を検討し始めたのは、2009年11月19日に四国歩き遍路を結願して、その道中記をまとめ上げてからである。まずはブログを中心とするインターネット情報と文献サーベイに当った。参考図書はあちこちの図書館や本屋で漁ったが、和文・英文共あまり豊富でない。参考にしたのは、主に次の2冊。

　―『ぶらりあるきサンティアゴ巡礼の道』安田知子著（2006）、芙蓉書房
　　出版

――『聖地サンティアゴ巡礼の旅：日の沈む国へ』エンジン・ルーム社編集部（2008）、ぴあ

　特に後者の巻末に収録されている「巡礼ルートガイド・フランス人の道」（略図）はそのコピーを携行して大いに役立った。後に道中でわかったことだが、欧米人はそれぞれ母国語による経路・寺院・遺跡の説明や宿泊案内を含む詳しいガイドブックを携行していた。しかし、日本人には適当な和文のそれがない。サンジャンやパンプローナなどの本屋・土産物店に英文があるというが、買う機会を逃した。フランス人の道の場合、ルート情報や公共宿の情報（スペインでは主にアルベルゲ albergue、フランスではジット gite）は、先に挙げたコピーの他に、サンジャンの巡礼者協会事務所や道中の観光案内所による情報、同道の巡礼者仲間の情報等に頼って事足りた。気をつけていれば、巡礼路の道中には様々な標識または道標（スペイン語でモホン Mojon）があり、大まかには歩けることが分かった。

　フランス人の道以外では、日本を出る前にインターネット情報[9]を丹念に調べたうえ、道中の各主要自治体にある巡礼者協会事務所や観光案内所で、ルート別冊子・地図、宿舎・飲食情報、道中の町や集落情報などの入手を心掛けた。特に、起点となる教会（多くはカテドラル）とクレデンシャルを入手すべき場所の確認は重要だ。

　次回どのルートを歩くかは、巡礼の道中で決めることが多い。フランス人の道を歩き終えた後、フィステーラの町で、ポルトガル人の道と銀の道を歩いた巡礼者と話しているうちに、次は銀の道を歩こう、と心に決めた。しかし、回を重ねるうちに、インターネット情報や旅行計画をベースに決めることが多くなった。

　巡礼路の道中で学ぶことは多く、イベリア半島の歴史・文化・地理・社会などを目の辺りにすることができ、興味は尽きない。特に、フランス人の道でのアタプルカの遺跡や銀の道でのローマ街道に触れてから一層、人類史や古代ローマ史に関心が強くなり、帰国後にこの分野での読書欲を掻き立てた。

9　主に mundicamino.com と gronze.com に頼った。

スケジュールの設定

次に、歩く時期とスペインへのフライトスケジュールを立てる必要がある。巡礼者に人気がある時期は、1位 7,8月、2位 5,9月、3位 6月、4位 4,10月、そして5位に 11,3月である。第1次フランス人の道の場合は、計画を検討しているうちに、2010年は「聖ヤコブ年 Yacobeo（ガリシア語では Xacobeo）」であることが分かった。7月25日（日曜日）前後にはカトリックでは盛大な大祭が行われるので、この年は例年にない巡礼者がサンティアゴに殺到することが見込まれる。フライトスケジュールについては、運賃は安いが、中国を含めた途上国や韓国のキャリアーは避けたい。当時、ヨーロッパ線で安くかつ一番人気は Finnair であった。ヘルシンキ経由パリ行き（帰路はマドリッド発）を検索すると、3月でも満席近いことがわかった。巡礼者は年中歩いているようだが、気候の点から見てやはり降雪・積雪の冬季や雨の多い時期（4-6月）は避けた方が無難である。四国遍路の経験から気温が 5-15℃ くらいが歩き易い。また、約 800km（標高 300-1,500m）の距離を重いザックを背負って歩くので、巡礼歩行期間の目安は、余裕を見て37日間（携行したコピーのモデルは33日間、巡礼事務所の資料では34日間）と見込んだ。さらに予備1日、サンテャゴ滞在2日間、旅行など移動日に5日間、合計45日間の旅行計画とし、3月15日出発、4月28日帰国というスケジュールを立て、フライトを予約した。

しかし、初回の巡礼歩行は37日間予定のところ、実際は28日間で歩き切ってしまい、多くの自由時間を残すことになった。歩き慣れてくると、思った以上にピッチが上がることが分かったので、2次以降は、歩行日程をより厳しく設定することにした。

関西空港－マドリッド間のフライト選定は、渡航時期、旅行期間、予約のタイミング、世界の社会経済事情、航空会社の事情などによって運賃が変わる。2次以降は、所要時間は増すが、バンコク経由、中東（ドバイかドーハ）経由の格安エコノミーフライトを選択することが多くなった。回数を重ね、マドリッドの様子が分かってくると、バラハス空港からバスターミナルまたは鉄道駅へ直行し、目的の始発地へ移動した。

装備と携行物

　その次は、装備と携行物の調整である。サンジャンから出発するフランス人の道の場合、最初の難関はピレネー山越えで、選択ルートは2つ。人気のあるナポレオン道を取ると、標高1,450mの峰を越えねばならない。その後の道中でも、同じくらい高い峠や雨中・雨後には湿地も通らねばならないので、防水性のトレッキング靴が欠かせない。道中の宿はアルベルゲと呼ばれるベッドだけの巡礼宿（ホットシャワー・トイレは完備、中にはキッチンがあり自炊可）が中心なので、シュラフ（寝袋）は必需品である。他にも色々と携行すべき装備が要る。四国歩き遍路の経験もあるので、防水性トレッキングシューズ、ザック（40リットル、ただし、1次の後）、シュラフ、ライトレインウエアーを新たに購入した。その他の小物のほとんどは旅行中に廃棄できるように100円ショップで済ませた。巡礼者必携の帆立貝の貝殻は現地で調達。ウォーキング・ポール（杖）と瓢箪は結局持たないことにした。最初に歩いた3月中下旬の巡礼路は、まだ降雪の可能性が高い季節で、気温は摂氏−2度〜+6度程度を想定した衣類を持たざるを得ないために、装備がどうしても重くなる。10g単位で荷物を何度も点検したが、出発時点ですでに10kgを超えていた。

　その後毎年、春季、夏季、秋季と年2〜3回、計17回も歩くことになったが、季節によって、携行必需品（特に衣類）の内容も変わる。また、何度も歩くうちに知恵がつき、軽量化を心掛けた。3次以降の自宅出発時の重量は、春季と秋季は7kg台、夏季は5〜6kg台に抑えることができた。しかし、後年になればなるほど辺鄙な巡礼路となり、水ボトルや携行食糧、さらには現地で入手資料が増え、ザックの重量は途中で1〜2kg増す。

　日本国内を歩くケースでは、携帯電話が役立つが、スペインでは携帯電話あるいはスマートフォンはついに持たなかった。公営アルベルゲに泊まる場合は、到着順なので、それほど苦にならなかったが、それでも空き具合の照会や、道中のルートナビには必須であり、他のほとんど全ての巡礼者が持っていたので、大きなハンディだと感じざるを得なかった。例え持っていたとしても、言葉（特にスペイン語やフランス語）のハンディは常に付きまとう。どうしても電話が必要な場合は、通りがかりの人や居合わせた人にお願いし

た。ナビのない独り歩きでどれほど道間違いをしただろうか。

　スペイン、フランス、ポルトガルにおける巡礼には、クレジットカードを多用する欧米人と違って、多額のユーロ現金が必要である。海外旅行の経験上、日本国内でユーロを購入した。円・ユーロ交換レートは、2010－2017年の間で大体１ユーロ100円～140円で変動した。

言葉の問題
　17次にわたる巡礼でスペインを中心にポルトガル、フランスと３カ国を歩いたが、それぞれ言葉が違う。外国人観光客が出入りするような土地では概ね英語が通じるが、地方ではそうはいかない。会話中心の簡単な語彙やフレーズの習得は必須である。会話ガイドブックや辞書を携行するのは荷物になるので、必要最小限のフレーズと単語をコピーあるいはメモして現地へ臨んだ。道中では巡礼者風情で尋ねると、先方から忖度(そんたく)して応えてくれたのでそれほどの不便は感じなかった。ただし、現地で入手した西語（時にはカタルーニャ語やバスク語）、仏語、ポルトガル語の情報や資料の判読には苦労した。

クレデンシャル
　巡礼はその出発地点の巡礼者協会事務所等でまずクレデンシャルを入手することから始まる。クレデンシャルは巡礼者の通行許可証兼スタンプ台帖のようなもの（四国遍路なら納経帖）で、出発地点と経路の証として、アルベルゲなど巡礼者専用の宿泊施設に必要なものである。また、博物館、教会、修道院、その他巡礼関連施設などで提示する巡礼者に便宜が払われる。宿泊施設・教会・飲食施設等でクレデンシャルに押印されるスタンプと日付が経路を示す証となり、一定の条件が満たされると、サンティアゴの巡礼者協会事務所でコンポステーラ（巡礼証明書）が発行される。

III

これまでの歩行実績

2010年3月から2017年4月まで、17次にわたって名前の付いた31の巡礼ルート（フランス、ポルトガルを含む）を歩いた。歩いた累計は道間違いを含めて約11,300キロメートルになる。

スペインには、39カ所のUNESCO登録の文化遺産[10]があり、サンティアゴ巡礼路の道中には、そのうち20カ所あり、それらを見学した。また、巡礼後のバックパックでも残りの何カ所かを見学した。

これまでの歩行実績の概要一覧は表3.1の通り。

表3.1 スペイン巡礼（フランスを含む）歩行実績一覧

網掛けは世界遺産登録所在地（初出のみ）

次	旅行期間	カミーノ名（ルート）	主 な 経 路	歩行距離＋ロス (km)	費用万円	航空会社経由地
1	2010.3.15－4.28（45日）	フランス人の道	Saint Jean Pied de Port － Atapuerca － Burgos － Santiago de Compostela	793.4 + 10.0	42.3	FIN (Finair)ヘルシンキ
2	2011.2.28－4.15（47日）	銀の道	Sevilla － Merida － Caceres － Salamanca － Zamora － Orense － Santiago	990.7 + 71.0	35.7	TG (Thai)バンコク
3	2011.6.29－7.23（25日）	ポルトガル人の道	Port － Tui － Santiago	238.1 + 3.5	22.1	TGバンコク
		プリミティヴォの道	Lugo － Santiago	102		
		フィステーラの道	Santiago － Fisterra	89		
4	2011.10.31－11.24（25日）	北の道	Oviedo － Ribadeo － Arzua － Santiago	362.9 + 13.0	23	TGバンコク
		イギリス人の道	Ferrol － Santiago	118.1 + 3.0		

---

10 他に、自然遺産3、複合遺産2。サンティアゴ巡礼路（フランス人の道とアラゴンの道）は、スペイン側は1993年、フランス側は1998年に登録された。

次	旅行期間	カミーノ名（ルート）	主 な 経 路	歩行距離＋ロス (km)	費用万円	航空会社経由地
5	2012.2.29 − 4.5 （37 日）	北の道	Irun − Gernika − Oviedo	528.8 + 42.2	27	TG バンコク
		プリミティヴォの道	Oviedo − Lugo − Arzua − Santiago	315.5 + 3.5		
6	2012.9.19 − 10.19 （31 日）	仏・アルルの道	(Milan − Genoa) − Arles − St.Gills − Montpellier	79.5 + 12.0	30.8	TG バンコク 地中海沿岸部都市及びモナコ
		仏・ピアモンテの道	Narbonne − Carcassonne Lourdes − S.J.P.P.	87.4 + 20.5 150.4 + 17.0		
7	2013.3.10 − 4.11 （33 日）	レヴァンテの道	Valencia − Toledo − Avila	621.0 + 20.0	21.4	EMIRATES ドバイ
		サナブレスの道	Orense − Santiago	115.4+1.0		
8	2013.9.9 − 10.6 （28 日）	レヴァンテの道・続	Avila − Toro − Zamora	176.5 + 9.0	30	TG バンコク 北イングランド
		銀の道	Granja de Moreruela − Astorga	97.8 + 8.0		
		フランス人の道	Sarria − Santiago	118.2		
9	2014.3.11 − 4.11 （32 日）	エブロの道	Tortosa − Zaragoza − Logrono	398.8 + 21.5	25.1	FIN ヘルシンキ
		アラゴンの道	Somport − Jaca − Puente la Reina	173.0 + 5.5		
		フランス人の道	Sarria − Santiago	118.2 + 1.0		
10	2014.9.14 − 10.14 （31 日）	仏・トゥールの道	Bordeaux − Bayonne − Irun	250.2 + 12.5	28.8	TG バンコク
		バスク中央の道	Irun − Vitoria − Santo Domingo de la Calzada	213.7 + 7.5		
		フランス人の道	Sarria − Santiago	118.2 + 4.0		
11	2015.3.16 − 4.17 （33 日）	ラナ（羊毛）の道	Alicante − Cuenca − Burgos	692.9 + 42.4	24	FIN ヘルシンキ
		フランス人の道	Sarria − Santiago	118.2 + 3.0		
12	2015.6.22 − 7.16 （25 日）	マドリッドの道	Madrid − Segovia − Sahagun	328.6 + 7.5	22.1	TG バンコク
		フランス人の道	Sahagun − Leon	62.0		
		サルバドールの道	Leon − Oviedo	121.3 + 7.0		
		プリミティヴォの道	Lugo − Santiago	104.8 + 1.5		
13	2015.9.13 − 10.9 （27 日）	カタルーニャの道 I	Montserrat − Lleida − Penalba	197.1 + 6.0	17.3	QR（Qatar） ドーハ
		モサラベの道	Granada − Cordoba − Merida	428.4 + 21.0		
		プリミティヴォの道	Lugo − Santiago	103.6		

Ⅲ　これまでの歩行実績

次	旅行期間	カミーノ名（ルート）	主 な 経 路	歩行距離＋ロス (km)	費用万円	航空会社 経由地
14	2016.2.14－3.11 (27日)	アウグスタの道	Cadiz－Sevilla	179.4＋7.0	20	EMIRATES ドバイ
		南の道	Huelva－Zafra	188.3＋12.0		
		カスティリャーノ・アラゴネスの道	Gallur－Agreda	75.2＋8.0		
		フランス人の道	Sarria－Santiago	118.2＋1.0		
15	2016.5.29－6.23 (26日)	ジローナの道	Pertus－Girona－Montserrat	264.2＋12.0	18.6	EMIRATES ドバイ
		カスティリャーノ・アラゴネスの道・続	Agreda－San Leonardo de Yague	125.9＋6.0		
		フランス人の道	Sarria－Santiago	118.2		
16	2016.9.26－10.26 (31日)	モサラベの道	Malaga－Baena	153.9＋7.5	18.9	FIN ヘルシンキ
		サンファン・デ・ラ・ペーニャの道	Tarrega－San Juan de la Pena－Santa Cilia de Jaca	251.7＋7.5		
		インヴェルノの道	Ponferrada－Las Medulas－Santiago	265.7＋4.0		
17	2017.3.28－4.27 (31日)	モサラベの道	Jaen－Alcaudete	44.8＋3	21.6	LH (Lufthansa) フランクフルト
		カステリョンの道	Castellon－Fuentes de Ebro	295.2＋11		
		ヴァディニエンセ・レバニエゴの道	San Vicente de la Barquera－Mansilla de las Mulas	215.0＋8		
		プリミティヴォの道	Lugo－Santiago	104.7＋2.5		
		フィステーラ・ムシアの道	Fisterra－Muxia	36.0＋2		
	合計		ルート距離合計＋ロス（主に道間違い）	10,850.1＋465.6	428.7	
			歩行距離総計	11,315.7		

(備考) フランス人の道など同じ道を何度も歩いたのは、コンポステーラ発行の条件を満たし、サンティアゴのカテドラルでのミサに参席するためである。

IV

各ルートを歩く：道中日記から

第1次　フランス人の道

旅程：2010年3月15日〜4月28日（45日、うち歩行日数28日）
区間と距離：Saint Jean Pied de Port〜Santiago de Compostela
　　　　　　793.4km＋ロス10km
ルート外の主な訪問地：パリ、バイヨンヌ、フィステーラ、ポンテヴェードラ、
　　　　　　ポルト、リスボン、サラマンカ、マドリッド、トレド、エル・エス
　　　　　　コリアル、ヘルシンキ

旅程のハイライト

- 「フランス人の道（トゥールの道）」の始発地は本来パリなので、往便はパリ到着（復便はマドリッド発）とした。パリで1泊し、3月16日早朝にサン・ジャック塔を確認。そして、パリからTGVでバイヨンヌへ行き、そこからフランス側ピレネーの麓の町サンジャンへバスで移動した。
- サンジャンの巡礼者協会事務所で、初日が難所のピレネー越えとなるため、巡礼の心得と丁寧な経路の説明が行われる。今次は巡礼者に好まれるナポレオン道はレポエデル Repoeder 峠（標高1450m）付近で積雪が深いために避けて、もう一つの国道 N-135 沿いのルートを取るように奨められたので、その助言に従った。しかし、このルートのイバネタ Ibaneta 峠（標高1,055m）越えでも峠道にうっすら雪が残っていた。
- 巡礼路での日常は、「歩く・喰う・寝る」である。「フランス人の道」は巡礼路としてよく整備されており、道標に注意していれば迷うことは少ない。古くは、古代ローマの道、あるいは商業の道やレコンキスタの道が巡

礼路に利用されたが、近代化でこれらの多くは車道に拡幅され、また生活道としての利用が増えたことから、巡礼路も世界遺産登録前後から整備された道になっている。歩行専用の巡礼路の他に、自転車専用道もある。また、「フランス人の道」は四国遍路と比べて地道が圧倒的に多い。

- 「フランス人の道」の沿道では大体 5km 前後に集落があり、どんなに小さな集落（例えば十数戸に人口 50 人）でも、バル Bar やアルベルゲがあり、飲食や宿泊には困らない。バルはカフェ、ワインバー、レストランを兼ねている場合が多く、巡礼者向けのサービスに欠かせない存在である。バルのトイレも重要な役目を果たす。巡礼歩行 28 日のうち、1 泊のみブルゴスでホテルに泊まったが、他は全てアルベルゲに宿泊した。宿代は 5-10 ユーロ。公共のアルベルゲ（地方自治体営あるいは教会営）の多くは寄付なので、この場合は 5 ユーロを納めた。巡礼者がアクセスし易いバルやレストランでは、昼夜を問わず、定食（ワイン付きで 8-12 ユーロ）が食べられる。

- 3 月 17 日のバイヨンヌ出発時点（バス乗客数は 17 人、うち巡礼者が 15 人程度）からサンジャンの巡礼者協会事務所（実は到着時刻が 10 時過ぎと遅かった）まで、巡礼者はそれほど多いとは思わなかったが、アルベルゲは第 1 日目からほぼ毎夜満室になった。そして、各地で催される 3 月末から 4 月上旬のセマナサンタ（イースター）が過ぎると、スペイン人巡礼者がどっと増え、その数がサンティアゴに近づくほど増えた。巡礼者は国際色豊かである。欧米人が圧倒的に多いが、東アジアからは韓国人が群を抜く。道中で遭った日本人は極めて少なく、わずか 4 人（うち一人はバルセロナ在住の女性）だった。アルベルゲの寄せ書きノートを見ても、それが裏づけされる。

- 一昔前までの巡礼者は、サンティアゴ大聖堂（カテドラル）手前約 5km のモンテ・ド・ゴソ Monte do Gozo（モニュメントがある歓喜の丘）から、市内の大聖堂を遠望して感極まったという。そして、現在の巡礼者の多くは、その近くの大収容アルベルゲに 1 泊し、翌朝歓声をあげてオブラドイロ広場にかけより、カテドラル構内の「栄光の門」の中央の柱に右手を当てて祈り、歩き終えた感涙にむせぶのである。その後、堂内中央聖壇に鎮座する聖ヤコブ像の胸像を後ろから抱擁する。そして毎日正午から行われる巡

礼者のための大ミサでは、天井に吊られたボタフメイロ（大香炉）が堂内狭しと揺られ、その後司祭から歩き通した巡礼者の国名が主な巡礼路始発地毎に披瀝される。自分の場合は、前日にサンティアゴから約20km手前の町に泊まり、翌日午後にサンチャゴに入ったので、カテドラルに着いても、どれがオブラドイロ広場か「栄光の門」かが判らないまま、まず巡礼者事務所に辿り着いた。そして、巡礼者のための大ミサが毎日12時に行われることを確認して、ひとまず郊外のアルベルゲに落ち着いた。その翌日11時過ぎに戻ってみると、カテドラル入り口付近は前日と打って変わって大変な人出だった。観光客だけではなく、身なりを正した地元の人も沢山列をなして待っている。中に入ると中央祭壇から見て三方向の参列席（ざっと2,000人以上）はおおかた埋まっており、着席できるのかとあせってしまった。12時から1時間ほどのミサであったが、結局ボタフメイロの大スウィングは見られなかった。しかも、巡礼者のルート別・国名が紹介される中で、韓国が呼ばれても日本は聞き損ねた。その夜、1日遅れて朝早くゴソから到着したという顔見知りのオーストリア人青年から聞いたところによれば、その日午前10時のミサで大スウィングがあったという。1日に何度もミサがあるとは後日知った。その感激を期待して歩いてきたことを思うと至極残念であった。そんなことは大したことではない、歩き通したことが重要なのだ、と彼は慰めてくれた。

- 巡礼はサンティアゴで終わらない。大ミサで祝福された後も、あと90kmほど先のフィステーラ Fisterra（ガリシア語、スペイン語では Finisterre、地の果ての意）まで通常3日かけて歩き、灯台のあるその先の岩場で巡礼中に使った靴、杖、衣類などを燃やすという慣習がある。しかし、今はその数量も多くなり、しかも風が強いために焼却は禁止されていることが現地でわかった。当初の巡礼計画では、このフィステーラ行きは考えていなかったが、日数に余裕ができたので行くことにした。慰めてくれた先ほどの青年は、一緒に歩こうと道中から誘ってくれていたが、彼には申し訳ないがバスで行くことにした。今一つ達成感の喜びに浸れなかったことと、サンティアゴの街に入る直前から右膝に違和感を覚えたからである。フィステーラへ向かう早朝は、これまで続いた快晴と打って変わって雨が降っ

ていた。既にポンチョや寝袋は自宅へ送り返している。サンティアゴのバスターミナルから3時間半かけて、昼前にフィステーラの町（元は小さな漁村）に着き、宿にザックを預けて、そこから灯台がある岬までの約3kmを歩き、岬の岩場でしばし感傷に浸った。巡礼はそこで終えたことになる。夜は、宿のレストランで、銀の道を歩いてきた同年輩のドイツ人と夕食を共にし、祝杯を挙げた。

- 当初日程案を大幅に繰り上げて歩き終えたので、スペインとポルトガルの主要な観光地を回ることにした。しかし、4月14日に起きたアイスランド・エイヤフィヤトラヨークトル火山の噴火が空路ヨーロッパ線の混乱を引き起こし、数日後にはヨーロッパ全土のバス・鉄道などの長距離交通網にまで波及した。それに巻き込まれてリスボンから思い通りには移動できず、しかもFinnairのマドリード便再開が他の便よりも大幅に遅れたこと（結果的には4月26日の帰国便には間に合った）もあって、心身共に大いに疲れた。

道中日記から（抜粋）

3月19日（金）曇一時小雨　Larasoana ～ Cizur Menor　歩行21.2km

5：25 起床。朝食はりんごとヨーグルト。6：35 独りで宿を発つ。朝焼けがきれい。巡礼路は所々改修されている。川の流れは速いが澄み切った水だ。朝の地道に鳥のさえずり。今朝鼾騒動で知ったドイツ人が前を歩いているので声をかけた。荷物は15kgあるという。別の囊（ふくろ）に旧式の寝袋を持っており、堪えるらしく休みを取ることが多い。こちらも旅行ジャケットを脱いでいるので、12kgはある。それも長距離ウォーキングに相応しくない旅行ザックだ。名前を言い合って再び分かれた。Mr. Ralf Schwerin。東ドイツ出のドイツ人、45歳。消防隊訓練施設の所長らしい。後日彼に世話になることになる。人口20万人のパンプローナPamplonaはナバーラの州都で2000年の歴史をもつ。都市交通システムあり。市内では中国人経営のバザールがやたら目に付く。「牛追い」（サン・フェルミン祭）やヘミングウェイの「日はまた昇る」の舞台でも有名。市街地で道に迷うが、英語教師だという親切なスペ

イン人女性が元のカミーノまで案内してくれた。街を出ると、古い歴史を持つナバーラ大学のキャンパスが広がる。構内の事務所でクレデンシャルにスタンプをもらい、広くきれいな芝生で一休み。

　12：45 Cizur Menor 地区（人口700人）の私営アルベルゲに着くが、受付は13時からという。先着した巡礼者の多くはさらに先へ行く。近くのバルで時間待ちにビール一杯。早いチェックインで10人部屋を独り占めと喜んでいたら、昨日道中で知ったカナダ人ポールが入ってきた。さらにスペイン人の老巡礼者。先ほどのバルでポールと夕食を共にする。隣の部屋がソーシャル・ルームになっており、同じ宿の巡礼者が集まりおしゃべり。一人呂律の回らない酔っ払い巡礼者が舞い込んできて、ついには警察官を呼んで外へ出してもらった。この日以降おおかたのアルベルゲでは、ベッドに毛布があり、寝袋を使うことが少なくなった。21：00 就寝。

3月24日（水）曇午後一時雨　Navalette ～ Azofra　歩行 22.8km
　6：00 起床。6：55 宿を発つ。9：55 Ventosa 村のバルがまだ開かず、道から離れやむなく野糞。丘の地道は西へ西へと向かい、その方向には雪山連峰が見える。10：45 Najera 市（人口7,000人）の手前のバルでカフェ。Rio Yalde の川の流れは豊量で速い。11：40－55 ナヘラ市考古学博物館見学（絵葉書購入）。ぶどう畑が多い。道中で見覚えのある「四国歩き遍路」マークを見つけた。その後も時々見かける。日本人同好者が貼ったものであろう。

　13：30 Azofra 村（人口300人）の公営アルベルゲにチェックイン。施設は新しく、初めて1室2人部屋だ。夕食材料を買い、洗濯を済ませると、若い韓国人男女から一緒に夕食しないかと声を掛けられた。味噌汁とご飯、こちらからはトマトと果物。男性はトヨタのリコール問題に関心があったようだ。食事中に通り雨があり、洗濯物は台無し。一部乾燥機にかける。翌朝、乾燥機に忘れた大事なロングアンダーパンツがなくなっていたので、寒いこの時期後々に堪えた。相部屋のスペイン人男性からチェスをしようと声を掛けられた。何十年ぶりかでルールを教えてもらいながら、それでも2度とも勝ってしまった。談話室備え付けのパソコン（30分1ユーロ）から初めて家内の携帯に E－メイルしたが、残念ながら undelivered。今日は京都を発って以来

初めてのノン・アルコール・デー。道中で万歩計を失した日でもある。22：40 就寝。

3月31日（水）晴後曇　　Boadilla del Camino ～ Carrion de los Condes
歩行 26.5km

　6：50 起床。今日は早起き一番手。7：30 一番で宿を発つ。まだ薄暗い。夕べ満月だったのか残月が丸い。ここで一句、「朝ぼらけ　月を見ながら　巡礼路」。8：50－9：00 Fromista 町のバルでカフェ。10 時には曇りだした。鷺だろうか教会の塔の上に巣を張っている。10：50 川辺で野糞。直後に後ろからきた 4WD の高齢男性が車を止め、ドキッとしたが、「ブエンカミーノ」と言ってキャラメル一つもらう。その先でも若い女性巡礼者にあげているように見えたから、初めての経験だが、これは厚意だと思った。四国遍路ならさしずめお接待だ。12：15－30 Villa Sirga 村のバルでカフェ。その前は大きなサンタ・マリア・ラ・ブランカ教会（内部に西ゴート時代の遺物）。見学の中学生グループから「こんにちは」と日本語で声を掛けてきたので、「こんにちは」と応えた。

　13：55 Carrion de los Condes のアルベルゲにチェックイン。空いていた下段のベッドを確保。すぐ外出して外商から林檎 3 個とバケットを購入。オスピタレロ（アルベルゲの管理人）の好意で昼食は昨夜の残りのパスタを頂く。キッチンでは既に若い韓国人女性 2 人他何人かが食べていた。風が強く冷える。そのうえ雨がしきりと降る。26 人満室状態となる。スペイン人が急に増えた気がする。食堂で持ち寄りの夕食をした際、オスピタレロの音頭で各自なぜ巡礼に出たのか動機と目的をしゃべるようにというセッションがあって面白かった。両親の離婚など家族問題を抱えたオーストリア人のガブリエル。家系から見て寿命は長くないので元気なうちに巡礼するという 57 歳のオランダ人ラックス。娘 3 人から厳しい親父といわれ、退職した機会に巡礼に出たというアルゼンチンの男性。10 年勤務ボーナスとして 20 日間の休暇を得て会社同僚と観光を兼ねて巡礼しているお気軽韓国人女性 2 人。心の旅をしたいと言ったスペイン人女性、等々。これまでで一番快適なアルベルゲだ。22：40 就寝。

4月6日（火）晴一時雪　　Rabanal del Camino ～ Ponferrada　　歩行 33.7km

　7：20 起床。昨日買った食材で朝食。8：10 宿を発つ。雪山と発電用風車群が青い空にくっきり目立つ。そこで一句、「雪山に　風車ひかえて　峠越え」。霜柱が立つほど寒い。9：40 Foncebadon 村を通過。残雪があちこちに。道中難所の一つ、Irago 峠（標高 1505m、高低差 900m）にはモニュメント「鉄の十字架」が立つ。峠道途上にあって石積みの廃屋が目立つ Manjarin 村では小さなキリスト教儀式をやっていた。そこにサンティアゴへ 222km の標識。もう一つ大きな十字架モニュメントを過ぎると露出岩の多い長い下りになり、膝に堪える。12：55 - 13：10 El Acebo 村のバルでカフェ。そこで、以前同宿した若いドイツ人マイクに会う。そこを出る時、ジェット・スキームで松山に 3 年いたというイギリス人マイクと知り合う。彼は既に足を痛めており、途中まで一緒に歩いたが、薬を買うと言って別れた。14：25 Molinaseca 村を見下ろして一休み。谷が深く、石積みの古道然とした巡礼路の区間である。15：20 Molinaseca 村（人口 800 人）に入る。巡礼路に位置する観光村のようだ。村のはずれに「四国遍路交流記念碑」を発見。

　17：00 Ponferrada（人口 6.2 万人）市内の教会営アルベルゲにチェックイン。33 番目の受付で、4 人部屋の下段のベッドを指定された。庭からも雪山連峰が良く見える。一休みして町を散策。ポンフェラーダはかつて鉱山で栄えた町でテンプル騎士団が築いた古城（要塞）がある。残念ながら 7 時で閉門。明朝の道順を確認し、古城近くのバルで生ビール一杯。夕食は購入食材で済ませる。今日は一時降雪に見舞われたものの、天気が良くて山々の景色が素晴らしかった。22：40 就寝。

（巡礼の風景：写真抜粋 1）

カミーノ道標と給水栓

カミーノ道中の桜満開

サンロケ峠の
モニュメント前で

Ⅳ　各ルートを歩く：道中日記から

サンティアゴの大聖堂

フィステーラ岬全景

フィステーラの夜－
ドイツ人と

第2次　銀の道

旅程：2011年2月28日～4月15日　（47日、うち歩行日数33日）
区間と距離：Sevilla～Granja de Moreruela～Orense～Santiago de Compostela
　　　　　　990.7km＋ロス71.0km
ルート外の主な訪問地：コルドバ、ヒホン、オビエド、サンタンデール、バルセ
　　　ロナ、セゴビア

旅程のハイライト
- 日本を出発する前の足腰の訓練として、毎朝の二条城一周や大文字山と愛宕山登りを繰り返すことに加え、昨年冬に続いて熊野古道を歩いた。2011年1月から2月にかけて、大辺地、大雲取越、小雲取越、伊勢路と計353kmを歩いた。
- 「銀の道 Via de la Plata」は、かつて古代ローマ人がイベリア半島で軍人や物資の移動のために、そして北部のアストゥリアスやカンタブリアの山々から産出する金、銀などの鉱物資源や半島の農産物・ワインを本国などに搬出するために建設した街道が元々の姿であった。古代ローマ人のイベリア半島侵入は紀元前218年に始まった。アストゥリアスのヒホン Gijonからアンダルシアのセビーリャを連絡する国道N-630号線が概ねこのローマ古道に沿っている。古代ローマ人によってメリーダ Merida（Emerita Augusta）とアストルガ Astorga（Asturica Augusta）とが統一されたことに

23

よって道路の建設が始まり、AD 2 世紀初めのトラヤヌス皇帝及びハドリアヌス皇帝時代に完成したものである。当時、メリーダ・サラマンカ間が石畳舗装だったのに対し、サラマンカ・アストルガ間は粘土と砂利で舗装されていた。その後、アラブ人イスラム教徒（ムスリム、主にムーア人またはモーロ人）がイベリア半島に侵入して支配する間（711 – 1492）も、この優れた石畳みの道を維持活用した。「銀の道」呼称の起源には諸説あるが、アラブ人がこの舗装された区間を価値ある銀に例えて銀の道と呼んだというのが通説となっている。しかし、10 – 13 世紀にかけて半島北部ではガリシアの聖地（聖ヤコブの墓所）への巡礼がブームになる中で、巡礼者が南部及び中部で思うように移動できるようになったのは 16 世紀に入ってからである。

- 現在の巡礼路としての銀の道は、セビーリャ Sevilla からベナベンテ Benavente を経由してアストルガで「フランス人の道」に合流するまでのルート 722.5km（聖地までの全行程は 979.7km）と、セビーリャから同じく北上してサモーラ Zamora 県の Granja de Moreruela 村（この地点までは 626.7km）で西方に分岐して、サナブレスの道に入り、オレンセ Orense 経由（分岐点から聖地までは 373.3km）で聖地に至る約 1000km のルートの 2 通りがある。今次は後者のオレンセ経由のルート[11]を歩くことにした。しかし、このルートは、集落の分布が少ないうえに起伏・地形が険しいのでスペイン人でも歩く人は少ない。実際、セビーリャから歩いて知り合った巡礼者全員がアストルガ経由で歩き、その後、サナブレスの道で遭った巡礼者はわずか 3 人であった。

- 今次の計画では参考にしたいガイドブックが事前に見当たらず、結局以下のインターネット情報と現地で入手した情報に頼った。
    —Mundicamino による 1 日行程毎の地図情報（地名、集落間距離、交叉する主要な川と道路、標高を示す断面図、アルベルゲの有無等）。ただし、それらはセビーリャ・アストルガ間のみで、Granja de Moreruala – Orense 間

---

11 オレンセ経由の道は、別名モサラビック・サナブリアの道 "Ruta de Mozarabic-Sanabria" と呼ばれる。モサラベとは、アンダルシアに住むイスラム教徒の支配下に置かれたキリスト教徒を指す。

Ⅳ　各ルートを歩く：道中日記から

の情報はほとんどなかった。
— "The Camino Guide：Via de la Plata"（英文 6 頁、アルベルゲなどの宿泊施設とそれらが位置する市町村の概要）。ただし、セビーリャ・アストルガ間のみ。

オレンセ経由のルートについては、日本人巡礼者の日程計画をブログ情報としてコピーしたが、あまり参考にならず、結局、現地で歩きながら都度情報を集め、組み立てていった。サラマンカ市観光案内所で入手したポケットブック "The Silver Route : a practical guide for Pilgrims"（英文）とサモーラ市観光課で入手したサモーラ県道路地図（道中で紛失）は有用であった。

- 前回の反省から、新しくスイス製のトレッキング用ザックと軽いレインウェアーに換えた。自宅出発時のザック装備の総重量は 9.4kg。これに現地で水ボトルと食材・非常食料や現地入手資料が加わる。生乾きの洗濯物を背負えばさらに重量が増す。従って、歩行中は常時 10 - 11kg となる。一般に、適正なザックの積載量は、体重の 10%（6.2kg）が目安とされるが、それをかなりオーバーした。

- フライト便は、前回はフィンランド航空であったが、今次は航空運賃が大幅に値上がりしたので、1ヶ月半有効な航空券で最もローコストのタイ国際航空（TG、バンコク経由）を選択した。マドリッドから巡礼始発地セビーリャへの移動は、スペイン国鉄 Renfe の AVE を利用。観光を兼ねて途中コルドバ Cordoba に 1 泊、そしてセビーリャに 1 泊した。今次初めて交通傷害保険に加入。

- 今次は、実質 33 日間で 1000km 余りの行程を無事歩き終えた。前年の「フランス人の道」より、200km ほど長く、はるかに厳しい道程であった。セビーリャからサモーラまでは、グルメ街道として知られており、イベリコ豚、牛、羊、オリーブ、ハム、チーズ、ワインなどを食材とする料理、それに UNESCO 登録世界遺産やパラドール（国営ホテル）の立地に恵まれた地方である。残念ながら今次も歩くことに精一杯でグルメを楽しむ余裕はなかった。しかし、巡礼路の道中あるいはその後 8 日間のスペイン国内バックパックを通して、巡礼路網がヨーロッパの重要な文化的歴史的意義

を持っていることに気付いた。そして、ケルト・イベリア人の半島定着の先史時代、ローマ人が支配した時代、西ゴート時代、アラブ人が支配した時代、そしてレコンキスタ（キリスト教徒による国土回復運動）とキリスト教文化の時代など、先史から古代・中世・近世へ至る歴史をもっと知っておくべきだと痛感した。そのために、日本の古代史に加えて、イベリア半島を取り巻く歴史・文化にも一層興味を持つようになった。

- 今次の「銀の道～モサラビック・サナブリアルート」は予想した通り厳しいものであった。途中、バスで引き返してアストルガ経由の道に戻ろうと一瞬だが思ったこともあった。雨が続く日が多く、前回のフランス人の道では考えられないような小さな濁流を横切ったり、泥道を歩いたりの最悪状態の地道が続いた。しかも、起伏がある放牧地等（私有地）のゲートを開閉しながら歩くことが多かった。常に独りでコントロールする難しさがあり、必然道迷いも多くなり、口ずさむ歌や浮かんでくる俳句があまり出なかった。しかし、このルートのハイライト区間であるサモーラ県からガリシア地方に入る峯道から見る眺めは、天気さえよければ最高だったに違いない。

- 今次も重いザックで足腰に負担をかけたが、そのうえ3回の転倒事故や増水した小川越えで膝や腰に思わぬひねりや衝撃を受けた。歩行中あるいはベッドで身体のいろいろな部位—目、歯、指、爪、腰、腿、膝、足首、等々—が異常な悲鳴をあげた。そのため帰国後にクリニック通いで総点検する羽目になった。幸い、巡礼後の観光バックパックで時間による治癒が働き、帰国後も痛みが時々襲うものの、かなり和らいでいた。

- 巡礼仕上げの最後の儀式は、サンティアゴのカテドラルのミサに出席して司祭から祝福されることである。セビーリャから歩き通した巡礼者が少ないにもかかわらず、今次もその出身国である日本（ハポン）が読み上げられなかった。その理由は、巡礼者事務所の手違いか、あるいはその日の午前中までにコンポステーラを発行してもらえなかったからか、いまだに不明である。また、前回のミサにおいて見損ねたボタフメイロの大スウィングは、今次は準備すらされていなかった。

- 今次の巡礼でも記憶に残る何人かの巡礼者と巡り合えた。その中でサン

ティアゴに着いた日、宿の二階の窓から声をかけてくれた年配のオランダ人男性とは、英語が通じることもあって、とりわけ意気投合し、厳しい同じ道を歩いてきたという共感を分かち合った。始発地こそ違え、彼はバレンシア（レヴァンテの道）からオレンセ経由の同じルートを歩き通して自分より1日早くサンティアゴに着いたという。彼の誘いで、パラドール（国営ホテル）が巡礼者のために無料で振る舞う夕食を2日連続で賞味した。最後に分かれる前にカテドラルの正面で、お互いの巡礼成就と今後も歩き続ける意志とそのための健康を誓ってハグし、そして聖ヤコブに礼を言いながら十字を切ったということは、楽しい思い出になった。

道中日記から（抜粋）

3月1日（火）晴　マドリッド→コルドバ（renfe で移動）
7：30 マドリッド到着。メトロで Atorcha 駅まで移動。そこから 10：00 発の AVE（超特急）でコルドバへ向かう。前回乗ったフランスの TGV とほぼ同じ雰囲気。4人掛けにカナダ人女性と2人だけ。機内と同じようにイヤホーンサービスがあり、ポップ・ミュージックを聞きながら、ぼんやり飛ぶような窓の景色を眺める。カフェ車両でコーヒーを調達。11：42 コルドバ[12]に到着。駅構内の観光案内カウンターでバス情報と市内地図を入手。駅前のバス停で躊躇していたら、親切なおばさんが乗るバス（No.3）と降りるバス停を教えてくれた。お陰で宿泊予定のオスタルにスムーズに着き、チェックイン。元修道院を改造した施設で、ツインベッドの小さな部屋ながら、ホッ

---

12 コルドバはセビーリャと同じく、アンダルシア地方に位置し、古来歴史要衝の地であった。共に古代ローマ帝国、西ゴート王国の支配を経て、711 年にアフリカ大陸からやってきたイスラム教徒（ウマイヤ朝）の支配下に入った。イスラム教徒は、イベリア半島を「アル・アンダルス」と呼び、コルドバを首都にした。ウマイヤ朝滅亡後、半島で「後ウマイヤ朝」が建国され、コルドバを中心にイスラム文化が栄え、最盛時の人口は 30 万人、モスクが 1600、浴場が 600 あったといわれる。メスキータは後ウマイヤ王朝の創始者が建てたモスクで、キリスト教支配後におおかた破壊され、大聖堂（カテドラル）として改築された。旧ユダヤ人街やカラオーラの塔などは当時の名残り。コルドバ歴史地区は 1984 年及び 1994 年に UNESCO 世界遺産に登録された。

トシャワー、電熱ヒーターがあるので不満はない。

　一息入れて、オスタルの受付女性に主な観光ポイントを教えてもらい、街の散策に出かける。メスキータ（カテドラル）の構内は明朝無料公開というので後回しにして、メスキータ周辺、ローマ橋、花飾りの小路、アルカサール、パティオが綺麗な Palacio de Viana などを見て回る。途中雰囲気の良いバルでカフェして旧市街を一通り散策。その後シックなレストランで早い夕食（定食、当地では昼食）を済ませて一度オスタルに戻り、うたた寝（シエスタ）。8時間の時差は如何ともし難い。20時過ぎに起き、シャワー、洗濯。そして再度夜の市街を散策。メスキータはライトアップされている。ありったけの物を着衣して外出したが、夜間は冷え込む。22：30就寝。

3月4日（金）曇一時雨　　Guillena 〜 Castiblanco de los Barros
歩行 19.2km

　6：15起床。7：40独り宿を発つ。階下のバルはオープンしていたが、主人がおしゃべり中で諦め、朝食抜きで出発。まだ薄暗い。カナダ人女性先発。途中同宿のスペイン人年配男性と合流してカミーノ（巡礼路）の黄色い矢印（flecha）に沿って幾つものゲートを開閉して一緒に私有地（主に放牧地）を歩いていたら、途中で道間違いだとバイクに乗った男性が追いかけて教えてくれた。ここまで来たからには元の道には戻れない。この道はかつてのカミーノだが、今は別のルートに切り替わっている。現在は柵で閉じてあるので、そこさえ乗り越えれば、本来のカミーノに合流するはずだ、とこの年配巡礼者は聞き、そのまま一緒に進むことにした。自分一人だったら、ここまで聞き取れない。お互いに協力して鍵のかかった鉄条柵を何とか乗り越えたものの、延々と続くオリーブ畑の中を45分間ほど右往左往。そのうちに雨が降ってきた。その後やっと本来のカミーノに合流したが、石ころだらけの道で躓きやすい。畜舎付近や放牧地の群れには必ず犬がおり、ダッシュしてきて吠え威嚇する。豚農場やエストレマドゥーラ地方独特の"miliarioano 2000"と刻んだ砂岩製道標を時々見かける。雨は1時間半ほどで止んだ。

　12：10 Castiblanco de Arroyos 町（人口約5,000人）の公営アルベルゲに着く。小さい方の8人部屋を取るが、既に4人入っていた。この日は2部屋全体で

10人。一息入れて外出。坂を少し下ると国道沿いにガソリンスタンド。その横に花崗岩製の道標"Camino de Santiago Via de la Plata"が立つ。その後も道中で時々見かけることになる。今朝は朝飯抜きで出発したが、途中バルもなく、とにかく空腹なので、道路を挟んだ反対側のバルでボカティージョ（スペイン風サンドウィッチ）を注文して昼食。その後近くのグロッサリーで食材を購入。宿へ戻ってシャワー、洗濯。洗濯物はにわか雨でパー。夜はぐんと冷えた。寝袋に入ると出るのが億劫になる。ここの水は水道工事中だから飲まない方がいいよ、とお節介焼きのカナダ人女性シルヴィがそっと教えてくれた。でも飲んでしまった。宿舎の階下は町の児童施設になっており、夜遅くまでパソコンを子供たちに開放していて、宿泊者にも自由に使わせてくれた。室内の電気ヒーターは能力不足。キッチンで先ほど買った食材で独り夕食。20：00 独り早く就寝。

3月7日（月）快晴後晴　　Monesterio ～ Calzadilla de los Barros
歩行 28.3km ＋ 2km

6：30 起床。昨夜の効かないエアコンのせいか鼻水が止まらない。8：05 宿を発つ。大通りの木々からは鳥のさえずり。村のはずれのバルで朝食。放牧地が続く地道を歩いていると、突然数匹の犬が吠えながら追ってきたが、追い越したトレーラーに吠えたものと分かり安堵する。10時頃、今朝バルで見たイタリア人老カップル（75歳と74歳）と会話しながらしばらく歩く。30年ほど前にロボット技術の関係で日本に行ったことがあるという。サンティアゴへは既に8回歩いており、この銀の道も2度目のとのこと。別れた途端に道を間違え、後方からピーと合図をされた。路端に何匹かのナメクジに気付く。自分の糞よりは綺麗な形だ。その後気味が悪いほど道中の草むらや路上で見ることになる。今日も私有地のゲート開閉は10ヶ所以上。12：10-15 廃棄された椅子に腰掛け休んでいると、7-8人の巡礼者が通過した。風が強い。高い木や鉄塔、教会の塔などに巣作りしているコウノトリを時々見遣る。

15：05 小さな Calzadilla de los Barros 村に入り、バルでまずビール一杯。客の一人が韓国人か日本人かと聞いてきた。おかみさんにアルベルゲの所在を聞くと、ここから2kmほど離れているから後ほど車で送ってあげると言

う。彼女が鍵を預かる管理人だと分かった。まずは、ボガティージョとカフェで遅い昼食。これが兼夕食になるとは思わなかった。アルベルゲは村から離れた一軒家。少し離れて小さな教会と集会所がある。誰もおらず、放し飼いの老犬が一匹だけ。台所には施錠。3室あるが、毛布、シーツが使いっぱなしでどれも薄汚い。寝袋を出す。暖炉はあるが、他に暖房施設なし。ウワー！ここで独りかと思うと心細い。シャワーをするが湯冷めしそうだ。今夜も風が強く冷える。19時頃、3日前に同宿したスペイン人四十男のチェマがひょっこり入ってきた。彼もお腹を空かしており、建物の周りから枝木を集め、暖炉を炊くからマッチはないかという。運よく古びたマッチが小物入れから出てきて、何とか着火した。生木が多く、建物の中は煙で充満。窓やドアを開けると外の冷気が飛び込んでくる。チェマのアイディアで炭火と湯を作り、ベッドの横に置く。20：30就寝。

3月11日（金）曇後雨　　Merida 〜 Aldea del Cano　　歩行 54.8km + 1km

6：15起床。食材で朝食。小型ヒーターのお蔭で昨夜の洗濯物が乾いた。7：30宿を発つ。街を出る前に、巡礼者一人を見かけるが、直ぐ見失う。薄暗い中、ローマ時代の遺跡（泉、水道橋、ローマ橋など）を見遣りながら、郊外へ。8：45湖の畔を歩く。古代から利用されている湖であろうか、ローマ遺跡が点在。放牧地からのカウベルの音が心地よい。11：05－20 Aljucen 町のバルでカフェ（昼食）。このバルで見た TV ニュースに大地震・津波の場面が大写しになる。日本のようだが、いつどこで起こったのか半信半疑であった。バルを出ると、反対方向に歩くイタリア人老夫婦とすれ違う。訝っていたら、これからローマ風呂に行くという。しばらく歩き、羊飼いのお爺さんに挨拶すると、日本人かと聞かれた。スペイン人から道中で日本人と言ってくれるのは初めてだ。

この日の午後は雨降りしきる中、森の中をさ迷い悪夢の1日となる。森の中は歩く道が幾重にも分かれる。いつしかカミーノ標識も見当たらない道を辿っていた。もう戻る当てはなく、磁石を頼りに北へ進む他はない。どこまで歩いても、宿泊予定の Alcuescar の町らしきものが見えない。どんどん進むと自動車の通る音がしてきた。そのうちに車道が見え出したが、ショート

カットしようにも、鉄条柵が幾重にも張り巡らされており不可能。パニック状態になる。雨の中腰をかがめてどうしたものかと思案していると、奥の方から多くの牛がモーモーと鳴いている。少し歩くと牧場で大きな牝牛が死産して息絶えているのを目撃する。腹から生まれかけの子牛が見える。見たくもない光景だ。牧場があるということは人家か村があるに違いないと、気を取り直してなお進むと、小さな村が見え出した。宿泊予定の町でないことはすぐ分かったが、何という村だろう。小さなローマ橋（？）を渡り、教会を目指して村の急な坂を登る。ゴーストタウンのように誰もいない。役場をはじめ皆閉まっている。しきりに降る雨の中、偶然一組の母娘が通りかかったので、村の名を確かめると、ここは Casa de Don Antonio という村でアルベルゲはない、次の村まで 6 km あるという。

　再び気を取り直して歩き続け、18：55 やっとの思いで、国道筋にある Aldea del Cano 村（人口 80 人）のアルベルゲに辿り着いた。既にスペイン人男性 2 人が入っていた。空腹で早く食事にあり付きたいが、食材を買うすべもなく、眠気を抑え、バル/レストランの 21 時からの夕食時間を待った。この食堂の TV ニュースで、東日本の大地震・津波、さらには福島原発爆発の惨事を改めて知ることとなった。東京でも大揺れしたことが報じられた。その後連日トップニュースで報道しているようであったが、自分は長らく TV やインターネットに縁のない所を歩くことになる。結局今夜の巡礼者は 3 人のみ。洗髪の途中で湯が止まる。夜遅くまで、同じ建物のジムの連中の声がうるさく、疲れすぎてよく眠れなかった。ベッド上では、腰、膝、足首、足指などがこれまでにない痛み、寝返りを打つ度に節々が唸る。結局、2 日分 55 キロほどを歩いたことになる。明日は短い距離にしたい。23：00 就寝。

3 月 15 日（火）晴時々曇　Grimaldo 〜 Galisteo　歩行 19.5km ＋ 16km

　6：10 起床。隣のバルで朝食。8：25 二日前から時々一緒になる 29 歳のドイツ人女性ダニエラと宿を発つ。スペイン人男性ミヘール先行。イタリア人男性セバスシャンは少し遅れていたが、早々と別の道に入ったようだ。湿地や鉄条柵が多いうえに、ゲートを何度も開閉。そのうちに朝のお勤めをさぼったしわ寄せが来た。ダニエラから少し遅れて、今次初めての野糞。その

後独りで歩く。暑くなってきた。左腰後ろが痛い。ぎっくり腰の前兆か。色とりどりの野草の花が一面に咲いている。白一色とか黄色一色ではない。よく見ると赤、紫、青などが混じり多彩だ。

　11：30 激流に突き当たった。先行のダニエラが立ち往生していた。確かにここを渡るようになっているが、流れが豊量でとても渡れない。2人一緒にもと来た丘の道まで戻り、四囲を見渡すと、ダムからの放流水だと分かった。眼下に国道 N-630 号線が見えたので、そこを目指してさらにショートカットの道を探る。何キロ戻ったら代替の道があるのか見当もつかない。そこで決断したのが、幾筋あるかもしれない鉄条柵を越えて、国道に出ることだ。ダニエラも選択の余地なしと思ってだろうか付いてきた。まず第1の柵は運よく石のブロックが崩れかかっており、潜って入れた。意外と起伏が激しく、鉄条柵を結局7つ越えてほぼ1時間費やしてようやく国道に出た。2m 以上ある鉄条柵を越えるのに難儀した。ダニエラはこんなことママには言えないと半ベソをかいていた。全て放牧地だが、幸いにも牛や羊はおらず、馬の放し飼いだけで助かった。犬がいたら襲われていたに違いない。路上にナメクジの他に毛虫を見るようになった。

　しばらく歩いてまた一難が襲う。大きな灌漑水路に沿って、ダニエラが自信有り気にどんどん進むので付いて行った。途中で一休みし、非常食で遅い昼。さらに進むと目標の村らしい景色が遠くなる。どうも方角がおかしい。黄色い矢印も見当たらない。14：00 念のため、人家の主人が丁度庭に出てきたので尋ねてみた。道が間違っている、本来の道はずっと後方のあの家屋辺りを通るはずだ、と指をさした。これだけの内容をスペイン語で想像しながら聞き取ったが、ダニエラは自分以上にスペイン語がわからない。水路に沿って30分ほど戻る。矢印を捜していると、ゲートに "Peregrinos OK" と手書きがあった。ゲートから入ると大きな古い倉庫があり、道がよくわからない。遠くに地道が見えるのでもう一つのゲートを越えて、その方向に 500m ほど進むと、ブッシュと小川に遮られ、辿り着けないと判断して元に戻る。別の所からアプローチしようと、さらに水路沿いに戻る。そうすると見失っていた黄色い矢印板がこれまたゲートに掛けられている。少し入った高台から地道が見えたので、1－2 km 歩いてみたが、道が途中で途切れる。

また振り出しに戻る。このようにして 5 度ほど繰り返すが、正解のカミーノに辿り着けず途方にくれた。ダニエラは何度もドイツ語のガイドブックを見て信じられない、とこぼす。

　結局ギャンブルだが歩いてみようと、最初のゲートからないと思っていた別のアクセスをとると、偶然カミーノに至ることができた。その後も道を間違え、あるいは犬に威嚇され、その日宿泊予定であった Carcaboso の町には遠く及ばず、手前 11km の Galisteo 町（人口 1,985 人）のはずれのホテルに滑り込んだのが 20：00 頃。日が暮れかかっていた。町の中にアルベルゲがあるはずだが、そこまで辿り着けないほど 2 人とも疲労困憊していた。後で試算してみると 16km ほど無駄な歩きをしたことになる。それぞれの部屋で湯船に浸かって身体を癒し、21：10 - 22：20 一緒に夕食をとる。2 つ星ホテルで施設は新しいが、韓国サムスン製のエアコンはさっぱり効かず、洗濯物は生乾き。

　23：00 就寝。

3 月 29 日（火）曇後雨　　Lubian 〜 A Gudina　　歩行 23.5km ＋ 1km

　5：50 起床。起きがけにベッドから転落。左のホホ骨をベッドテーブルに、左大腿骨を床に強く打つ。取りあえずシャワーで熱い湯を部位に当て痛みを和らげるようにした。2 度目の転倒事故だ。痛いだけではなく、その後数日間の歩行に大いに影響した。他方、昨日から左目瞼が腫れぼったい。食材で朝食。8：30 宿を発つ。

　谷間に見え隠れする鉄道オレンセ線を見遣りながら、しばらく車道を歩く。松の植林や白樺らしい木々を見遣り山道を歩く。立木にカビのような寄生植物がついて異様な風景だ。10：30 Castilla y Leon 地方と Galicia 地方との境を超え、サモーラ県からオレンセ県に入る。今日はアップダウンが激しく、泥道、石ころ道が多く、ペースが上がらない。それに今朝のベッドからの転落で痛めた部位はチクチク痛み、かばうように足首、膝、腰には鈍痛が走る。親知らず歯まで疼き出した。背後からは怪我人のようなヘタリ歩きに見えただろう。それでも歩かなければ何も始まらない。つらい 1 日だ。特に左大腿骨と腰の痛みはその後サンティアゴに着くまで続いた。岩山や石垣で囲まれた放牧地を見遣りうねるように歩く。マークがあるにも関わらず、開閉でき

ないゲートや道が小川になっている個所も次々と現れる。そのうちに、ぬかるんだ路上には、一昨日か昨日に一人歩いた足跡を時々見遭る。

　14：50 La Gudina 村（標高 985m、人口 788 人）に入る。村の入口のレストランで昼食。さらに次の村まで歩こうとしたが、雨が降り出したので、急遽この村のアルベルゲに泊まることにした。16：10 バルでカフェして主人にアルベルゲの所在を尋ねると、直ぐ近くだというので、オスピタレロに連絡してくれた。16：30 アルベルゲにチェックイン。昨日は 2 人泊まったが、今日は自分一人。大きな独立家屋で 2 階全床に 2 段ベッドが 20 ほど並ぶ。20：40 - 21：20 食材の買い出しとボガディージョの夕食。左上親知らず歯が痛く、硬いパンが噛めなくなった。夜中に今度は右の上下奥歯が疼き出す。駅が近いため、窓から列車が見える。夜半の音は貨物列車だろう。夜通し風が強く吹いた。店の主人は、今夜は冷えるので明日はよい天気だろうよ、というようなことを言っていたが、実際は翌日 1 日中雨だった。22：10 就寝。

(巡礼の風景：写真抜粋 2)

2 種類のカミーノ道標

増水した小川を渡る巡礼仲間

発掘調査中のローマ古道

ローマ時代の道標 Miliario

本場のイベリコ豚

同じペースで歩いた巡礼仲間

Ⅳ　各ルートを歩く：道中日記から

第3次　ポルトガル人の道、プリミティヴォの道、フィステーラの道

旅程：2011年6月29日～7月23日　（25日、うち歩行日数14日）
区間と距離：

ポルトガル人の道	O Porto～Tui～Santiago de Compostela	238.1km+3.5km
プリミティヴォの道	Lugo～Santiago de Compostela	102.0km
フィステーラの道	Santiago de Compostela～Fisterra	89.0km
	計	429.1km+3.5km

ルート外の主な訪問地：ア・コルーニャ、アランフェス、グアダラハラ

旅程のハイライト

- 当初は「ポルトガル人の道 Camino Portugues」をリスボンからサンティアゴまで（612km、Braga経由は634,1km）歩こうと計画したが、リスボンからポルトまでの区間（約380km）はアルベルゲがほとんどなく、カミーノ道標も不備のようで、情報[13]も極めて限られている。今次は、英国CSJのウェブサイトによるポルトからの歩行モデルを参考にして行程を組み立てた。従って、安い航空便[14]の都合で旅行期間を25日間とし、「ポルトガル人の道」、ルーゴからの「プリミティヴォの道」、そして「フィステーラの道」と歩いた。
- 「ポルトガル人の道」は元々 Lisboa–Coimbra–Porto–Valenca–Tui–Pontevedra–Santiago–Lugo–A Coruna を結ぶ輸送路であった。その起源は古代ローマ時代のローマ公道（街道）にある。これが巡礼路として公に利用された

13　John Brierley 著 "A Pilgrim's Guide to the Camino Portugues : Lisboa, Porto, Santiago"（208頁、2009年発行）は、英文で詳しく、リスボンを起点とする「ポルトガルの道」を歩く外国人にとって必携の書であるが、アマゾンで取り寄せてまで見ようとは思わなかった。それだけでも携行重量が重くなるからである。ポルトの書店でも結局は探す手間はなかった。

14　関空発のフライトはバンコク経由のTGを利用。マドリッドからポルトへ移動する手段として今回初めてアイルランド系のLCC "Ryanair" をインターネットで予約し利用した。乗るまでは不安だったが、意外とスムーズに利用できた。Ryanairはヨーロッパで広く飛んでおり、欧米人は当たり前に利用している。JALが左前になるのも納得。

契機は、ポルトガルのイサベル女王（1271 – 1336）がサンティアゴへの巡礼に向かったことにある。同女王は1626年に聖人の列に加えられている。今回歩いたポルトからは、Barcelos経由と祈りの町Braga経由があり、大多数の巡礼者は前者を歩き、自分もそうした。ポルトからスペイン国境までのルートは、近年ポルトガル側の巡礼者協会の努力もあって、道標が整備され、スペイン領域よりも歩き易かった。近年は「フランス人の道」に次いで人気があり、年間1万人を超える巡礼者が歩いている。スペインとの国境はミーニョMinho川が果たす。ポルトからの距離は公称、ポルトガル側125.4km、スペイン側115.6km計241.0km。ポルトガルの北部国境近くの地域はガリシア地方文化の影響が強い。共通してガリシア特有のオレオ h'orreo とよばれる高床の倉庫が各家の庭に備えられている。ガリシア語（gallego）はよりポルトガル語に近い。

- 「プリミティヴォの道 Camino Primitivo」の始発地は、アストゥリアス地方のオビエドであり、サンティアゴまでの距離は約310km。この道はKing Alfonso II the Chateが、9世紀初頭に発見された十二使徒の一人サンティアゴ（大ヤコブ）の墓に、オビエドの宮廷からア・セボを越えてガリシアに入ったことに始まる。ガリシア地方に入ると第一番の町はルーゴ Lugoで、そこからサンティアゴまで102km。今次は日程の関係でルーゴからサンティアゴまで歩くことにした。カレオン O Careon 山脈という難関を越えてメリーデ Melide（サンティアゴへ54kmの地点）で「フランス人の道」に合流する。

- フィステーラの町は、スペイン北西部ガリシア州ア・コルーニャ県に属し、人口は約5,000人。サンティアゴのさらに西に位置し、巡礼の最終地点である。大西洋を望む絶壁のフィステーラ岬（町の中心から約2.5km）には灯台があり、その近傍にはKM0.000のカミーノ道標が立つ。フィステーラという地名は「地の果て」を意味する。先史時代にはケルト人が聖地とした場所であり、古くから世界の果て思想があった。中世以降巡礼者がサンティアゴ・デ・コンポステーラ参拝後に歩き求めた地点である。当地には古くから漁村があり、現在は長い綺麗な砂浜を有する観光リゾート地ともなっている。大航海時代以降、この近海では数多くの船が難破したこと

から「死の海岸」と呼ばれたこともある。フィステーラから海岸沿いに北へ 31km 歩くと、ムシア Muxia の町がある。この地もフィステーラと同様に巡礼者が求め歩いた地点である。サンティアゴからフィステーラ、そしてムシアへ回るか、逆にムシアを回ってフィステーラに出る巡礼路が確立している。多くの巡礼者は、かつてフィステーラ岬で携行した巡礼道具を焼却して自由の身になり、それぞれの地に帰る。一部は再びサンティアゴへ向けて歩き続けた。現在でもこれに倣っている。2010 年 4 月にサンティアゴ到達後フィステーラの町までバスで移動し、バス停から岬まで晴天下に 2.5km を往復歩き、地の果てを実感したので、今次はサンティアゴからフィステーラの町まで歩いて前回の行程を補った。今次も、時間と天候の都合で大西洋に落ちる夕日を見ることはできなかった。

- 今次は現地の暑い夏季を想定し、必要最小限の持ち物を考えた。自宅を出る時のザックの総重量は 6.4kg で前回の 9.4kg から 3kg 少なかったが、それでも今次一度も使わないもの（死荷重）が数百グラムあった。
- 出発 9 日前の雨の日に自宅近くの銀行入り口で足を滑らせ、右足を捻挫（靭帯炎症）しており、旅行中終始痛みを感じた。

道中日記から（抜粋）

7月1日（金）晴　　O Porto 〜 Vilarinho　　歩行 27km ＋ 1.5km

6：35 起床。朝のポルト[15] 市内散歩。市電などは始発が遅く、早朝はバス

---

[15] ポルト（O Porto）はリスボンから北へ約 300 キロに位置し、ドウロ川の北岸丘陵地に築かれた起伏の多い街で、人口は約 30 万人ながら、ポルトガル第二の都市である。ローマ帝国時代のドウロ川河口に港町ポルトゥス・カーレが建設され、その名がポルトガルの語源とされる。ローマ人が去ったあとには、西ゴート、イスラム教徒、そしてフランス人貴族（その地に因んでポルトカリア伯爵と呼ばれた。ブドウをフランスから持ち込んだ人物）が支配した。また大航海時代の幕開けを導いたエンリケ航海王子によるモロッコのセウタへの攻撃は、ここが出発点だった。1996 年世界遺産に登録されたポルト歴史地区の見所には、クレリゴス教会、ポルト大聖堂（1110 年建築開始、13 世紀に完成）、ボルサ宮、エンリケ航海王子の家、サンフランシスコ教会、ドン・ルイス 1 世橋、サン・ベント駅（鉄道駅）、ソアーレス・ドス・レイス国立美術館、レトロな市電などが挙げられ、ドウロ川対岸のポートワイン・ワイナリーも貴重な観光資源となっている。

とメトロ。一日乗車券は持っていたが、乗る勝手がわからず結局歩き通した。ホテルでコンチネンタル朝食を取り、11：55 チェックアウト。2 泊目は満室ということで、1 日繰り上げて「ポルトガル人の道」を歩くことにした。

　12：10 カテドラル前の観光案内所でカミーノ情報を入手し、カテドラル内のイエス様に出発と道中のご加護を祈念して、歩き始める。市内からは、Barcelos 経由とブラガ Braga 経由の 2 つのルート（共に Ponte de Lima で合流）があるが、距離が短い前者を歩くことにした。12：30 カテドラルを出発。早速石畳みの下り坂、日本を出る前に足を滑らせ捻挫した右足アキレス腱辺りが痛む。何度か町の人に聞きながら、市内を脱出。13：20－40 市外のカフェで昼食。15：15－20 カミーノ沿道の公園で一休み。車道が多いが、ほぼ北に進んでいる。16：20－35 カフェで休憩。18：20 頃、地の人に Vilar do Pinheiro（ポルトより 18km 地点で泊まる予定にしていた）はどの辺りかと聞くと、既に通り過ぎており、ここは Giao だという。前進あるのみ。車道 N306 沿いを歩く。次の宿泊可能地 Vilarinho を目指して歩いていると、沿道に英文の部屋提供案内が目に入った。近くのカフェで場所を教えてもらい、呼び鈴を押すが反応がない。しばらく近くのカフェで時間待ち。

　20：30 宿の主人の帰宅を待ってチェックイン。既に入っているスウェーデン人男との相部屋を断られ、主人はその 2 階のダイニングキッチン・バス付の部屋を開放してくれた。ベイビーベッドも備えられており、かつて家人が住んでいたのだろう。中年の主人は、片言のスペイン語ができるが、英語は皆目わからない。シャワーと洗濯。乾し物から見て階下の部屋には 2－3 人の巡礼者がいるようだ。一息入れて 400m ほど歩いて公園近くのカフェで夕食。他に 4 人の巡礼者が食事をしていた。一人に聞くと、カミーノから 500m ほど離れた所に 4 人ベッドだけのアルベルゲがあり、そこに泊まっているという。結果的にはこの民宿でよかったのだが、夜中窓は開けられず、そのうえ蚊に悩まされた。何度も起きてライトをつけ、壁やカーテンに留まっている吸血の蚊を叩いた。耳鳴り激し。21：30 就寝。

Ⅳ　各ルートを歩く：道中日記から

7月12日（火）雨（午前中風雨強し）時々曇　　A Seixas 〜 Arzua
歩行 29.0km

　5：55 起床。皆早い。台所での会話から、一組はフランス人。他は皆スペイン人のようだ。菓子パン1個と水で朝食。7：00 宿を発つ。既に2人を残して全員宿を出ていた。地道を歩き始めるとまもなく沿道の木の下で野宿していた若い男3人組を見遣る。8：05 カミーノ道標 PK64.344。雨は止んだが風は強い。遠く峰には発電用風車が並ぶ。9：55－10：05 沿道のバルで一休み。10：40 Melide の町のはずれのカミーノ道標 PK50.5。町に入ってから巡礼者が増えた。フランス人の道に合流したようだ。カミーノ沿いにある公営アルベルゲには既に10人近くが待っている。町を出ると、前に7人が歩いている。振り返るとさらに数人。去年春、メリーデの私営アルベルゲに泊まりこの道を歩いたはずだが、とんと記憶が戻らない。逆方向に歩いてきたスペイン人男は北の道の Santander へ向けて歩いているという。英語がわかる若いフランス人カップルはフランス人の道を歩いてきたという。11：30－40 沿道の無人店でバナナ2本を買い、備え付けのベンチで休んでいると次々と巡礼者が通る。じゃがいもの花、民家の花園、実をたわわにしている梅や姫リンゴなど。アイルランド男とパリ娘が一緒に歩いている。

　14：10「北の道」との合流点 Arzua の町に入る。昨年春、この町の入口にあるレストランでスタンプを押してもらったことを思い出した。14：50－15：20 Arzua の公営アルベルゲを覗いたが、満室状態だったので諦め、斜め前のレストランでまずは昼食（Menu del dia＝Mdd）。15：30 少し歩いて私営アルベルゲにチェックイン。ここは大部屋30ベッドにまだ数人。二段ベッドだが間隔が広いのが良い。シャワー、洗濯後、近くのスーパーで食材購入。18：30－20：00 シエスタ。起きて近くのレストランで夕食（Mdd：鳥料理とワイン、10ユーロ）。今日は2食共ヘビーで食べ過ぎた。下段ベッドがほぼ埋まっている。夜は静か。22：30 就寝。

7月15日（金）曇時々晴後雨　　Negreira 〜 Olveiroa　　歩行 33.0km

　5：50 起床。食材で朝食。6：50 宿を発つ。既に7－8人先行。鳥のさえずり。涼しくて道は歩き易い。このような小さな町にも Bazar Chino（中国人

39

経営の店）。町のはずれにカミーノ道標 PK 67.721。道の脇の銅像を確認していると、カミーノはこの道でよいのかとスペイン人父子が尋ねる。7：00 分かれ道にもカミーノ道標 PK 65.578。農家の庭先の花が綺麗に咲き揃う。8：30－40 先ほどの父子が水飲み場で休んでおり、この水は飲めますよというので、飲んで一休み。フランス人男、次にスペイン人男が通り過ぎる。9：35 集落間道路 DP-5603 をしばらく歩く。峰が近いせいか、何十機と並ぶ発電用風車のゴーゴーと唸る音が霧間から聞こえる。10：10－20 Vilaserio 村のバルでカフェ。既に 3 組入っていた。この村の公営アルベルゲは閉鎖しているらしい。

　12：05－20 沿道のバルでコーラ（トイレ）。峠の山道が続く。ついクレージーキャッツの"一つ山越しゃホンダラダッタホイホイ、もう一つ越してもホンダラダッタホイホイ、越しても越しても――"と口ずさむ。今次歌が自然に出てくるのはこれが初めて。14：10－15 山道で一休み。若いカップルが大きな岩に登ってはしゃいでいる。見渡す峰の全てに発電用風車。200 機以上ありそうだ。植林松と灌木、あとは禿山だ。14：40 古い石橋を渡って A Ponte Olveiroa の町に入る。15：00－20 その町のレストランで軽い昼食。巡礼者が数人食事をとっている。レストランの前のカミーノ道標は PK36.455。

　町の公営アルベルゲを覗いたが、4 部屋（収容能力 30 数名）はほぼ満室。上段ベッドが少し空いていたがやめた。少し戻って、16：10 私営アルベルゲ（看板は H'Orreo Albergue）にチェックイン。大部屋には既に数人いたが、8 人部屋では第 1 号。シャワー、洗濯をしている間に、若いドイツ人カップルが入ってきた。大部屋の方には次々と入ってくる。施設内のバルでビール 1 杯飲んで、ベッドに横たわる。夕食は手持ち食材とコーヒーで済ます。20 時を過ぎた頃通り雨、洗濯物が乾かず、部屋で乾かす。若いカップルは夜中も狭いベッドで時々チュッチュしている。それ以外は静かだ。21：30 就寝。

Ⅳ　各ルートを歩く：道中日記から

(巡礼の風景：写真抜粋3)

ポンテ・デ・リマ橋を
背景に

野宿の巡礼者
（トゥイの町）

サンティアゴ・
カテドラルの広場

プリミティヴォの道；
標識三種

ガリシア地方独特の
オレオ

コルーニャ海浜公園の
立石群

第4次　北の道、イギリス人の道

旅程：2011年10月31日～11月24日（25日、うち歩行日数15日）
区間と距離：

北の道	Oviedo～Santiago de Compostela	362.9km＋13km
イギリス人の道	Ferrol～Santiago de Compostela	118.1km＋　3km
	計	481.0km＋16km

ルート外の主な訪問地：グラナダ、パタヤ（タイ）

旅程のハイライト
- 「北の道 Camino del Norte」は、フランスの海岸線（ビスカヤ湾）からスペイン国境を越え、カンタブリア海沿岸を進む巡礼路である。イルンを起点にして、ビルバオ Bilbao－サンタンデール Santander－リャネス Llanes－

41

ヴィリャヴィシオサ Villaviciosa[16] － ヒホン Gijon － アヴィレス Aviles － リバデオ Ribadeo まで沿岸を進み、そこからサンティアゴに至る。イルンから公称850km。今次は日程の関係でオビエドからアヴィレス経由でサンティアゴまで（363km）歩いた。続いて、最も短いながら、巡礼路の要素がコンパクトに詰まっている「イギリス人の道 Camino Ingles」(118km) を大西洋沿岸のフェロール Ferrol からサンティアゴまで歩いた。

- 今次も前回同様、大まかな巡礼路経路情報はインターネット上のMundicaminoに頼った。さらに各地の観光案内所で経路地図を、またガリシア地方分については、写真入り英文冊子と道中の主な施設一覧表（サンチャゴまでの距離付き）を入手した。英語や日本語のガイドブックは今次も入手しなかった。

- 今次は晩秋の時期にあたり、8-15℃を想定した装備としたが、この3月に歩いた「銀の道」の装備からさらに軽減し、前回（7月）と同程度とした。自宅を出るときのザックの総重量は6.6kgだった。関空－マドリッド間のフライトは前回と同じくタイ国際航空（TG、バンコク経由）を利用した。

- 今次は、アストゥリアス地方とガリシア地方の晩秋の田園風景や道中の栗拾いを楽しんだ。これら地方の11月は降雨量が最も多い月で、実際、巡礼歩行15日間は天気に恵まれず、全日晴れっ放しは1日もなく、全て雨か曇の日であった。北の道でこの時期、同じアルベルゲに7人もの巡礼者が泊まることは珍しく、一方では、独り泊まりが圧倒的に多かった。イギリス人の道では、巡礼目的ではなく沿岸歩きの若いアメリカ男性と1泊を共にした他は巡礼者には合わず、全く孤独であった。今年6月に靭帯炎症を起こした右足首は思い出したように痛みを誘い、その痛みは腰にまで及ぶ。また、前回（2011年7月）の巡礼の頃から血圧上昇に悩み、8月下旬からついに血圧降下剤を飲む羽目になった。

---

16 ヴィリャヴィシオサからオビエドに入り、そこから「プリミティヴォの道」に合流してサンティアゴに至るルートもある。

Ⅳ　各ルートを歩く：道中日記から

道中日記から（抜粋）

11月1日（火）曇一時雨　バンコクーマドリッドーオビエド

　TG949便（B747-400）で00：10バンコクを離陸。ほぼ満席。スペイン人乗客がほとんど。7：50マドリッド着。メトロでMendes Alvaro（南バスターミナル）へ移動。メトロの均一乗車料金が2011年9月に1ユーロから1.5ユーロに値上げされていた。10：00 ALSAバスでマドリッド出発。乗車率約3割。オビエドに入る前に奇岩が連なる大きな峠を越える。15：35オビエド着。

　オビエド[17]は2011年4月に2泊した地。市内の外気温は16.5℃。まず今回の巡礼の出発点になる大聖堂に行くが、門は閉まっている。近くの観光案内所で市内地図、巡礼路地図、クレデンシャルを入手し、街を出るカミーノの経路を地図上で教えてもらう。その後、歩いて5分ほどの所にあるアルベルゲに着くが、5時からオープンということで、巡礼者が3人待っていた。ここからプリミティヴォの道を歩いてサンティアゴからバスで戻ってきたというオランダ人と、これからプリミティヴォの道を歩くという若いスペイン人カップルだ。少し遅れて、オスピタレロがやって来てチェックイン。シャワー後、明日の準備を済ませ、大聖堂を参拝し、カミーノ経路を1キロほど歩いて確認。帰路に、近くのバルで日替定食（Mdd：ビール付き）の夕食をとる。宿に戻ると、中年女性と「北（海沿い）の道」をロザンヌから歩いてきたというスイス人男性が入っていた。6人が2部屋に分かれて泊まる。ベッドに腰かけると背中にこれまでにない鋭い痛みが走る。内臓か、それとも機内の座席が長かったための筋肉痛か。

　カテドラル（14-16世紀に建設）の内部には、8世紀の西ゴート王国滅亡後にトレドから持ち出された聖遺物を祀るためにアルフォンソ2世が9世紀

17　イベリア半島がイスラム教徒によってほぼ制圧された8世紀、キリスト教徒は794年にオビエドを都とする小さなアストゥリアス王国を建国した。（その後、都をレオンに移し、カスティーリャ王国となる）そのために、オビエドはレコンキスタ発祥の中心となった歴史がある。しかし、1930年代、フランコ将軍による内乱によって町は破壊尽くされた。その後再建され、カテドラル（大聖堂）とその周辺は歴史地区として1998年に世界遺産に登録された。

に建立したというカマラ・サンタがあるというが、見損ねた。近くにあるアストゥリアス考古学博物館も時間の関係で入れなかったのは残念。
　20：50 就寝。

11月3日（木）曇一時晴　　　Aviles 〜 Soto de Luina
歩行 38.9km ＋ 1km

　5：30 起床。食材で朝食。6：40 独り宿を発つ。腰と右足首に少し痛み。この町を出るのも大変。入手した地図の通りの名が小さくて読みにくいうえにカミーノ標識が不案内。出勤途上の人に何度も尋ねるが、知らない人や違う道を指す人もいる。磁石を見ながら、坂道を北へ東へとぐるぐる回り。8：25 やっとの思いで国道 N-632 に出る。その後も黄色い矢印に沿ってぐるぐる回っていると、ついグルコサミンの TV コマーシャルを口ずさむ。「グルグルグルグル、グルコサミン、世田谷育ちのグルコサミン、（中田喜子）明日の折り込みで！」そのうちに、手持ちの行程地図にない海岸の町 Castrillon に出る。そこで偶然見つけた矢印に沿って歩こうとすると、土地の人が国道に沿って行った方がいいよ、という助言に従って歩く。心配になって途中 Salinas の給油スタンド傍にあるバルでカフェをした際に聞いてみると、女主人は親切にも表に出て、カミーノはあの丘の向こう、あそこから合流できますよと指さしてくれた。その辺りまで来ると道が幾つかに分かれ、どれかわからない。偶然にも駐車していた地元の人が流暢な英語で、この道から合流できるが、坂がきついよ、その国道を歩いてもいけるよ、と言ってくれたので、再びそのまま国道を歩く。11：45 - 12：10 Soto del Barco を過ぎた交差点近くのバルで昼食（サラミサンド）。12：45 車道からようやくカミーノに合流。今日は暖かい。El Pito 村の雑貨屋で冷えたコーラを飲んで一休み。その後 CIBI マーク（代替道）に従ってリアス式海岸沿いの旧道を歩く。木陰から絶壁のカンタブリア海がちらちら見える。

　17：05 Soto de Luina 村（人口 172）入口のバルでアルベルゲの所在を聞くと、ここで鍵を預かっているという。すぐ登録して、キーを貰う。大きな公共建物の一室 22 ベッドに第 1 号。まもなく、オスピタレロ（実はバルの主人）がやって来て、ミニスーパーや外食の場所、そして夜間に住民が多目的

利用することなどを教えてくれた。近所のミニスーパーで食材購入後、シャワーと洗濯。水回り施設は新しく、湯量も豊富で有難い。18時半頃から20時半頃まで隣の大講堂では、談話や仏会話、エアロビクスなどのために主に女性が集まっていた。19：20 - 20：10 近くのルーラルホテル食堂で独りワイン付き日替定食の夕食。他に客なし。地の特別魚介スープを賞味する。結局、今夜は宿を独り占め。オスピタレロが寄付を受け取らなかったので、アルベルゲ代金は珍しく無料であった。21：00 就寝。誠に静かな夜を過ごす。

11月11日（金）雨　　Sobrado dos Monxes 〜 Arzua
歩行 22.4km + 3km

7：15 起床。食材（蒸し栗を含む）で朝食。雨の勢いが止まらない。「ガリシアは今日も雨だった〜」とつい口ずさむ。オランダ人青年ローレンスにキッチンがあるよ、と言われたが、水ボトルで済ませようとすると、彼はベルギー人女性シルカの前で暖かいコーヒーを注いでくれた。8：45 雨が小やみになるのを待って独り宿を発つ。既にスペイン人3人は出ていた。9：00 カミーノ道標 P.K60.893 を見遣り、CA-232 から外れ、山道へ。10：40 - 55 Corredoiras 村（人口32人）のバルでカフェ。ここからしばらく C-232 を歩く。11：50 Boimorto 村（人口517人）のはずれで、カミーノはアルスーア方面と、5kmほどショートカットした Arca 方面の2手に分かれる。近回りだと思い後者を選んで歩いたが、20分ほど行くと、カミーノ標識が見当たらなくなった。雨が降りしきる中で山道を磁石だけでは無理と判断して、元に引き返し、本来のアルスーア方面へ歩くことにした。ここで約3キロをロス。途中 Santa Maria de Sendelle 村内の教会前でスペイン人カップルに合流し、そこの教会内部を見学する。彼らは足が速い。すぐに置いて行かれる。

14：50 - 15：50 アルスーアの町（人口2,420人）に入り、レストランで昼食（ワイン付き日替定食）をとる。少し酔い気味で、16：00 同町の公営アルベルゲにチェックイン。既に例のスペイン人3人を含め、2階の大部屋に10人が入っていた。韓国人女性もいた。当地は、フランス人の道、プリミティヴォの道が合流しており、マジョリティはフランス人の道を歩いている巡礼者だ。最終的には20人ほどが泊まった。オスピタレロによれば、昨日は15

人だったという。少数派といえ、北の道からの巡礼仲間が一気に7人占めたのは異常かもしれない。一眠りした後、スペイン人3人に誘われて、近くのバルで一杯。自分だけは酔い覚ましにホットミルク。シエスタの時に大きな鼾をしていたわよ、とサラは言った。21：10就寝。

11月15日（火）曇後雨　　Mino〜Bruma　　歩行36.2km + 1km

6：40起床。ジェイソン[18]が良く眠れたか、と聞いてきた。一息おいて鼾をしていたぞという。二人一緒に食材で朝食。8：15二人で宿を発つ。アルベルゲの前を2両電車が通る。こんな小さな町にもBazar China。8：45橋の袂で、お互いの健脚を称え、無事の旅路を祈って別れる。彼は橋を渡り、A Coruñaへ向かう。こちらは川沿いをカミーノ標識に従ってさらに上流へ。この辺り、珍しくブドウ畑。プロパンを積んだ車が通る。10：50 Betanzos市内（人口12,543人）に入る。広場前の観光案内所に立ち寄り、クレデンシャルへのスタンプ取得と市内のカミーノ経路を教えてもらう。ここは歴史ある町でかつての城郭都市。旧市街を散策しようと思ったが、気を取り直して歩き続ける。朝から腰が痛く、歩くとズッキンズッキンする。特に石畳は堪える。11：05−20市内のバルでカフェ。歩いている道中の案内板に、「イギリス人の道では、1434年にはイギリスやスカンジナビアから3000人にもおよぶ巡礼者がA Coruñaに上陸した、という古文書の記録がある。」と説明。雨が降り出した。長く続く雨の山道は辛い。14：10−15やっと舗装道へ出て一休み。羊4匹がじっとこちらを見ている。15：30−40バス停の椅子に腰掛け、手持ちのリンゴをかじりながら再度一休み。16：30−17：00 Visono村のバルで遅い昼食（サンドウィッチ）。

18：30暗くなってBruma村（人口48人）のアルベルゲにチェックイン。幸いにも、丁度オスピタレロが戸締り点検して引き上げるところだった。2

---

[18] アメリカ人30代の男性。アメリカ本土で2000キロ以上の沿岸部を歩き終え、今回はイギリス・マンチェスターから海を渡って、ノルマンディー海岸に至り、そこから北部海岸線を歩いている長距離沿岸ウォーカーで、サンティアゴを目指す巡礼者ではない。このまま南下し、リスボンから地中海沿岸部沿いにローマまで、あるいは余裕があればギリシアまで歩く計画だという。彼とはAvilesで同宿した後、14日、Nedaの町で偶然再会し、同夜、Minoのアルベルゲに同宿した。

階建て下の部屋1室を独り占め。今夜は一人だけ。暖房施設とキッチンがある。この集落は、雑貨食料品店もバルもなく、食事をするなら出前があるというが、遠慮した。シャワーと洗濯後、手持ち食材で夕食（クノールスープの素と道中で拾った大栗2つだけ）。キッチンには珍しくラジオがあったので、BGMにして、明日の準備と数独パズルで時間を過ごす。冷たく降る雨の中、トイレやシャワーに一旦外に出るのはつらい。小さなヒーターでは寒い。この頃夜間痰が喉によく絡む。21：20就寝。

（巡礼の風景：写真抜粋4）

巡礼路とカミーノマーク　「イギリス人の道」起点碑　赤松の下の毒キノコ

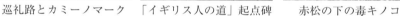

第5次　北の道（海沿いの道）、プリミティヴォの道

旅程：2012年2月29日~4月5日（37日、うち歩行日数は29日）
区間と距離：

北の道　Irun〜Oviedo	528.8km＋42.2km
プリミティヴォの道　Oviedo〜Santiago de Compostela	315.5km＋ 3.5km
計	844.3km＋45.7km

ルート外の主な訪問地：パタヤ（タイ）

旅程のハイライト

- 「北の道（海沿いの道）Camino del Norte」の始発点は2つある。一つは

フランス側国境の町エンダイア Hendaia/Hendaye からフェリーボートで Bidasoa 河口を渡り、Hondarribia（中世都市、観光地、人口 16,500 人）を通って Santiagotxo の古い教会地点でイルンからのルートと合流するもの。もう一つは、エンダイアとイルンを結ぶ国際橋（サンティアゴ橋）を起点にしてイルンの街を通って Santiagotxo 教会地点に至るもの。今次は後者から歩き始めた。その後は合流してカンタブリア海岸の丘陵をうねって歩く。最初の 2 県はバスク地方[19]の Gipuzkoa 県と Bizkaia 県であり、それぞれの県庁所在地は、San Sebastian と Bilbao である。

- エンダイエとイルンの間には Bidasoa 川が横たわり、13 世紀に木橋ができるまでは、船で渡っていた。当時から、Hondarribia は、はるか海の彼方から船で来る巡礼者の船着場であった。Gipuzkoa 県はローマ時代から Atlantic Europe と交易する地であったが、9 世紀になってサンティアゴへの巡礼が始まると、その交易路が活用されるようになり、聖地サンティアゴを目指す初期（9－10 世紀）の巡礼者は、海岸からの上陸者を含めて、主にこのルートを辿った。当時、ピレネーの麓のナバレ Navarre（バスクの一部）は、ムスリムによって脅かされており、ピレネーを越えてきた巡礼者は、この地域を危険と感じて、カンタブリア海沿いの険しい道（険しい山、入江、川）を選んだのである。その後 13 世紀に入って、ナバレはムスリムから解放され、ヨーロッパ各地からの巡礼者は、ピレネー越えの内陸部ルートを盛んに歩くようになった。ポルトガルの神父であった Hugo de Oporto は 1120 年の旅行記で、カンタブリア海の海沿いルートについて、「この地域のひどく荒れた土地、住民の野蛮性、海湾の野放図状態には閉口した」と記している。Gipuzkoa は 13 世紀、Alfonso X の治世時代に Castilla の一部となり、巡礼路の整備が図られて発展した。多くの巡礼者の到来は、沿道各地に教会、礼拝堂、修道院、僧院、施療院などの建設

---

[19] バスク人の祖先はネアンデルタール人（旧人類）と伝えられており、古代ローマ以前にイベリア半島にいた先住民族の一つ。インド・ヨーロッパ語族のヨーロッパ侵入（BC 900 － BC 600）以前の旧石器時代後期（約 3 万－1 万年前）にピレネー山麓に定住していた典型的な狩猟民族といわれている。（大泉光一著「バスク民族の抵抗」、1993）

- 「プリミティヴォの道」は、9世紀初頭に発見されたヤコブ（スペイン語でサンティアゴ）の墓に、当時 Asturias の王だったアルフォンソ2世が、オビエドの宮廷から O Acebo 峠を越えてガリシアの聖地を参拝した経路といわれる。その経路は、同王によって整備・公認されたので、原始（元祖）の意をこめて、"El Camino Primitivo" あるいは "Original Way"（英語）と呼ばれる。道中の整備は、「北の道」よりはるかに良い印象を受けた。
- 今次は、イルンから Villaviciosa を経由してオビエドに至る「北の道」[20] 約530キロとオビエドからサンティアゴに至る「プリミティヴォの道」約320km、合計約850km（道間違いのロスを加えると900km近い）を歩いた。フランスとの国境となるサンティアゴ橋から歩き始めたので、クレデンシャルは、イルン市内にある "Iglesia Nuestra Senora del Funcal" 教会で運よく入手できた。
- 今次は、イルンを出ると、サンセバスチャン、ゲルニカ（ピカソの絵「ゲルニカ」で有名）、ビルバオと名の知れたバスク地方の都市を通り、カンタブリア地方、アストゥリアス地方、ガリシア地方と跨いで歩いた。バスク地方では、時節柄、公営アルベルゲが閉鎖中で、かつ雨中の山歩きが多くて難渋した。しかも、この期間の道中の巡礼者はごく少なく、その歩行と宿泊はほとんどが単独行であった。一人で山道を歩くと、カミーノ標識を見逃すなどして道に迷うことが多い。実際、歩き始めた日からオビエドに到着するまでの「北の道」では毎日のように、道間違いしていた。その累積ロスはざっと40キロあまりにもなった。
- ところが、オビエドから始まる「プリミティヴォの道」では、終始ドイツ人男性2人とつかず離れずのペースで歩き、宿も一緒だったので、道に迷うことはなかった。ドイツ人の一人は、ドイツ巡礼者友好協会の役員で、装備もアルベルゲ情報も頼りになった。お蔭で、「プリミティヴォの道」

---

[20] 厳密にいえば、Villaviciosa（正確にはさらにその先約4キロの地点）からヒホン Gijon を経て Aviles に至る区間、51.2km、を歩かなかったが、2011年11月にオビエドから Aviles へ歩き、「北の道」に合流したので、理論的には、オビエド経由で「北の道」を繋いだことになる。

の道中はずっと公営アルベルゲを問題なく利用できた。サンティアゴでは同道したドイツ人2人と同じミサに出席。司祭による恒例の巡礼者紹介で、北の道・イルンからハポンと聞こえ、プリミティヴォの道ではアルマニア（ドイツ）2人が挙げられて、共に喜んだ。そして、パラドールの振舞食[21]で歓談して、お互いに祝福して別れた。
- 今次は、高血圧に悪いとは知りながら、昨年11月に覚えた遅い昼食（兼夕食）時にワインを飲み、酔っ払い歩行が常態化してしまった。

道中日記から（抜粋）

3月3日（土）快晴　　San Sebastian ～ Zumaria　　歩行33.3km + 1.2km

5：30起床。7：25食堂で一人朝食。8：00スペイン人中年男性エルネストと一緒に宿を発つ。少し生暖かい。8：35町のはずれにある給水所前の標識にサンティアゴまで795kmと表示。エルネストは結構まめに写真を撮っている。穏やかなカンタブリア海をしばらく見て歩く。時々放牧地を横切るためゲートを開閉。標高353mの峠を越える。途中から別れてエルネストに先行する。

11：20 Orio（人口4,969人）の町の観光案内所に立ち寄り、巡礼路に関する追加情報を入手。ここで得た英語版"The Northern Ways to Santiago"はその後ずっと携行ガイドブックとして重宝した。また、バスク地方Gipuzkoa県およびBizkaia県のカミーノ経路地図と宿情報は、自宅から持ってきたMundicamino経路図（インターネット情報）を補強してくれた。ここでバスク地方各地のアルベルゲの多くは、この時期まだオープンしていないことが分かった。その案内所にエルネストも入ってきた。案内所の前に古いSan Nicolas教会があり、エルネストはじっくり見学の姿勢なので、ここで再び先行し、波止場のベンチで小休止。今日はOrio川の河口に位置するこの港

---

21 朝9時、昼12時、夜7時の1日3回、巡礼者10人までに食事が振る舞われる。1509年の大施療院開設以来の伝統に従い、1928年、Alfonso 13世によるパラドール（現在全国に93か所）開設に伴って、この振舞食が復活した。2017年1月から、昼食だけに限られるようになった。

町でカヌーレースの催しがあり、賑わい始めている。

　12：30－35 Zarautz（人口22,402人）の町を見下ろす辺りの道端のベンチで一休み。海岸近くにゴルフ場が見える。12：55 Zarautzの町に入る。国道N-634 KM18を見遣る。町の気温は15.5℃。13：30－40 Zarautzの町の中でインターネット。受付の人が片言の日本語で挨拶。13：40－14：00 すぐ近くのバルでカフェ。出る時、ご婦人客から"ブエン・カミーノ"と声をかけられる。町のはずれで、どっちの道かなと思案していると、通りがかりの人が、山越えと海岸線自動車道の2つのオプションを教えてくれた。この町の人は気持ちが良い。丘を歩いていると、はるか下にGetariaの町が見える。ここまで、散歩やピクニックをする人が多い。

　16：15 Zumaia（人口9,483人）の町に入る。大きな造船所を前に、河岸のベンチで一休みした後、観光案内所で、今夜の宿情報を聞く。急坂を登りつめて20分。眺望の良い一軒家のペンションに辿り着くが、長く待たされた挙句、今日は満室だという。観光案内所は何といっていたのかと聞かれたが、答えようがない。見かねて、同業者に連絡を取ってくれたらしく、車で下の町まで送ってもらい、別のアパルトメントへ、17：30 チェックイン。寝室、リビングがついた部屋で、今夜はここを独り占め。シャワーと洗濯を済ませ、町に出てバルでビールとタパスを夕食替わりとする。土曜日夜とあって、遅くまで子供が外で遊んでいた。外気温は16℃と温かい夜だ。明日は雨だろう。22：00 就寝。耳鳴り強し。

3月5日（月）曇時々雨　　Markina ～ Lumo　　歩行 25.6km ＋ 1km

　4：55 起床。食材で朝食。昨日の無理な歩きがたたり、腰と右膝裏の痛み。7：35 宿を発つ。9：20－35 Bolibar村（人口396人）に入り、シモン・ボリバル（1783-1830）の生家である小さな博物館（入館無料、末裔に当たる女性が受付）をしばらく見学。この偉大な軍人は、南米コロンビア独立に大きく貢献した人物で、自分はJICA[22]在職中に、首都ボゴタ市のシモン・ボリバル公園建設のための事前調査に参加したことがあり、奇異な巡り合わせに少

---

[22] 当時は国際協力事業団。現在の国際協力機構の前身。政府の途上国援助機関。

し感動した。9：45－55 同じ村のバルでカフェ。外気温は9℃。

　10：15－20 雨が降り出し、古い修道院の前で一休み。11：35 どうやらどこかで道を間違え、カミーノ標識がない道を歩いていることに気付いた（経路図にない Munitibar 村を通る）が、方向は合っており、間違いなくどこかで合流すると確信。雨の中、泥んこの山道で足を滑らせ、さしていた傘の骨を折る。雨の山中では一休みもままならず、当てにしていたバルは開いておらず、お腹がすく。13：55－14：05 Saint Thomas 教会の軒下で雨宿りを兼ねてやっと一休み。中からオルガンの音が聞こえる。15：00 前後はアップダウンが厳しいうえに山道の悪路が続く。何度か転倒。体中泥まみれで情けないやら、痛いやら。耳鳴りが強い。血圧も急上昇か。

　15：35 ゲルニカの町（人口 16,089 人）のはずれにある国際ユースホステルに着く。運よくスタッフが門扉を閉じようとしていたので、事情を話し、とりあえずザックを置かせてもらう。スタッフが勧める駅前のレストランで昼食兼夕食（Mdd：パエリャ、烏賊の墨煮、赤ワイン、10 ユーロ）。その後駅前の水道栓で、山中で泥だらけになった靴とズボンの裾を洗う。近くに、美味しそうなケーキ屋があったので、コーヒーとケーキ。帰路、観光案内所で道中情報を求めたが、何もなし。大きな公設市場はほとんど休み。毎週月曜日は特設市場が開かれるという触れ込みだったが、残念。

　18：00 アルベルゲ（IYH）にチェックイン。国際 YH なので、朝食付 18.58 ユーロと他の公営アルベルゲに比べて少し高い。シャワー、洗濯を済ませ、ベッドでウトウトしていると、20 時頃学生団体 30 人ほどの男女が各部屋に入ってきた。スタッフの配慮で自分の部屋だけは入って来ず、今夜は一部屋貸切り。しかし、全館深夜まで五月蠅くよく眠れず。巡礼者は階下の靴置が指定されるが、学生はお構いなしで、その靴音も騒音だ。今日はこれまでの中で最悪の日。山中の悪路で、腰はひねる、傘は破損、靴と服は泥だらけと散々で、身体中節々に痛みが走る。21：00 就寝。

3月14日（水）曇　　Colombres ～ Niembro　　歩行 31.7km ＋ 3km

　5：20 起床。明け方も半月が残る暁の空が何ともいえず幻想的。昨夜からいまだに耳鳴りが強い。食材で朝食。7：20 宿を発つ。「朝露を　踏みし草

道　馬叫ぶ」。「あと1球鳥（鳩）」の鳴き声。霧が立ち込める山道を独り歩く。この辺りユーカリ植林が多い。9：30－35 Redueles の教会廃墟前で一休み。カミーノはこのために大回りが設定されている。この直後道を間違える。ザックを持ち上げる毎に右足踵(かかと)が痛む。昨年6月に痛めた踵の靭帯炎症は中々治らない。海岸丘の海側を歩く。時々波打ちの音。10：55－11：10 海岸公園で一休み。リンゴ1個でお腹を満たす。13：10 Llanes [23]（人口4,643人）の町に入る。13：20 AS-263 KM29を見遣る。こんな小さな町にも中国人経営のバザール。13：25－35 同町の観光案内所で町内地図とカミーノ情報を入手。14：00－55 同じ町のレストランで昼食（Mdd：豆スープ、ビーフ、ワイン、10ユーロ）。幾つかの海浜リゾートを通過するが、宿泊施設のほとんどは休業中のようだ。

　17：40 ふと目に入った Niembra 村のペンションにチェックイン。老夫婦の経営で、泊まり客はいないようだ。シャワー、洗濯ができ、ヒーティングがあって安堵する。今日はデジカメがポーチの中で作動し、レンズモーターが壊れたようだ。その後作動せず、以降撮影できず。今日はまた、カミーノ標識が見当たらず、道の選択に迷うことが多くて、つい山本リンダの"こまっちゃうな"を口ずさむことが多かった。19：30 ベッドに横たわるとつい微睡む。そのままビッグスリープ。

3月22日（木）快晴後晴　　Borres ～ Berducedo　　歩行 27.0km

　6：00 起床。朝食はバナナ2本。6：25 ドイツ人ミハエル（52歳）とマーティン（48歳）と一緒に宿を発つ。今日は「プリミティヴォの道」最大の難所である Fonfaraon 連山越え（Los Hospitales ルート、標高1200m台）を歩く。Borres 村を出て1.5キロほど歩くとルートは二手に分かれる。左は車道沿いに標高600~800mを歩くが少し距離が長い。右を取ると、1200m台に上り、約14キロの区間は何もない山道（とはいえ、時々放牧地を見た）を歩く。当

---

[23] リャネスの町は小さいながら、全国でも珍しい「歴史と芸術の町」として知られる。38か所の海浜があり、有名な芸術家の作品である "The Cubes of Memory" などがあって多くの観光客を集める。アルフォンソ9世時代に直轄領地とされ、当時は防壁が置かれたという。13－14世紀に創建された教会施設も多い。

初単独では前者の無難なルートを考えていたが、ドイツ人2人が後者の難所に挑むというので、行動を共にする。

　7：35 連山の間から朝日が綺麗に昇る。地道の登り坂が延々と続く。松の植林地帯を通り抜ける800m辺りから霜が降りていて足元が白い。8：20－35 頂上まであと3キロほどの所で3人揃って一休み。食材で改めて朝食をとる。ミハエルによれば、いつも霧がかかり、風も強いというが、今日は風もなく、快晴で山々が澄み切っている。めったにない天気に3人は歓喜。1000mを過ぎると所々雪が道端に残る。向こう正面の雪山を背景に数匹の馬が放牧されており、うち2匹は白馬でカミーノの行く手に我々を待つように佇んでいる。カメラ撮りに最高のアングルだ。尾根に近づくと雪を踏み込むようになり、反対側の谷から冷たい風を感じる。10：00頃、ミハエルがスマートフォンのGPSを見て、現在最高の1259mと告げる。しばらく雪道の尾根を歩き、10：35－11：00 峠の車道へ出た所（Alto do la Marta、標高1105m）で3人共一休み。ここでたまらず、2人に憚って車道脇道で野糞。お尻がひんやり。そして再び尾根道を歩く。中世以降、この峠越えが主要ルートだったようで、尾根道には巡礼者用の石造り施療施設跡が数か所見られた。

　11：55 AS-14 KM31を見遣りながら車道を横切って、なおも石ころの多い急坂をひたすら下る。現在このルートを取る巡礼者は少ないようであるが、よく整備され、カミーノ標識をしっかり見ていれば、それほど難儀ではないかもしれない。ただし、大抵は悪天候なので、今日のようにはいかないだろう。単独歩行は余程の勇気がいる。別ルートと合流して5キロほど歩くと、Lago村（人口27人）に至る。こんな小さな村にも、16世紀創建の教会がある。13：20－15：00 その村のバル/レストランで3人カフェしながら14：00からの昼食時間を待つ。この辺りで昼食できるのはここだけだ。近在の工事作業員などが集まってきた。定食はスープ、ポークの煮込みだけと思ったら、最後にもう一つマトン入りパエリャが出た。ワインは3人で2本飲む。昼食時の話題は、今日のヒーローは自分だという。66歳にしてこの難所を率先して歩いたのだからという。3人共酔っ払い歩き。今日は1日で草臥れていた靴がさらに傷んだ。今夜手当てをしないと、サンチャゴまで持つか心配になってきた。また、長い石ころの急な下り坂で右足首が再び痛む。

16：10 Berducedo 村（人口167人、標高910m）のアルベルゲにチェックイン。シャワー、洗濯して、シエスタ。耳鳴りが強い。血圧が上がったに違いない。21：20 就寝。

（巡礼の風景：写真抜粋5）

珍しい竹林と各種の標識　　中世の町・Escalente　　「北の道」
　　　　　　　　　　　　　　　　　　　　　　　　　オスピタル・ルート

第6次　仏・アルルの道、仏・ピアモンテの道

旅程：2012年9月19日～10月19日　（31日、うち歩行日数13日）
区間と距離：

仏・アルルの道	Arles～Montpellier	79.5km＋12km
仏・ピアモンテの道	Narbonne～Carcassonne	87.4km＋20.5km
同	Lourdes～Saint Jean Pied de Port	150.4km＋17km
	計	317.3km＋49.5km

ルート外の主な訪問地：ミラノ、ジェノヴァ、マントン、モナコ王国、ニース、エズ、カンヌ、マルセイユ、オランジュ、アヴィニョン、ポン・デュ・ガール、ニーム、リヨン

旅程のハイライト
- これまで5次に渡るスペイン巡礼を重ねているうちに、イベリア半島とヨーロッパとの歴史文化に興味が涌き、公共図書館で入手可能な古典や参

考文献（全て翻訳本）を読み始めた。メソポタミア文明や古代オリエントがヨーロッパ文明の形成に基層的な影響を及ぼし、フェニキア人、エトルリア人、ギリシア人、古代ローマ人らによる地中海文明と、ガリア民族（ケルト人）[24]、ゲルマン民族、ゴート族、バイキング族などの登場で、ヨーロッパ文明が合流形成されていく歴史的流れ、そしてキリスト教の勃興と布教は大きな文化的イナーシャの働きをしてきたのではないかと、ヨーロッパ世界が朧気ながら想像できるようになった。現在、かつてローマ街道で繋がったイタリアとフランス南部の地中海沿岸部には、世界遺産を含む豊かな観光資源がある。今次は、イタリアのリビエラ、南フランスのコート・ダジュール、プロヴァンス及びミディ＝ピレネー周辺に的を絞って地中海沿岸を巡り、併せて、ピレネーの麓に至りフランス人の道に通じるフランス側のサンティアゴ巡礼路を歩く計画を立てた。

- バンコク経由の空路でイタリアのミラノに入り、イタリア側リビエラ海岸地方と、フランス側コート・ダジュール海岸地方を鉄道とバスを乗り継いで移動しながら、古代・中世の遺跡を残す主な観光地を巡った。後半の日程で歩いた巡礼路の区間は、「アルル Arles の道（GR653）」をアルルからモンペリエまでの 79.5 キロ＋12 キロ、「ピアモンテ Piamonte の道（GR78）」をナルボンヌからカルカソンヌの間 87.4 キロ＋20.5 キロ及びルルドからサン・ジャン・ピエド・ポーまでの 150.4 キロ＋17.0 キロ、合計 317.3 キロ＋49.5 キロ（道間違いによる累計ロス）を歩いた。さらに毎日、各地の散策に 5－15 キロ歩いており、その中には、イタリア側の国境の町 Ventimiglia からフランス側の国境の町マントン Menton まで歩いた約 10

---

[24] ヨーロッパの古代歴史を語る中で忘れてはならないのは、ライン川以南に広く居住していたケルト人（カエサルの著書ではガリアまたはガッリア）である。鉄器時代以降花開いた基層としてのケルト文化は今日 EU 諸国を中心に「ヨーロッパの遺産」として共有されている。現代のヨーロッパでケルト文化の伝統をもつ国や地域は、アイルランド、スコットランド、マン島、ウェールズとコーンウォール、ブルターニュだが、スイス、オーストリア、スペイン北西部などにも古代ケルトの跡が見られる。フランスは今日のベルギー南部とスイス東部と共に、ローマ人によって「ガリア」と呼ばれたケルト文明の中心であった。その地域がローマ化されて、歴史学では「ガロ＝ローマ社会」と呼ばれている。南フランスの中核都市やリヨンにもこれらの遺跡や博物館があり、今次時間が許す限り廻って見学した。

Ⅳ　各ルートを歩く：道中日記から

キロが含まれる。

- 「アルル（別名トゥールーズ）の道」は、フランスのサンティアゴ巡礼路の一つとして、トゥールの道、リモージュ（別名ヴェズレー）の道、ル・ピュイの道と並んで、ユネスコ世界遺産に登録されている。この道は、アルル[25]を始発地とし、モンペリエ、トゥールーズ、オロロン・サン・マリーを通って、ピレネーのソンポルト峠（標高1600m）を越えてアラゴンの道に至り、プェンテ・ラ・レイナでフランス人の道に合流するもので、約940キロもの道のりがある。今回はアルルから3日間だけ歩いた。その後、モンペリエからナルボンヌまで鉄道で移動した。

- 「ピアモンテの道」は、ナルボンヌ Narbonne を始発地として、カルカソンヌ Carcassonne、聖地ルルド Lourdes、オロロン・サン・マリーを通って、サンジャンに至る513キロの巡礼路である。今次は、ナルボンヌからロバン Robine 運河及びミディ運河沿いにカルカソンヌまで3日間と1時間（4日間に換算）歩いた。そして、鉄道でルルドまで移動し、そこからサンジャンまでさらに6日間歩いた。今次は、スペイン側の巡礼路を歩くことはなかった。

- 今次は、事前にインターネット情報を持たず、これまでスペインを5度歩いた経験から、現地で何とかなると高を括っていたことを反省した。道が多岐で磁石が示す方向性は役に立たない。地元の人に聞いても巡礼路を知らず、その日の目的地を聞いても、自動車道を教えてくれる人が多かった。仏語だけの説明ではかなり聞き洩らしているのかもしれない。しかも、ナルボンヌから歩いた運河道は本来の巡礼道ではないので、全く標識がない区間があった。アルルとナルボンヌの観光案内所は、巡礼路の情報をほとんど持ち合わせておらず、GR653あるいはGR78のルートを示す地方地図をくれただけだった。また、フランスのカミーノ標識（サインや道標）は、スペインの黄色い矢印や帆立貝マークと違って、白赤のツートンカラーのペンキが電柱や道路施設に塗られているケースが多い。時には木

---

[25] アルルのローマ遺跡とロマネスク様式の建築群は世界遺産に登録（1981）されている。

57

製の標識や帆立貝マークの補助標識もあるが、全体的に不十分。問題なのは、岐路で方向を示すサインを見逃しやすいことである。視力の弱い自分はこれを確認するために近くまで寄って見ざるを得ない。他にも様々な標識があり、見損なうか勘違いすることが多く、その結果、道間違いを頻々とした。
- ピレネー山麓は、ブドウやオリーブの木、放牧地、収穫間際のとうもろこし畑、色とりどりの野草、低地のススキ、ポツンと建つ農家、そして、ここかしこに栗の木やカシ・ブナの木などが広がり、豊かな里山の景色を見せてくれた。季節柄道中で、栗拾いや野生ベリーの収穫を楽しんだ。

道中日記から（抜粋）

**10月1日（月）晴後快晴　　St. Gilles ～ Gallargues-le-Montueux
歩行 29.9km ＋ 8km**

6：00 起床。食材で朝食。7：30 独りで宿を発つ。まん丸の残月を見遣る。ブドウや柑橘類の林の中を歩く。鳥のさえずり。GR 標識に沿って国道を渡ろうとすると、なぜか地元の人が、国道沿いに行けという。しばらく迷ったが、その人が見えなくなって、やはり GR 標識に沿って歩くことにする。10：00－05 道端で一休み。どこの家の垣根にもピーラカンサが満開。10：40 D139 を歩く。標識が見えない。Generac の町に入る。どうも違う道を歩いている。11：10 Beauvosin 村に入る。家の人に聞くと、英語で応えてくれた。少し戻って車道を歩けば、4キロ。このまま歩けば2キロだが、道が複雑で難しいよという。それらしいサインが見えたので後者の2キロの道を取る。ところが、途中でサインを見失い、あとは感と磁石だけで歩くが、これが大間違い。山道で大いに迷う。運よく散歩の女性に合い、道を教えてもらうが、その道も間違える。行きつ戻りつして、やっとのこと、13：00 Vauvert の町に入り、町の中心に来て偶然 GR サインを見る。この町の小さな広場前のレストラン（Café le Paris）で、13：20－14：00 昼食（ビーフステーキとビール）。外気温 20℃。14：35 道端で休憩中のスイス人の若者2人を追い抜く。途中から、また標識を見失い、車道を歩く。

17：45 Gallargues-le-Monteuex の町に着く。町の中心の庁舎前で、ドイツ人中年男性が独り、ジットの管理人を待っていた。装備から巡礼者と分かる。携帯電話で予約したのでピックアップを待っているようだ。喉が渇いたので、バルで生ビール1杯飲んで待つことにする。小1時間ほど待たされ、ようやく中年女性が現れた。よくしゃべる女性だ。ドイツ人男は仏語が少しわかるらしい。とにかく、近くの公営ジットにチェックイン。8人ベッドだが、客は我々2人だけらしい。明日の様子を説明しているようだが皆目わからない。ドイツ人男が分かってくれればよい。そのドイツ人男もアルルから歩いているが、既に足を痛めているようだ。キッチンがあり、食材で夕食。宿の自由帳から推測すると、この巡礼路で9月に歩いている人は、一日平均2－3人くらいか。20：10 就寝。彼も同時にベッドに入った。

10月12日（金）雨後曇　　Maulion-Lichare ～ Saint-Just-Ibarre
歩行 23.9km ＋ 3.5km

6：30 起床。食材で朝食。8：20 独り宿を発つ。8：40－50 市内のカフェで再び朝食。早速道を間違え、昨日町に入った地点に出てきた。町の人に聞いたが、それも道迷い。引き返して、降り出しの写真店角に戻る。そこにある GR マークを見逃していた。1時間ほどロス。9：40 GR78 の標識を確認。サンジャンまで 23.3km。牛の群れに紛れ、間違って農家の庭に入る。谷間に霧が立ち上がる。11：55－12：10 Ordiarp 村のバーでホットミルクと手持ちのパンで昼食。そのバーでもう一人の仏人男性と昨夜同宿したカナダ人中年女性エレーナに遭う。後から来た昨夜の仏人カップルに男性1人が加わったグループが古い教会の軒下で着替えをしている。山中の泥道を歩く。「こまっちゃうな」「どんぐりころころ」などの替え歌を歌いながら、独り歩く。眺めの良い岩場で雲が立ち上るのを見遣る。一休みしていると、エレーナが追い付いてきた。カウベルの音がここかしこに聞こえる。

再び独り先行。15：00 山道で道間違い。1キロロス。狭い道で、直進を誘導するサインを見落としたためだ。15：30－45 GR78 の標識で、Saint Just Ibarre まで 3.8km を見遣る。それから1時間ほどの山道は、アップダウンが急で、サインが分かりにくい難所が続いた。フラフラになって、Ibarre 村に

入る。三叉路の標識は、右1.5kmにジットあり、左がGRのIbarre方面。左を取って歩く。そのうちに道は次第に集落から遠ざかろうとする。ジットはどこだかわからない。次の分岐点でサインを無視して車道に出たのが、結果的に正解だった。一軒家のレストランでジットの場所を聞くと、若い女性が、あなたの友達のエレーナが待ってますよ、という。離れの一軒家に案内されると、昼に遭った仏人男性フランクとカナダ人女性エレーナが既に入っていた。ジットではなく、このルーラル・ホテルに2食付き35ユーロで泊まる、といってエレーナが部屋を割り当ててくれた。16:50チェックイン。自分が道を間違っているのを、あとから来たエレーナが見かねて声をかけたというが、聞こえなかったようだ。あなたは、足は速いがよくサインを見落とすようね、私と一緒に歩けばそんなことはないわ、という。まもなく、例の3人が入ってきた。シャワーと洗濯後、独りレストランで生ビール1杯。今日は険しい山道を歩き通し、距離の割には膝にきた。夕食は6人全員でテーブルを共にした。くるみの実が殻付きで出され、初めてくるみ割りを経験した。メインはチキンロースト。赤白ワインの他に、仲間の2人からそれぞれ当地方の特産という強い野生果実のワインをふるまってもらった。明日はフランス側最後の宿泊地サンジャンに着く予定なので、打ち上げのように盛り上がった。20時から、日仏サッカー親善試合がテレビ放映され、独り最後まで見る。別室では地元の人たちが熱心に見ている。日本が1-0で勝った。当然フランスが勝つと思っていたので、彼らからは声なしだった。今夜はよく冷え、一気に秋が深まった感じだ。23:10就寝。

(巡礼の風景：写真抜粋6)

初めて出会うGRマーク
（下段）

ミディ運河沿いを歩く

イバーレの
ルーラル・ホテルにて

Ⅳ　各ルートを歩く：道中日記から

第7次　レヴァンテの道、サナブレスの道

旅程：2013年3月10日〜4月11日　（33日、うち歩行日数26日）
区間と距離：

レヴァンテの道	Valencia〜Avila	621.0km＋20.0km
サナブレスの道	Orense〜Santiago de Compostela	115.4km＋ 1.0km
	計	736.4km＋21.0km

ルート外の主な訪問地：　　なし

旅程のハイライト

- 今次は、スペイン最長の巡礼路「レヴァンテの道 Camino de Levante」を歩いた。そのきっかけは、2011年4月にサンティアゴで会ったオランダ人男性（当時66歳）がこの道を歩いた際、山道で迷い、警察の世話になったという話が頭に残っており、レヴァンテの道は険しそうだが、挑戦する価値があると思ったからである。

- 「レヴァンテの道」はバレンシア地方[26] 118.4km、Castilla-La Mancha 地方867.3km、マドリッド地方12km、そしてガリシア地方235.7kmの4地方を通りサンティアゴに至る合計1233.4kmの巡礼路[27]である。途中、ローマ古道の Via Augusta や「（ドン）キホーテの道」と重なる。

- 今次は、各航空会社の運賃値上げと円安ユーロ高の事情から、経費の節約を余儀なくされ、旅行日程を33日間に抑えざるを得なかった。そのため、

---

26 バレンシア（地方としては5県から成る）はレコンキスタの時代、エル・シド（1043−1099）が活躍した地として歴史的に名が知られる。1094年、エル・シドがこの地でイスラム教徒を破ってキリスト教圏を奪回したが、9年後再びイスラムの手に陥り、以降130年間はイスラムの統治が続いた。また、オレンジの産地と知られ、スペイン全国の約9割を生産する。海岸線は湿地帯が発達し、水田地帯と灌漑施設が広がるコメの産地で、「パエリャ」の発祥の地でもある。バレンシア市は近年、芸術科学都市として都市再開発が進み、様々な近代都市施設が立地する。歩き始めた3月中旬は、丁度サンホセの火祭り（バレンシア春祭り）の期間中で、張りぼて人形（fallas）の展示やパレードを目撃した。

27 正確にいえば、Zamora で「銀の道」に合流した後、Granja de Moreruela からサナブレスの道に入って Santiago に至る。また、Zamora から Astorga に出て、「フランス人の道」に合流してサンチャゴに至る選択肢もある。

Valencia〜Avila 間 621.0 キロと、コンポステーラ（巡礼証明書）取得に必要な最後の区間 Orense〜Santiago 間 115.4 キロ、合計 736.4 キロ＋21.0 キロを歩いた。

- 「レヴァンテの道」はスペインでは最長だが、マイナーな巡礼路である。バレンシアからアビラまでの道中に関する限り、標高 500〜1200m の丘や山の道が大部分で、巡礼者に出会ったのはわずかに 1 人（スペイン人中年女性）であったので、終始単独で歩き、宿舎も常に独り[28]であった。今次もこれまでと同様に、日本出発前には、mundicamino などのインターネット情報で行程を組み立てた。加えて、バレンシアの巡礼者友好協会で詳しい経路地図セット（有料）とクレデンシャルを入手した。しかし、問題は道中の宿だった。宿泊地における観光案内所や市町村の窓口はどこも全く当てにならなかった。時間外で閉じていることが多く、また開いていても巡礼に関する情報知識を持ち合わせていない場合が多い。それほど巡礼者が少ないということであろう。巡礼者用のアルベルゲは少なく、地元の警察署に寄って体育館等の公共施設にお世話になるか、やむなくオスタルやホテルを利用した。

- 今次は、67 歳の誕生日にバレンシアから歩き始めた。Orense からの「サナブレスの道」を歩くに当たっては、丁度 2 年前の道中メモを参考にして同じ経路を歩いた。そこで分かったことは、同じ道程にもかかわらず、歩く平均速度が、時速 4.4 キロから約 4.0 キロへと落ち、1 割ほど遅くなっていることである。この 2 年間に老齢化が進み、歩く速度が遅くなったと自己判断した。ザックの重量は、自宅を出発する時は 7 kg、巡礼歩行中は、水ボトル、食材、現地で入手した資料などで、8 kg を超えていた。今回はそれが重く感じると共に、歩き方の問題か、左腰に終始鈍痛を伴った。体重は、今回に限って帰国時も出発前とほぼ同じだった。

---

[28] 実際、3 日目に泊まった Moixent のアルベルゲの宿泊台帳で集計された宿泊者数は、年間 47 人（2007 年）、53 人（2008）、62 人（2009）、67 人（2010）、74 人（2011）、71 人（2012）であった。初日に泊まった Algemesi のアルベルゲでは、2012 年の自由帳に、一人の日本人が 2008 年に続き、2012 年に 2 度目を歩いたが、その間にこの道を歩いた日本人はいるだろうか、と書いている。一方、Orense からサンティアゴまでのサナブレスの道では、毎日、3〜7 名の巡礼者に遭遇し、同宿した。

Ⅳ　各ルートを歩く：道中日記から

道中日記から（抜粋）

3月15日（金）快晴　　Xativa ～ Moixent
歩行 27.9km ＋ ロス 5km ＋ 2km（町内）

　5：30 起床。早々と脚腰に筋肉痛。エアコンの暖房があまり効かず、連続くしゃみと鼻づまり。7：00－20 ホテルのレストランで簡素なコンチネンタル朝食。見かけた客は他にビジネスマン風男性3人だけ。豊量な温水シャワーは有難い。7：55 ホテルを発つ。ホテルのフロントは市内の巡礼経路を知らない。市の観光案内所は、昨日同様閉じていた。外気温9℃。町の人に何度も聞くが、わからない。標識が見つからないまま街の南西方向へ歩く。8：50 散歩中の老夫婦に教えられ、町の出口でやっと標識と"VIA AUGUSTA"の石標を見つける。その後何度も石標を見遣る。丘の上から交差する2つの鉄道線路で電車が交差する珍しい光景を見る。

　10：05 Canals（人口 13,635人）の市街地に入る。入口の公園には大きなVIA AUGUSTA（アウグストゥスの道）の石標モニュメント。「サンチャゴへ1204km」と刻まれている。都市再開発された綺麗な街だ。混雑する町中の公設市場でバナナ2本買う。その直後から標識（イエローアロー）が見当たらない街路で迷う。11：00 ついに街の外れで再び標識を確認。しかし、また見失って、振り出しに戻る。何度歩いても都市部の街路は分かりにくい。11：25 再々度標識を確認し、無事街を出る。11：45 コーズウェーの橋を渡る。車から"ブエン・カミーノ"と声をかけられ、手を挙げて応える。軽やかな気分になる。

　14：05－55 Vallada の町に入ってすぐのバル/レストランで昼食（Mdd：サラダ、鶏肉、白ワインにパン、プリン付き）。5 ユーロとは安い。道理で満席だ。15：55 再度川を渡るが、この辺りでまた標識を見失い、急な坂をバックアンドフォース。結局1キロほど大回りしていた。16：30－35 道端で一休み（バナナ）。

　17：10 Moixent（人口 4,542人、標高 300m）の町の中心に着いたが、ローカルポリス（Policia Local）は閉じている。近くにいた英語のわかる青年が近くの文化センターを紹介してくれた。若い女性が、ここは観光事務所を兼ねて

いると言って英語で応接してくれた。アルベルゲをよく知らないらしく、8キロほど先にあると思う、と言いながら、町内の2か所のカサ・ルーラル（CR：登録された民宿）を地図上に図示してくれた。その一つのオーナーは近くのスーパーにいるはずだからと親切に案内してくれた。まだ来てないのでしばらく待つことにしたが、そのうちにローカルポリスが開いたので、そちらで改めてアルベルゲの所在を尋ねた。町のはずれにあるといい、直ぐ手続きを取って鍵を貰う。先ほどのスーパーで食材を買って、カミーノを1キロほど戻り、車道沿いの赤十字マークがついた平屋の1室（6ベッド）がアルベルゲだった。隣の建物は警察の宿舎らしいので治安には問題なかろう。シャワー後食材で夕食。宿泊者自由帳を見ると、2013年3月に入ってからは自分で5人目。これまでのデータを見ると、1週間に1~2人泊まっている勘定だ。昨夜に泊まった者がいる。電気ストーブがあるが、あまり効かない。照明は暗く、寒くて寝る他はなし。20：40就寝。

3月18日（月）快晴、1日中風強し　　Almansa ～ Higueruela
歩行 41.6km

　4：00 起床。資料検討。洗濯物乾かず。朝食抜きで、7：00 宿を出る。7：20 陽が昇る。7：25－40 町の出口のバル/レストランで朝食。運転手や作業員が多く利用している。7：50 GR-239 の標識には Higueruera まで 36.2K とある。1100m 級の山を囲むようになだらかな荒野の丘の上を歩く。向い風が強い。常に道間違いの危険があるが、紛らわしい道には侵入禁止のロープが張ってある。9：45－50 台地の道端で灌木の木陰を利用して一休み。10：20 台地のカミーノ沿いに小さな説明板あり。Mugron Sierra と呼ばれるこの辺り（標高 1212m の崖あり）は紀元前 7 世紀の遺跡約 15 万㎡が発見された。数少ないローマ以前のイベリア人のものらしい。堤やシェルター跡が確認されているようだが、それらしいものは見当たらなかった。

　10：55 経路地図にない鉄道新線につき当り、サインもないまま右折して線路に並行して地道を歩く。500m も歩くと突然道が途切れる。農場主が道を農地にしてしまったのであろう。経路地図と磁石を頼りにさらに進む。11：25－40 松林内の地道途上で食材の昼食。新線に Renfe の電車が 2，3本通過

するのを見遣る。11：45 鉄道を跨ぐ橋の袂でやっと GR-239 の標識を見遣る。12：00 経路地図にはない Alpera（標高 840m）まで 3.6K（アルベルゲ有り）の標識を見て、直進のサインがないことを確かめて右折する。ところが、これが大回りであったことが後でわかる。12：55 Alpera の町に入る。先史時代から歴史のある土地で、ワインの産地でもある。Santiago へ 1039K の標。13：10－25 町役場が閉まっており、Higueruela へのカミーノを捜してウロウロしていると、親切な中年のおばさんが、市役所はこちらが入口よと教えてくれた。運よく英語のわかる若い女性職員に街を出る経路を地図上で教えてもらう。13：40 町出口の車道標識に Higueruela まで 21K とあり、カミーノ標識のない車道を歩く。16：00－05 車道道端で一休み。この車道はめったに車が通らない。16：45－50 再度道端で一休み。コンクリート道は足腰に堪える。

18：10 Higueruela（人口 1,306 人、標高 1039m）の町に入る。この時間では、市役所も警察も閉まっている。親切な中年男性が、アルベルゲは Hostal Posada で聞くといいよと助言してくれた。18：20 同オスタルで手続き、鍵を貰う。18：25 少し離れた町の外れにある多目的公共施設の 1 階 1 室がアルベルゲだった。2 階では、中学生が吹奏楽器の練習をしている。部屋には、机、椅子、電気ヒーター 2 つ、ベッドは 2 つ。まずはシャワーと洗濯。19：40 町中のグロッサリーで水ボトルとバナナを購入。隣のオスタル内のバルで生ビール 1 杯とタパス。夕食は 20：30 といわれたが、それより早くあり付けた。(Mdd：スープ、サラダ、白身魚、赤ワイン）。21：20 部屋へ戻る。外は冷えてきた。上ではまだ吹奏楽の練習が続いている。旋律からして当地のセマナ・サンタ行列の音楽隊であろう。標高 1000m のせいか、あるいは食べ過ぎ、飲み過ぎのせいか、今夜は寝苦しい。電気ヒーターのお蔭で、部屋が少しずつ温まってきた。22：00 就寝。

3 月 23 日（土）曇　　San Clemente ～ Las Pedroneras
歩行 23.7km ＋町内 3km
5：30 起床。食材で朝食。左腰が痛い。7：20 宿を発つ。町中の外気温 10℃。風がないだけ暖かく感じる。スペイン人中年女性と町のはずれで合流。今回のレヴァンテの道で最初に出会った巡礼者で、バレンシアからサモーラ

まで歩くという。15日夜Moixentの自由帳に、前夜泊まった巡礼者はおそらく彼女だろう。彼女も町の出口で戸惑っていた。結局、2人つかず離れず、単調な田園の中「キホーテの道」を辿る。彼女は英語が全く駄目で、こちらも会話するほどのスペイン語ができない。カミーノ標識が全く現れないので、この道はカミーノと違うのでは、といぶかって歩いていた。9：05 ついに2人で議論し、彼女が工事中の人に確認した結果この道で良いという。近くにあった道路標識の裏に初めて黄色い矢印を見た。後で分かったが、並行していたカミーノが偶然尋ねた道路を通じて連絡していたということだった。ここからは彼女が先行した。田園といえども、集落が全く見当たらない。10：30 - 35 道端で一休み。

13：00 Las Pedroneras（人口 6,971 人、標高 700m）の町に入る。町角で再度彼女と出くわす。その時 Vicky と自己紹介してくれた。13：15 宿泊を当てにする教会営アルベルゲに着いたが、門が閉じている。彼女は朝、携帯で予約していたらしい。まず昼食だということで一致。地元の人が親切に車で街道筋のレストランまで送ってくれた。2人で昼食（Mdd：野菜煮、魚、白ワイン）。会話はあまり進まない。後にも先にも、一緒になったのはこの時だけだった。15：40 再度アルベルゲに戻ったが、しばらくしてオスピタレロがやってきた。1室だけなので男女一緒に泊めるわけにはいかないということでそこを諦め、2キロほど歩いた所の Hostal "El Bomba" に、16：30 チェックイン。バスタブ、集中暖房付きの TW ルーム。直ぐ湯船につかる。17：20 - 19：40 仮眠。その後階下のバルでビールとハムサンドの軽い夕食。21：30 就寝。

3月31日（日）曇後雨　Escalona ～ San Martin de Valdeiglesias
歩行 26.0km ＋ 2km ＋ 町内 3km

5：00 起床。食材で朝食。6：55 宿を発つ。Almorox まで N-403 号線を7キロほど歩く。8：40 - 50 Almorox の町のバルで H ミルク。沿道の肉屋で食材購入。町を出てまもなくして、山道に入る。古道の一部であろうか、古い石積みが並ぶ。松林と露岩が続く。日曜日なので、幾組かの若者がドライブで遠出して来ている。10：55 - 11：10 松林内で一休み。食材で軽食。血圧が上がっているのか、今日は耳鳴りが強い。塩分の取り過ぎか。11：50 - 55

Ⅳ　各ルートを歩く：道中日記から

道端で一休み。この辺り上り坂が続く。12：20－45 標識を見失い、山奥へ入るという道間違いに気づき、1 キロ以上のロス。13：00－15 また、同様の道間違いで 1 キロほどのロス。カントリーロードレースに相応しいような地道だ。この辺りはトレド県から離れ、一時マドリッド県の領域を歩く。この頃から俄かに風が強くなり、雨が降り出す。

15：00－16：00 San Martin de Valdeiglesias（人口 2,391 人、標高 681m）の町に入り、町中のイタリアンレストランで昼食（スパゲッティと生ビール）。16：05 ローカルポリスでアルベルゲの手続き。町はずれの体育館施設がアルベルゲのようだが、日曜日午後は常駐の管理人が不在で閉じられている。仕方なく、近くのバルで H ミルク。テレビでは闘牛を中継していた。ショーかスポーツか判別しがたいが、最後の一刺しで血まみれで倒れる牛を見ると残酷なものだ。頃合いを見て 2 度ほど覗いてみるが、相変わらず閉まっている。困り果てていると、バルに来ていたご老人が携帯で警察に連絡をしてくれた。それでも管理人は来ないので、やむを得ず、ザックをバルに預けて、2 キロほど戻ってポリス事務所へ駆け込む。ポリスカーで体育館まで送ってもらい、しばらくすると管理人が来て、17：20 チェックイン。2 階の広いフロア－でスポーツマットのみ。ホットシャワーはなく、電気ヒーターもない。一旦外出し、明日のカミーノを確認しながら街道筋まで出て、スーパーで食材の買い出し。18：40－19：50 シャワーなしのまま仮眠を試みるが、持っているあらゆるものを総動員しても寒くて眠れない。20：00－20 食材で夕食。21：30 就寝。夜中に何度も階下のトイレに駆け込む。夜半ずっと、雨音と壁時計の音。これまでの中で最低の状態で夜を過ごす。

(巡礼の風景：写真抜粋 7)

アルバセテ市内の
ドン・キホーテ像

道中で会った
唯一の巡礼者

体育館更衣室で 1 泊

第8次　レヴァンテの道（続）、銀の道、フランス人の道

旅程：2013 年 9 月 9 日～10 月 6 日（28 日、うち歩行日数 14 日）
区間と距離：

レヴァンテの道（続）	Avila～Zamora	176.5km＋ 9km
銀の道	Granja de Moreruela～Astorga	97.8km＋ 8km
フランス人の道	Sarria～Santiago de Compostela	118.2km
	計	392.5km＋17km

ルート外の主な訪問地：英国：マンチェスター、Windermere（湖水地方を歩く）、Carlisle、ハドリアヌスの防塁線を歩く（82.1＋11km）、New Castle、Durham、York、Liverpool

旅程のハイライト

- 今次は前回の続きとして、「レヴァンテの道」を Avila から Zamora までの 176.5km＋9 km、「銀の道」を Granja de Moreruela から Astorga までの 97.8km＋8 km、さらには、「フランス人の道」を Sarria からサンティアゴまでの 118.2km、を歩いた。これらを歩き終えた後に、英国へ渡り、湖水地方の探策に加えて、カーライル・ニューカッスル間のハドリアヌス防塁線[29] 約 93km を歩いた。

- 今次の歩行区間の情報は既に前回に入手しており、比較的イージーな準備で現地に向かった。Avila－Zamora 間は一人の巡礼者にも遭わず、単独行であった。そのため、道間違いも多かった。Granja de Moreruela－Astorga 間は銀の道となり、道中の巡礼者が増えた。サンティアゴを目指す巡礼者は年々増加の傾向にある。サンティアゴの巡礼者協会事務所のスタッフの話では、到着した 9 月 23 日は 1 日約 1000 人を受け付けるという。今次は、

---

29 古代に、ローマ兵が英国・イングランド北部まで進出し、北方のピクト族やスコット族からの侵入に備え、併せて域内の交易や治安を維持するために、第 14 代ローマ皇帝ハドリアヌスが防塁（石垣）の造営を命じたもので、AD122～126 年の間に建設、全長約 120km（当時は高さ約 6.5m、幅約 3m）。19 世紀以降発掘と遺跡整備が進み、1987 年（2005 年）、UNESCO の世界遺産に登録され、その遺跡を辿る footpath（全長 135km）を歩く人が増えている。

スペイン、イングランド共に天候に恵まれた。

道中日記から（抜粋）

9月11日（水）　曇一時雨後晴　　Gotarrendura 〜 Arevalo　　歩行 29.5km

5：00 起床。当地の朝は結構冷える。昨夜の残り物で朝食。7：00 宿を発つ。まだ外は真っ暗。ハンディライトでカミーノ標識を追うが、直ぐ見失い、村を出るのに何度も行き来する。村を抜け出すと牛追い道（柔らかい地道）を歩く。行く手に稲妻が光る。次第に黒い雲が空を覆い始め、そのうちに稲妻と雷音が近づいてきた。ホラー映画の中にいるようで気持ちの良いものではない。なだらかな丘で高い立木はポツンポツンとしか見えない。1時間ほど歩くと明るくなり、次の Hermansancho 村に入る。雨がパラパラと来たので、8：00 - 10 同村の車道脇に立つ石碑の横で一休みして雨装備。矢印が示すカミーノを避け、地図上ほぼ並行に走る車道 AV-804 号線を歩く。

　Villanueva de Gomez 村から地道に入る。雨足が強く、風もある。9：50 - 55 El Bohodon 村の教会入口で一休み。この村にもバル見当たらず。まもなくすると、雨は小止みになる。10：25 - 45 Tinosillos の町のバルで休憩。ホットミルクを注文して手持ちの残りパンを浸して食べる。その後大きな松林の中を約1時間半歩く。それぞれの松の木からゴムの木のように松脂を取る仕掛けを初めて見る。12：20 - 25 松林の出口で一休み。晴れてきた。13：35 - 40 車道 AV-804 号線脇で一休み。

　14：20 Arevalo（人口 8,030 人、標高 827m）の市街地に入る。偶然警ら中のポリスが停車したので、アルベルゲを訪ねる。アルベルゲではないが何処云々にあるという。早口のスペイン語でよく分からないので、パトカーに現地まで乗せてもらう。町のはずれにある体育館裏のうらぶれた部屋にベッドが4つ。扉のないシャワー、トイレ。水回りも汚い。申し訳ないが、好意を断って、元の場所まで送り返してもらう。車を降りた目の前が Santo Domingo de Silos 廃寺院。インターネット情報では、ここで巡礼者に宿を提供するという。扉をたたくが閉まっている。前のバルのご主人に聞くと開いているはずだという。諦めて隣のホテルのフロントで、観光案内所の場所を

教えてもらう。腹が空いていたので、そのホテルの地下レストランで遅い昼食。その後観光案内所に廃寺院の宿の事情を聞いたが、既に閉鎖しているという。また、当地にはアルベルゲはなく、ポリスが案内した体育館もお勧めできないというので、安宿（オスタル）を教えてもらう。16：50 "Hostal del Campo" にチェックイン。小さなツインルームが25ユーロ。早速シャワーを浴びるが、取手が不具合で、足場桶で足湯のみ。17：00－20：45 昼食時の赤ワインが効いてきたのと時差ボケでビッグシエスタ。再び起きて資料検討。TVは韓国LG製。スペイン語が分からず面白くない。22：40 就寝。足腰に筋肉痛。

9月14日（土）　快晴　　　Siete Iglesias de Trabancos 〜 Toro　　　歩行 31.5km
4：00 起床。食材で朝食。7：20 宿を発つ。すぐ地道に入る。まだ暗い。偶然村人が歩いていたので、村を出る経路を教えてもらう。8時を少し過ぎると朝陽が登り始める。「振り向けば　昨夜の村に　朝陽立ち」9：00 道間違いと錯覚し、刈り取った麦畑を横断しようとするが、その先に鉄条柵。丘がうねっていて見通しが悪い。やむなく元へ戻り、しばらく地道を歩き続けるとイエローアローを発見。Castronuno の町の役場前の石段で一休み。こんな小さな町でも、役場内に図書館と観光事務所が同居している。今日は公休日。11：10－20 Villafranca de Duero 村のバルでカフェ。収穫が近いトウモロコシ畑や植林の間を縫って地道中心に歩く。地方の車道では車はほとんど通らない。13：25－30 車道合流点で一休み。

そり立つ丘の上にToroの町が見え隠れする。イエローアローを無視して、手持ちの地図上近道と思って車道を歩いたが、これが間違いだった。人だけ通れるローマ橋（ドゥエロ川）を渡って町に入れたのである。14：50 Toroの町を見上げながら急な坂道で難儀していると、見かねた通りがかりの人が車に乗って行けという。無下に断るわけにもいかず、便乗させてもらう。結局この車道の方が大回りだったとわかる。車中でアルベルゲの所在を尋ねたが、この町にはないというので、町の中心である Plaza Mayor 広場で降ろしてもらった。警察も観光事務所もこの時間帯は休みだとわかる。この広場界隈には、ホテル、オスタル、レストラン、バル、商店などが集まっている。ト

ロの町[30]の歴史は古く、また赤ワインの産地としても有名なので観光客で賑わっている。町の中心を物色して目に入ったペンションに、15：35 チェックイン。

一息入れて、階下のバルで生ビール1杯。そして市内の散策に外出して、別のバルでビールとタパス。丁度観光案内所が開いたので、宿情報と明日のカミーノ経路を確認する。17時になると近くのスーパーが開いたので、食材を購入。カテドラル裏の広場、アルカザールを見遣り、5つ星ホテルのテラスからはDuero川とそこに架かるローマ橋、そしてその背後の大丘陵を望む絵になるような景色が展開する。16：50 – 19：40 部屋に戻り、ビッグシエスタ。その後シャワー、洗濯。部屋のTVは珍しくJVC製。20：00 再度外出し、マイヨール広場のオープンテーブルで、タパス付き白ワイン1杯。ペンション前の広場では、生バンドの準備をしている。その光景を見ながら、別のオープンテーブルで生ビール1杯と夕食（ワンプレート）。テーブルから人通りの様子がよくわかる。土曜日の夕方は、近所や近隣から来た家族連れが散歩や食事を楽しんでいる。ペンション階下のバルでは、サッカー生中継で騒がしい。

22：30 床に就くが、窓越しの生バンドの演奏の音と大通りのテーブル客の声でなかなか寝付けない。生バンドは深夜0時半ごろまで、話声は明け方4時過ぎまで続いた。部屋の選択を間違えた。

9月17日（火）　快晴　　Benavente 〜 Alija del Infantado
歩行 23.5km ＋ 2km

5：55 起床。隣の部屋の起床ベルで起こされる。食材で朝食。洗濯物乾わかず。髭をそる。2人先行。7：25 宿を発つ。ドアを閉めて直ぐに、タオルマフラーとカミーノ経路が分かるBenavente市内地図を置き忘れたことに気付いたが、既に遅かった。町を出て、車道 ZA-P-1511 を歩く。9：15 野

---

[30] Toro の歴史は先史時代のケルティ・イベリコ時代に遡る。BC220年にハンニバルに征服された。ローマ時代の町の名はAlbucella。8世紀にムーア人に征服されたが、910年にアルフォンソ3世によって町は再興された。コロンブスがトロワインをもって航海し、アメリカ大陸を発見したという逸話が残る。

糞。悪いパターンに入りそうだ。9：20 Villabrazaro 村に入る。9：25－30 同村のバルはまだ営業時間ではなく、その前のベンチで一休み。直ぐ横に"via de la plata"の石標。10：50 車道 ZA-P-2553 を歩く。トウモロコシ畑が多い。ここでもすずめ脅しの音。11：20－30 Maire de Castroponce 村の出口のベンチで一休み（リンゴ1個）。この村にはバル見当たらず。11：50 標識を見て、サモーラ県からレオン県に入ったことを知る。12：00 ローマ橋を渡る。この時自転車男がカメラを撮り出したので、お互いに写真を撮り合う。12：30 Alija del Infantado 村に入る。入口に2方向の黄色の矢印を認めるが、車道の先に村が見えるので、何か早く食べたいと思い、直進する。しばらく歩いて、通りすがりの村人に尋ねると、村には食料品店もバルもない、アルベルゲは、1キロほど戻った村のはずれだという。先に見たもう一つのイエローアローはアルベルゲを指していたと分かったので元へ戻る。2キロのロス。

　13：00 私営アルベルゲにチェックイン。本日第1号。片言英語をしゃべる若い女主人は、台帳を示して、今年5月に3人、6月に1人の日本人が泊まったと教えてくれた。まもなくすると、例のスペイン人男性2人が入ってきた。それぞれ別の部屋を取る。このアルベルゲは Bodegon（居酒屋）と看板が出ているが、元はワイン醸造所の母屋の建物で、地下は今でもその施設の名残を残している。夫婦でやっているようで、ご主人はレストラン部の料理とバルを担当。シャワー後、13：30－14：40 食堂で昼食（Mdd：チョリソ・豆・ポークを煮込んだスープ、ビーフステーキ、赤ワイン、10ユーロ）。ご主人の奨めで、久しぶりに美味しいスープに巡り合えた。車で駆け付ける客やスペイン人巡礼者も食事をとっている。外は敷地内に住宅2軒と村の体育館以外何もない。強い日差しと青い空。満腹感と酔いがまわり、部屋に戻り、15：30－18：00 ビッグシエスタ。隣のスペイン人2人も同様のようだ。起きると、バルのTVの音だけが五月蠅い。客はおらず、ご主人だけがTVに見入っていた。その後ご夫婦は3歳くらいの男の児と遊んでいたが、その児が自分を見ると、両手を合わせて「アリガト」と挨拶してくれた仕草が可愛い。起きた時から、右腰裏と右膝に違和感。この3日間の早足がいけなかったか。両脚がむくんでいる。すでに左右共足の小指の爪は紫色。いずれ爪が剥がれるだろう。同じ靴で歩いているのに、前回3-4月より全体に身体の

調子が良くない。お腹の調子も同様（便秘気味）。

22：20就寝。一部屋を独り占め。2段ベッドの頭上が低いのが気になる。

（巡礼の風景：写真抜粋 8）

ゴムのように
松脂を採る仕掛け

トロの町から
ローマ橋を眺む

病院のようなベッド
（La Baneza）

いばらの野生ベリー

朝モヤ立ち込める巡礼路

サンティアゴ大聖堂の
大香炉

第9次　エブロの道、アラゴンの道、フランス人の道

旅程：2014年3月11日～4月11日（32日、うち歩行日数24日）

区間と距離：

エブロの道　Tortosa～Logrono	398.8km+21.5km
アラゴンの道　Somport～Puente la Reina	173.0km+ 5.5km
フランス人の道　Sarria～Santiago de Compostela	118.2km+ 1.0km
	計 690.0km+28.0km

ルート外の主な訪問地：　タラゴナ、マラガ、ミハス

旅程のハイライト

- 今次は、「エブロの道」と「アラゴンの道」を新たに歩き、さらに、コンポステーラ取得の為に「フランス人の道」をサンティアゴまで歩いた。
- 「エブロの道 El Camino Jacobeo del Ebro」は、13世紀にアラゴン王ハイメ1世（Jaime I）がバレアレス諸島とバレンシアを征服すると、地中海西部の航行安全の確保と、エブロ川の舟運の活用が図られ、それに伴って巡礼者による利用が進んだ。エブロ川中流部に位置するアラゴン王国の都・サラゴサは重要な中継地となる。それに伴い、エブロ川河口に位置し、古代から地中海貿易の港があったトルトーサには、イタリア人やフランス人の巡礼者が多く上陸するようになった。アラゴン王は、巡礼者を保護するために、巡礼路、教会、救護院（hospital）、宿泊施設などを整備した。その結果、Tortosa – Gandesa – Caspe – Zaragoza – Tudela – Alfaro – Calahorra – Logrono と続く、概ねエブロ川に沿った巡礼路が確立した。Logrono でフランス人の道に合流する。現在でも、その道中に放棄された建物の一部が残っている。トルトーサの港機能は20世紀の鉄道の発展や洪水などの被害によってもはや原形を留めない。これまでの河川作用によってデルタが発達し、地中海に出るには、さらに50キロ以上下った河口の町 Deltebre（人口11,751人）がある。そこから歩く者もいるが、中世には存在していなかった。地中海沿岸各地から聖地サンティアゴに向かう巡礼路は、各地方の歴史と共に確立していった。「エブロの道」は、カタルーニャ、アラゴン、ラ・リオハ、ナバラの4地方（Comunidad）を通る約400kmのマイナーな巡礼路である。実際、今次、道中で会った巡礼者はわずか一人であった。
- 「エブロの道」の途上少し大回りして、日本へのキリスト教布教に貢献したフランシスコ・ザビエルの故郷であるハヴィエル Javier 村のハヴィエル城を訪問した。
- 2012年10月に、フランス南部のオロロン・サン・マリー（ピアモンテの道）を通過しておきながら、サンジャンへ歩き、オロロンからピレネーのソンポルト峠越えはしなかった。今次は、その「アラゴンの道」をどうしても歩いておきたかったので、積雪のフランス側は避け、ソンポルト峠から歩いた。

- 「アラゴンの道 Camino de Aragones」は、フランス側の Arles – Montpellier – Toulouse – Oloron Sainte Marie – Somport を通って来る巡礼者が利用する道であり、歴史的に古い[31]。スペイン側のハカ Jaca は、中世以来、フランス側ポーからとスペインのサラゴサからの主要街道が交差する地で、"ピレネーの真珠"として知られる。このルート（Somport～Puente la Reina 間約170km）も、他の地域と同じように開発（特に道路）に晒され、巡礼路が一部乱されている。それでも、アラゴン川の上流沿いを中心に古道が多く残り、また、廃墟となっているものの、歴史を示す跡が多数ある。ピレネー山脈に発するアラゴン川に沿って自然と田園風景を楽しみながら歩く醍醐味は他には代えられない。今次は、ピレネー中腹の積雪もあり、一部巡礼路を歩けなかったが、その雪景色もまた目を楽しませてくれた。ほぼ毎日若干数の巡礼者が歩いていたようだったが、宿以外では遭うことはなかった。

道中日記から（抜粋）

3月14日（金）　曇後晴　　Xerta ～ Gandesa　　歩行 26.1km+1.5km

4：00 起床。食材で朝食。6：50 宿を発つ。7：00 町内はずれで廃線駅"Cherta"の駅舎を見遣る。そこから、主に廃線路を整備した遊歩道を歩く。7：25 エブロ川の大堰を見遣る。説明板によれば、ダムはムスリム時代に起源。H=5.5m、L=310m。魚階段は 2000 年に設置。何本かの廃線鉄道トンネルを通る。長いものにはソーラー源による照明がつく。8：10 今回初めて GR99 の標識（Gandesa へ 21.9K、Xerta へ 4K、Tortosa へ 19K）を見遣る。露岩と松の木の間に見る丘や谷には、バラ科の樹木（リンゴ、ナシ、モモ、ウメ、アンズ、スモモ、サクランボなど）がピンクや白で咲き誇っている。遠くの車道からは車の音。

9：00－9：30 廃線駅"Estacio de Benifallet"でカフェ。7－8 人の中高年男

---

[31] アラゴン王国の諸王、わけても、Ramiro I、Sancho Ramirez、Pedro I 等により保護と整備が図られた歴史がある。

女グループが朝食を取りながら談笑している。この廃線路はハイキングやツーリングの道でもあり、車両は通行禁止だが、旧駅へのアプローチ道がある。2本目のソーラー照明のトンネルを通る。自動点滅なのか、途中で真っ暗に。手持ちのミニライトで危うく凌ぐ。10：30別の廃線駅"El Pinell de Brai駅"近くにGR99の標識（Fontocaldaまで5.6K）。GR標識を見遣って崩落トンネルを迂回した後、11：20－25ベンチで一休み。遊歩道を離れ山道へ入る。12：00 Fontocaldaの奇岩と渓流地点で、ホテル宿泊者夫婦にカミーノ道順を尋ねる。12：05－20その渓流のほとりで一休み（食材で昼食）。

　12：40鉄製の足指を立てた巡礼路のモニュメントを見遣る。深い丘の長い坂道を登る。バラ科の花木類の次はオリーブ畑が目立つ。この辺りからかつて別の巡礼路でよく見遣った白と赤のツートンカラーマークが目に入るようになる。13：35丘の上の三叉路でGR標識（Fontocaldaから4.6K、Gandesaへ4.4K）。14：05再度三叉路でGR標識（Gandesaへ2.3K）。GR-171.3とあり、別の自然遊歩道と合流か。

　14：45 Gandesa（人口3,091人）の町役場で町内地図とアルベルゲの所在を尋ねると、暫くしてアルベルゲへ案内するという中年の男性が現れた。町のはずれで遠いというので、まず1時間ほど猶予をもらって、15：00－16：00町中のレストランで昼食。ビールを飲んでいると、客の一人が、当地で飲むなら黒ワインだよと言ってグラス1杯御馳走になる。食後にマスターからもミルクとテキーラを合わせたような地元産リカーを御馳走になる。四国遍路で言うお接待みたいなもので、心温まるもてなしに感謝。16：30町のはずれの工業団地の隅にあるアルベルゲに入る。新しい建物だが、歩いて30分ほどかかった。各4ベッドが2室と小さなキッチン。シャワー、洗濯して、キッチンの鍋で湯を沸かして暖を取る。毛布2枚以外何もないので、1枚は枕にして、もう1枚は寝袋と重ねて寝るが、それでも寒い。何もすることなし。18：10就寝。

3月25日（火）　曇後雨　　Calahorra － Arrubal　　歩行35.3km+3km
　5：10起床。食材で朝食。ナイフで左人差し指を傷つける。6：50宿を発つ。

7：35 鉄道と交差する袂の標識にサンティアゴまで 664 km とある。8：30－40 道端で一休み。9：25 再度鉄道を渡る。10：00－10 道端で一休み。丘一面がブドウ畑。さすがワインの産地だ。途中に集落なく、延々と田園を歩く。11：25 Alcanadre 村近くに大規模なソーラー発電施設を見遣る。11：35－55 同村のバル"The Union"で H ミルク。雨模様となり、急いで雨装備。同村を出ると車道を離れ、山道に入る。延々とくねった山道を登る。車道から離れるとき以外、1 度だけカミーノ標識（オリーブの木に黄色い矢印）を見遣るが、その後は、分かれ道があっても何の標識もない。次第に不安になる。

　13：00 峠辺りから本格的に横殴りの雨が降り出す。傘が折れんばかり（実際骨が 2 本折れ、修理不能）。13：35－45 一時的に麓の車道脇の避難小屋に退避。しかし、状況は一向に良くならない。14：05 元の標識辺りまで戻り、標識の方向に従って谷間の山道をさらに下ると、鉄道線路に突き当たる。その先、蛇行するエブロ川が見える辺りに GR99 の標識（Alcanadre へ 7K）。手持ちの地図情報と全く違う。一時線路を歩くが、どうも方向がおかしいので、再度振り出しの踏切へ戻ろうとする時、列車が自分を察知したのかピーピーと汽笛を鳴らす。やはり線路を歩くのは危険だ。この辺でも 2 キロほどロス。大回りと覚悟しつつ、GR99 の標識に従って歩く。手持ち情報でも、Calahorra・Alcanadre 間（19.6K）は、何もない距離として最も長く、また次の Alcanadre・Arrubal 間（15.5K）は最もタフな区間とされるわけがわかった。

　16：10－20 やっとの思いで、Arrubal 村に辿り着き、バルでカフェ。ずぶ濡れでクールダウンしていると、客の 2 人が珍しそうに眺める。カウンターの若者が片言の英語で対応してくれた。この村には、新しいアルベルゲが教会横にあり、ペンションもあるという。オスタルのある 4.4 キロ先の次の村を覚悟していたので、渡りに船。教えられた近所のオスピタレロの家のドアを叩くと、親切なおかみさんが、風が強い中、ずぶ濡れで足元は泥だらけの自分を家へ入れて下さった。おかみさんの案内で直ぐ近くのアルベルゲへ。

　16：40 チェックイン。寒いと訴えたら、全館に暖房を入れてくれた。大部屋が 2 室あり、全館独り占め。什器が揃ったキッチン、広い食堂、大型 TV（Phillips 製）など完備、これまでで最高の施設だ。すぐ、シャワーと洗濯。明日はログローニョでフランス人の道に合流する事情を考えて、身の回りの

ほとんどを洗濯する。危険だが、幾つもある熱パイプにかければ乾きやすい。食材で夕食。宿泊者台帳によれば、2013 年月から記帳が始まっている。今月は、3 月 15 日にドイツ人が一人宿泊していたが、自分で 2 人目。今日は相当疲れた。19：40 ベッドに横たわり、そのまま寝てしまう。

3 月 30 日（日）　曇一時雨　　Berdun ～ Undues de Lerda
歩行 35.5km+2.5km

　6：00 起床。食材なく、朝食抜きで、7：50 宿を発つ。暖房は一晩中効いて有難かった。丘を下って、8：00 - 8：10 同村の入口のレストランで朝食。既に風が強く体感温度が低い。直ぐに N-240 を離れて別の車道を南西に向かう。これが黄色い矢印の見誤りだったことが後でわかる。振り向くと小高い Berdun 村の背後に雪に覆われたピレネーの連山が、そしてアラゴン川を挟んだ対岸遠くの山腹には村々が見える。8：45 Canal de Berdun と名の付くアラゴン川の橋を渡る。袂の説明では、ローマ起源の橋で、13 - 14 世紀には橋は巡礼路に使われていたという。手持ちの情報とは全く違い、地図にない橋。道間違いしたと察知したが、今更 2～3 キロも戻りたくない。しかも、これがとんでもない大回りだった。とにかく、はるか遠くに見える中腹の村を目指して、麦畑や牧草地を踏み分けて歩く。途中何度も深い溝や川があり、都度大回りしたり、危険を冒して渡ったりして難行する。以前歩いた牧野と違って、柵がなく、犬がいないのがせめてもの幸い。一度は、急斜面を降りて川を渡る時、川辺で蔓に足を引っ掛けて転び、全身ずぶ濡れとなる。水のある所には必ず棘のある野薔薇や野草があるので難渋する。

　1 時間半ほど悪戦苦闘して、10：10 やっと目標の村近くに辿り着き、今日 2 つ目のカミーノ標識に出会う。さらに麓の林の中を 1 時間ほど歩くと、11：05 Artieda 村の麓に至る。同村入口の鉄板の標識には、Arres-9K-Marfes-8K-Mianos-4.5K-Artieda-10K-Rueda とある。本来なら、Berdun から N-240 に並行するカミーノを歩いて Artieda に連絡する A-1601 を歩くつもりでいた。11：25 - 40 急坂を上り、山腹に位置する Artieda 村（人口 110 人、標高 580m）のアルベルゲ/バルで早い昼食（ボガティージョ）。ここの主人は、昨日も一人巡礼者が来たという。11：55 カミーノに戻る。ここでは 1.5 キロ大回り。

Ⅳ　各ルートを歩く：道中日記から

　鳥のさえずりに癒されながら、林の中を歩いていると、Yesa の湖岸に出た。道路新設工事中のためフェンスがあり、湖岸には近づけない。この辺りは古道らしく、両側には苔むした積石。オークの落葉を踏みしめて歩く。13：55 車道に出る。その先に廃墟の村が見える。14：00 廃村 Ruesta に着く。この村は近年一部に手が加えられ、わずか 3 人によって、レストラン/バルや宿が経営されている。ここで、14：05－55 昼食（ワンプレートランチ）。そこから、山中の坂を延々と約 1 時間登る。頂上辺り（標高 820m）で車道を跨ぐ。その後も地道を上ったり下りたりして、17：35－40 小村の手前の坂道で一休み。

　17：55 Undues De Lerda 村（人口 59 人、標高 630m）のアルベルゲに着き、近くのバルでチェックイン手続き。18：00 入室。4～8 ベッドの部屋が 4 室あり、別の部屋にトゥールーズから歩いているという中高年のフランス人が入っていた。最近オープンした施設のようで、階下のキッチンには、電子レンジ以外何もない。洗面には鏡もない。まずシャワーと洗濯。湯量乏しく、水温も不十分。その後先ほどのバルに戻って、主人（オスピタレロ）と会話。ここで初めて、本日零時からサマータイムに入ったことを知らされた。また、明日ハヴィエル城へ行く道順を外へ出て指さし教えてもらう。H ミルクを注文。昼の残り物で夕食とする。今日は農地や荒れ地を横切り、長い急坂を登り、足腰に相当負担をかけ、ベッドで身体全体が悲鳴をあげた。20：50 就寝。

（巡礼の風景：写真抜粋 9）

遊歩道になった
廃線路とトンネル

パンプローナの
モニュメント

ハヴィエル城全景

第10次　仏・トゥールの道、バスク中央の道、フランス人の道

旅程：2014年9月14日～10月14日　（31日、うち歩行日数20日）
区間と距離：

仏・トゥールの道　Bordeaux～Irun		250.2km＋12.5km
バスク中央の道　Irun～Santo Domingo de Calzada		213.7km＋　7.5km
フランス人の道　Sarria～Santiago de Compostela		118.2km＋　4.0km
	計	582.1km＋24.0km

ルート外の主な訪問地：　アンドラ公国、ロンダ、アルヘシラス、ジブラルタル、Fuengiola

旅程のハイライト

- 今次はフランス・ボルドーからバイヨンヌ経由でスペイン側イルンまで「トゥールの道 Chemin de Tours」とマイナーな道、250.2km＋12.5km を歩き、続いてイルンからは、歴史が古い「バスク中央の道 Camino Vasco del Interior」をフランス人の道に合流する Santo Domingo de la Calzada まで 213.7km＋7.5km を歩いた。さらに、コンポステーラ発行に必要な距離を満たす「フランス人の道」Sarria – Santiago 区間（118.2km＋4 km）を歩き、合計 582.1km、道間違いなどのロスを加えると、600km 余りを歩いた。
- 「トゥール[32]の道」は、Paris（サン・ドニ大聖堂）– Orleans – Tours – Poitiers – Saintes – Bordeaux – Ostabat – SJPP の経路を辿るフランス側の主要4巡礼路の一つである。今次は、サンジャンへ向わず、途中 Lesperon からイルンへ向けて歩いた。
- フランスの巡礼路では、2012年の経験で分かったように、自然遊歩道（GR）を兼ねており、道中の宿泊施設に公営のジットがあるが、スペインのアルベルゲと違い、電話予約が効く。スマートフォンを持たない自分としては大きなハンディとなる。今回は2か所に泊まったが、施設は小さい。

---

[32] トゥールは、仏中部に位置するアンドレ・エ・ロワール県の県庁所在地だが、多くの巡礼者は、パリを起点にする。パリからサンジャンまでは 952.5km。そのうち、ボルドー・サンジャン間は 251.5km。

しかも、Lesperon から Hendaye に至るマイナーな道では、道中に公営ジットがなく、民宿や安いホテルを利用せざるを得ない。ボルドーのジット兼巡礼者協会事務所のボランティアから得たトゥールの道沿いのジット情報以外に頼りにするものがなく、当てずっぽうの宿探しとなった。結局は、地元の人やカフェ、警察などに尋ねて宿に辿り着くことになり、チェックインするまではちょっとしたストレスとなる。しかも、今次歩いたマイナーな道では、インターネット情報は仏語がほとんどで役に立たず、立ち寄った観光案内所で得た有用な紙情報は、地域地図でしかなかった。道案内の標識もスペインと違うものが多く、黄、青、赤などの矢印で間違えることが多い。海岸近くの Capbreton 辺りから Voie du Littoral に合流し、Bayonne および Hendaye を経由してイルンに至る。この区間はさらに標識が乏しく、確信するカミーノ標識をほとんど見ないまま、地図あるいは道路標識に沿って車道あるいはその側道を歩いた。イルンまで誰にも遭うことはなかった。絶壁の上から臨む大西洋海岸は風が強い。不安になると自然と足早になり、その数日間は大歩きになった。結果、脚と腰を痛めた。

- 「バスク中央の道」は、まだアラゴンやナバラがムスリムの危険にさらされていた 11 世紀に、イルンのビダソア Bidasoa 湾に到着したヨーロッパ各地からの巡礼者が利用した道である。当時、自然豊かで町が発展していたバスク地方の中央部が比較的安全と見られ、この道を取り、フランス人の道に合流していた。バスク中央の道は古代ローマ時代に整備されたものであり、その後放棄された時代を経て、13 世紀に Gipuzkoa がカスティーリャに編入された時点から、Alfonso X が商業と巡礼のために沿道の改修と町の整備を図ったことでさらに活性化した。しかしその後、北の道や幾つかのピレネー越えが開発されると、この道の重要性は失われ、18 世紀には、ほぼ利用されなくなった。

- このバスク中央の道は、スペイン側バスク 3 県のうち、歴史豊かな Gipuzkao 県（県都は San Sebastian）と Alava 県（県都は Vitoria）を通り、Arminon 村から 2 つに分かれ、一つはブルゴス（カスティーリャ・レオン地方）で、もう一つは Santo Domingo de la Carzada（リオハ地方）で、それぞれフランス人の道に合流する。前者は 260km、後者は 213.7km で、行程

に2日ほどの違いがある。今次は後者を標準日程の8日間で歩いた。この道中には、Hernani、Beasain、Segura、Salvatierra、Zerainなどの中世に栄えた町がある。特に、Zerainは11世紀以降に栄えた鉄鉱山の町として、今でも鉱山跡地保存がなされている。また、古代ローマの時代から悩ませた岩山に11世紀に開削された短いSan Adrianトンネル（標高1020m）があり、続いて地方境界をなす標高1135mの峠を越える。古道然とするこの区間は巡礼路のハイライトだ。さらに、ブドウ畑が広がるエブロ川渓谷を背後にHaro周辺は葡萄酒の産地で、ワイン街道と名を打つ。距離は短いが、歩きがいのある巡礼路である。

- 今次は、2日（9月25, 26日）連続して右足の向こう脛と踝を痛め、1週間以上局部的に腫れと熱が出て歩行に支障が出た。道間違いでコンクリート道の急坂3キロほどを、パニック状態で急ぎ降りたうえに、結果的には2日分の行程を歩いたからである。さらにまずいことには、翌日には間違って放牧地の柵内に入り、鉄条網を越えるとき、誤って踏み外し、右足をひねったうえに落下転倒したことで踵をさらに痛めた。ザックには1キロ以上の拾った栗を入れていた。帰国翌日の整形外科医の見立ては、踝上部と踵の関節部分に変形が見られ、加齢化に伴って神経に触るようになるから、歳相応に無理歩きをしないように、というご託宣であった。サンティアゴで3泊休養したことで少しは治癒したが、その後も長らくその部位に痛みを感じた。

道中日記から（抜粋）

9月22日（月）曇一時晴　　Lesperon ～ Soustons　　歩行 37.2km

5：20起床。食材で朝食。足腰に筋肉痛を感じる。昨日の大歩きが原因。資料検討。7：55町役場担当職員の出勤を見計らって、前夜の宿泊手続き。巡礼路は全く知らないというので、せめて地域の地図でも、と求めたら、壁に貼ってあった地図を剥がしてコピーしてくれた。そして、Soustonsへの道を2通り示してくれた。実はこの地図のコピーが唯一ルートの見当が付く情報になった。

Ⅳ　各ルートを歩く：道中日記から

　8：10 宿を発つ。町のはずれに Compostelle 893K の標識を見遣る。8：25 D140 KM46 を見遣る。高速道手前を右に折れ、車道の側道を歩く。これからは Bayonne へ向かうマイナーな巡礼路となり、実際カミーノ標識を見ることはほとんどなくなる。この分岐点で、そのまま真っ直ぐ D140 を南下すると Taller から Dax を通るトゥールの道となる。この分岐点辺りでウロウロしていると、自転車男が声をかけてくれたが、Dax 方面以外は知らないという。10：35-40 道端で一休み。地図には載っていないが、D947 を歩いているようだ。11：00-10 Castets の観光案内所で、Soustons への道順を尋ねると、町の郊外の分岐点まで教えてくれた。この町は高速道 A-63 号線の出口に当るらしく、大型トラックの通過が激しい。町の外気温は 20℃。11：20-35 移動レストランでチキンスパゲティの昼食。12：15 Azur 方面（D378）へ歩く。12：25-30 道端で一休み。12：45-50 道端で一休み。昼食後、腹の具合が悪くなり、調子が上がらない。13：10-20 道端で一休み。14：00-10 道端で一休み。

　14：40 D16 を横切ると、直ぐに KM9 の標識。ここで今日初めてカミーノ標識を見る。この道でも間違いないようだ。15：15-20 道端で一休み。15：30 Azur の町に入る。他の道と交差する辺りで再びカミーノ標識。そこから D50 に入る。15：40-16：00 町の案内板を見ていると、親切な高齢の男性が、呼びとめてかつて巡礼者用宿だった廃家群を案内して下さった。仏語がわからないので、身振り手振り。英文の小冊子を頂いたので後で見ると、19世紀半ばに放棄された巡礼者の施療兼宿泊施設（一部木造）跡だった。Azur には万病に効く泉があり、かつて海岸の湿地帯を避けて南下する巡礼者が通る地だったようだ。16：20-30 沿道のホテル/バーで生ビール 1 杯。目の前に Soustons まで 6K の標示。通りがかりの車が急停止し、「昨年歩いたよ、頑張りな」と中から男性が英語で声をかけてくれた。17：10-15 道端で一休み。

　17：35 Soustons の町に入る。17：55 町の中心の教会前に着く。警察は閉まっている。近くのバーでジットの所在を尋ねると、知らないという。親切な客がインターネットで調べて住所を教えてくれた。電話もかけてくれたが通じないようだった。何人か地の人に住所を示して尋ねるが、あっちだこっ

83

ちだと言うばかりで、目的地に辿り着けない。最後に沿道の商店の親切なご婦人が、車でジットまで案内して下さる。かなり離れた所にそれはあったが、ドアは閉じている。電話をしてもらうと、予約がないからダメということであった。他に適当な宿舎がなく、一か所心当たりの家を訪ねたが、そこも留守。とにかく空腹だったので、そこでお礼を言って別れ、19：50－20：25 近くのピザ屋でピザとビールで一息。そこで知り合った英語のわかる中年男性が親切にも郊外のキャンピングハウスまで車で案内してくれたが、そこも閉業していた。そこで、その男性の自宅にご厚意で泊めていただくことになった。息子がいるということであったが、不在で、郊外の一戸建てに独り暮らしのようだ。シャワーを浴びて直ぐベッドにつく。21：40 就寝。

9月25日（木）曇のち晴　　Irun ～ Andoain　　歩行 36.4km ＋ 3.0km

5：20 起床。6：30 オスピタレロ2人がBGMと同時に各部屋の照明を一斉につける。全員起床の合図だ。6：50－7：00 簡単な朝食が出され、その後宿代として5ユーロを寄付し、7：20 宿を発つ。何人か同じ頃に出るが、途中で行き先がバラバラになる。自分を除いて全員北の道あるいはパンプローナへ向かう。7：50 町のはずれで婦警さんに尋ねた地点が、偶然にも丘へ登る入り口の道であった。草むら道の朝露で昨夜掻いた右足の脛の傷跡が痛痒い。落下盛んな栗の実が多く、思わず拾い集める。「巡礼路　幼き頃よ栗拾い」。散歩中のご老人も拾っていた。10：15－30 Oiartzun の町のバルでカフェ。外気温 17℃。当地方の表示はほとんどがバスク語なので、全く意味が分からない。11：15 Astigarraga まで 10.5K の標識。途中でカミーノ標識を見失い、1キロほどロス。12：25－30 道端で一休み。12：40－50 再び道端で一休み（手持ち食材で昼食）。

　13：40 とんがり山（標高 296m）の頂上にある Ermita de Santiagomendi を参拝。立派な教会で、専従の管理人が忙しく掃除をしていた。教会内のパネルによれば、この辺りには新石器時代の遺跡があり、石で囲った集落跡や栗の実が発見されている。13：45－50 見晴らしの良い境内のベンチで一休みした後、舗装された道を下る。直ぐの所に標石があり、道が2手に分かれている。黄色い矢印が双方向に示しているので、アルベルゲと見えた方の道を

取る。しかし、これが失敗だった。急坂を 30 分も下ったであろうか。行けども行けども何もない。ついに麓の工場の片隅で昼食をとっている人にアルベルゲの所在を尋ねると、2 キロ以上戻った反対側だよ、と降りてきた方向を指す。とても戻る気はしない。結局、矢印を見ないまま、標識に 3K とあるので、Hermani の方向へ車道を歩く。14：50 - 15：10 Astigarraga の町中のバルで昼食・トイレ。急斜面を昇り降りしたせいか右足の脛と踝がひどく痛みだす。15：50 分岐点で手持ち地図にない Urnieta へ 3K の標識を見遣るが、方向違いと思い避ける。しかし、これも失敗だった。Hermani を通らないまま、どうやら大回りしているようだ。16：10 - 15 道端で一休み。16：35 Andoain へ 4.2K の標識。

　17：40 Andoain の町の入口にあるアルベルゲに到着するが、ドアに鍵がかかっている。通りがかりの人からローカルポリス事務所を教えてもらい、ザックをドアの前に置いて出向く。急坂の多い町で、所々に野外エスカレーター（動く歩道）がある。運よく警察官が出てきたので事情を話すと、直ぐ事務所に戻ってくれ、手続きして鍵をくれた。18：00 アルベルゲにチェックイン。一番客。まもなくオスピタレロ（高齢の男性）がやってきて、再び手続き（記帳）。キッチンがないので、今日拾った栗の半分ほどをオスピタレロに差し上げる。シャワー、洗濯後外出。教会前広場では子供が遊び、周りのバルやレストランでは多くの人がワインやビールを飲んで寛いでいる。食材を買ってバルで生ビール 1 杯。カウンターにはもう一つノブがあり、それがこの地方特産のシドレ（リンゴ酒）だと後で分かった。最初そちらを注文し、口に当てるとビールではないので、注文し直したことを悔やむ。20：15 宿へ戻り、食材で夕食。階下 1 室 11 ベッドの広い間取りを今夜は独り占め。外からは車の他に時々列車の音。問題はトイレ、シャワーが 2 階にあり、踝が痛く夜中のトイレに難儀する。21：00 就寝。

9 月 30 日（火）曇一時雨のち晴　　Vitoria 〜 La Puebla de Arganzon
20.5km ＋ 1.5km

　6：10 起床。食材で朝食。7：15 スペイン人ミケルと一緒に宿を発つ。外気温 15℃。町を出るのに 1 時間以上要した。暗いうちから歩くが、2 人だと

カミーノ標識を見間違えることはない。そのうちにミケル先行。散歩中のご老人から「ブエン・カミーノ」と声をかけられる。8：50 A4163 KM5を見遣る。小高い丘の上から国道沿いに長く続く商工業地帯。9：05 - 15 道端で一休み。雨が降り出してきたので雨の装備。10：25 - 40 先行していたミケルが休んでいたので合流して一休み。今度はこちらが先行。

　11：20 山中でイノシシ集団（親子6～7頭）が横切る。先方30mくらいかと思うが、豚のような鳴き声がしたので、一瞬びくっとする。しばらく静止していたら、向こうが次々と道を横切って反対の茂みへ入って行った。これまでに野生大鹿との遭遇はあるが、猪は初めて。ひょっとしたら熊も出るのだろうかと、熊野古道を思い出してぞっとした。スペインで初めての経験。11：25 山中で分かれ道。カミーノ標識（ここでは黄色の矢印）が2つの方向を示し、右折の道は白杭、直進の道は、これまで見てきた黄杭。右折の方が古そうだし、磁石の方向もかなっていたので、右折する。結果的には少し遠回りのようだったが、それで良かった。後から来たミケルは直進の道を取ったが、きつい下り坂だったという。もっとも彼は坂に弱そうだから、あまりあてにはならないが。11：40 - 50 広い送電線用地に出る、そこで、野糞。そして急な坂を下る。12：30 - 35 道端で一休み。

　12：50 La Puebla de Arganzonの標識。13：10 - 25 同町のバルでカフェ。アルベルゲの場所を尋ねると、偶然、バル内にオスピタレロ（高齢男性）がいたので、案内してもらい、13：40 チェックイン。シャワー、洗濯。そのうちに、ミケルが入ってくる。14：40 - 17：40 中間整理。17：55 外出して町内を散策。鉄道駅あり。川辺りには中世の砦の石垣の一部が保存されている。食材を買って、18：25 宿へ戻ると、別のスペイン男が入ってきた。食材で夕食。電子レンジがあり助かる。陽が当たる玄関前でしばらく談話。別のスペイン男は英語ができない。初めての歩きで足のマメに苦労しているようだ。当方でも25日に痛めた右足の踵と向こう脛がひどく熱く、炎症を起こしている。ミケルは医者に診てもらうのが良いと助言してくれる。その夜は夜通し、ピリピリと痛んだ。下の階3ベッドの部屋を独り占め。スペイン男2人は2階の部屋。静かな夜で、時折列車の音。

　21：10 就寝。

Ⅳ　各ルートを歩く：道中日記から

(巡礼の風景：写真抜粋 10)

「トゥールの道」　　　大西洋と沿海の道 Littoral　　San Adrian トンネルの
標識の一つ　　　　　　　　　　　　　　　　　　　　入り口

第 11 次　ラナ（羊毛）の道、フランス人の道

旅程：2015 年 3 月 16 日～4 月 17 日　（33 日、うち歩行日数 28 日）
区間と距離：

　　羊毛の道　Alicante～Burgos　　　　　　　692.9km＋42.4km－22.1km
　　フランス人の道　Sarria～Santiago de Compostela
　　　　　　　　　　　　　　　　　　　　118.2km＋ 3.0km
　　　　　　　　　　　　　　　　　計　811.1km＋45.4km－22.1km
ルート外の主な訪問地：　エルチェ（ヤシ園が世界遺産）、ムシア

旅程のハイライト

- 今次は、地中海沿岸部のアリカンテからブルゴスまでの「羊毛の道」692.9km＋42.4km と「フランス人の道」の最終区間サリアからサンティアゴまでの 118.2km、計 811.1km、道間違いロスを含めると 834.4km を歩いた。
- 「羊毛の道 Ruta de Lana」は、文献上最初に巡礼者が記録されたのは 1624 年に Cuenca からスタートした 3 人の巡礼者と云われている。2002 年時点では、意図的に古い状態を残すとしてカミーノ標識はなかったが、2008 年 3 月時点で、Alicante－Almansa 間と La Melgosa（Cuenca 付近）に標識が認められるようになった。その後も、回復整備が進んだと思われる。道

の名は、16〜17世紀に羊毛貿易が活発となりウールの道として使われてきたことに由来する。現在でも、道中で時々大群の羊の放牧を目撃する。巡礼路としては、アリカンテ、あるいはクエンカの南東の小さな村 Monteagudo de las Salinas [33]（人口144人）を始発地とする。Almansa で「レヴァンテの道」と交差する。アリカンテの起点は市内にある Basilica de Santa Maria。Alicante, Albacete, Cuenca, Guadalajara, Soria, Burgos の各県を通るルートで、沿道には果樹園や畑作・牧畜地帯が多い。アリカンテからブルゴスまでは公称670km（今回の現地資料等による積算では692.9km）、ブルゴスからサンティアゴまで502km、合計1,172km。

- 「羊毛の道」は、スペインで最も人気（ひとけ）のない巡礼路だといわれるだけあって、約700キロの道中で一人の巡礼者にも遭わなかった。この区間の主要都市は、始発地のアリカンテ、中間のクエンカ、フランス人の道と合流するブルゴスだけで、Almansa を過ぎると、多くは中山間地の小集落（人口数十人から数百人の規模）が点在するだけである。標高800〜1400mのクエンカ山脈の東南縁を北北西に向けて縦断する巡礼路なので、丘、森、山ばかりを歩く。時には17〜8キロも集落がなく、道に迷えば大変な目に遭う。しかも、この道には、各種の標識が混在し、識別に苦労する。覚悟はしていたものの、よくカミーノ標識を見損ないあるいは見間違い、道迷いロスした。また、歩いている道があらぬ方向に向かうため、パニックになって手持ちの簡易磁石を頼りに、丘や森の急斜面を昇り降り、時には畑地や荒地を横切って、結果的に大回りになりながらも、中間目的地や、あるべき巡礼路に辿り着いた。

- そのためか、今回は、両足にマメ（肉刺または外傷性水泡）ができ、毎日手当をしてもなかなか治らず往生した。歩く後姿がびっこ状態であったのであろう、何度か通りがかりの車から声をかけていただいた。そして最悪の日に、ついに甘えて途中で乗せていただいた。車便乗は、過去に道間違い修正のために一度あるが、今回は屈辱のキセル歩行（約22キロ、その分歩行距離より差し引いた）である。マメも久しく経験しなかったもので、

---

[33] Valencia から Monteagudo de las Salinas 村まで Camino de Requena（199.0km）が通じる。

靴が合わないのか、老齢化で歩き方が変わったのかとも思った。
- 道中にアルベルゲが少なく、公民館や体育館に泊まらざるを得ない時は、役場に照会するために閉庁時間（午後2時または3時）までに着きたい一念から急ぎ足になり勝ちになる。また、雨の日やその翌日も地道の泥道を避けるために、大回りと分かっていても、取りあえずの地名が分かれば、車道を歩く。カミーノ標識を見失った時も同様である。さらに、この年の3月29日（日）から4月4日（土）の1週間は、カトリック教徒最大の祭りの一つ、セマナサンタ（復活祭）があり、役所関係はどこも休みになる。その後の数日間は、民宿やホテル/オスタル、レストラン/バルなどが休みに入る所が多く、道中の食事や宿泊に難儀した。これらもマメができた遠因かもしれない。
- 厳しい道ではあったが、いつものように、地元の人の温かい心遣いに助けられた。車を止めて、「ブエン・カミーノ」と言って下さる方もあった。すれ違う時は挨拶を交わす。スマートフォンを持たず、持ったとしてもスペイン語での会話が覚束ない。親切なバルでは、宿への連絡や手配をしていただくことも何度かあった。ここで日本人は初めてだ、といって歓待して下さることもあった。ある宿の宿張を見ると、日本人が一人、既に2度（2010年と2014年）この羊毛の道を歩いていることを知った。さすがに韓国人は歩いていないようだ。天候にも比較的恵まれた。前半5日間、後半2日間は雨であったが、中2週間ほどは天気に恵まれ、苦難の山間地の地道も無理なく歩けた。天気のお蔭で、意外と多様なスペイン中央部の自然景観や美しく咲く果樹の花、野花などを楽しむことができた。
- サンディアゴに滞在中、路線バスで最果ての地・ムシアまで足を伸ばし、日帰りで巡礼の余韻を楽しんだ。

道中日記から（抜粋）

3月20日（金）雨　　Sax ～ Caudete　　歩行 28.9km
　3：10 起床。髭剃り。昨夜に引き続いて今朝も左鼻から出血。資料整理。7：30－8：00 階下のレストラン/バルで朝食。8：25 ホテルをチェックアウ

ト。巡礼者へのお接待として、水ボトルとボカティージョ包みを頂く。外は風が強く、横殴りの雨。車道を離れ、暫らく Vinabopo 川沿いを歩く。風を切る高圧線の音。桜に似たバラ科の花（多くはアーモンドの木と後で知った）がちらほら咲き。右手から高速道の車の音。農家のフェンス越しに犬がよく吠える。尻尾を振るので威嚇か歓迎か。野兎が時々足早に行く手を横切る。横殴りの雨に折り畳み傘の骨を折る。

　11：30 Villena（人口 34,925 人）の市庁舎前の観光案内所に立ち寄り、観光情報とカミーノ経路地図を求めるが、若い女性スタッフは全く知らない。困っていると、別の事務所の英語がわかる男性職員を電話で紹介してくれた。事情を話すと、10 分ほどでそちらへ行くと言うので、その間に近くのレストラン/バルで H ミルクを注文し、今朝ホテルで頂いたボカティージョを昼食に頬張る。まもなくすると、電話に出た男性が来たので、事務所へ戻ると、2 人の見知らぬ中高年男性がいた。Villena 市巡礼者協会の会長さんとそのスタッフだという。恐縮だったが、当地に泊まらず先へ急ぐので街から出るカミーノを教えてほしいとお願いした。この事務所に日本人が立ち寄ったのは初めてだというので皆さんと揃って記念の写真を撮る。そして、今夜の宿泊予定地の Caudete のアルベルゲを電話で予約してもらう。12：55 案内所を一緒に出て、途中まで道を案内して下さった。

　13：10 車道を離れ、左折して地道に入る。しばらく renfe の線路に並行して歩いた後、線路を横切る。粘土質の地道はぬかるんでおり、靴底が雪下駄のようになり、歩きにくい。しかも新調のウォーキングパンツも泥だらけ。横殴りの雨で骨が折れた傘を諦め、簡易レインフード越しにずぶ濡れになりながら休むこともできず歩き続ける。15：20 Caudete（人口 10,450 人）の町の入り口にある Ermita を見遣りながら、街路樹が長く続く散歩道を歩いていると、散歩中の高齢のご夫婦が、親切にも、市街地の高台に位置するアルベルゲまで案内して下さる。意外と遠く、さらに 30 分ほど歩く。古い教会 Santa Ana の脇のアルベルゲでは、Villena からの電話を受けていた若い男性オスピタレロが門前で待っていた。予定より 30 分ほど遅れ、申し訳なかった。15：55 アルベルゲで手続きと施設説明。入手した Albacete 県発行の資料の中に、ブルゴスまでの宿リストがあり、その後大いに役立った。こ

の町で、Camino del Sureste と Camino de Santiago de la Lana とが分岐するので、明朝カミーノに注意するようにと、地図上で教えてもらう。ずぶぬれで寒い。2 階に電気ヒーターがあって、一つにスウィッチを入れると、しばらくしてヒューズが飛んだ。その時、同時に電気設備を使わないように注意されたが、その後も再度ヒューズが飛んだ。幸い、電気に明るいオスピタレロの友人が居合わせていて、事なきを得た。親切なオスピタレロは、その後車で明朝の道筋案内とスーパーでの買い物に付き合ってくれた。

　17：40 アルベルゲに戻り、2 階のベッドで荷物の整理。ザックの中の衣類や寝袋、それにポーチや財布の中身も濡れている。とにかく、シャワーと洗濯。そして食材で夕食。電子レンジがあって助かったが、石造りの屋内は寒い。その間ヒーターは使えない。一晩中風が強く、よく冷え、寝袋は使えず、薄い毛布 1 枚では寒い。夜中に何度も階下のトイレに行くのもつらい。このアルベルゲは 2012 年 7 月、古家を改修してオープンしたもので、設備は新しいが、快適とは言えない。19：50 寒くて寝るのみ。

3 月 25 日（水）曇のち晴　　Casa Ibanez 〜 Villarta　　歩行 27.2km + 2km

　4：50 起床。朝起きると身体のあちこちから警鐘。夜間頻尿。鼻血。右眼が指すように痛い。そして腰痛。階下のバルで簡単な朝食。7：35 宿を発つ。明け方まで雨風が強かったが、今朝も風が冷たい。8：00 CM-3201 KM36 を見遣る。向かい風が続く。8：35 KM38。直ぐに今日初めてのイエローアロー（左折を示す）を見遣るが、無視して車道を歩く。雨中・雨後の地道に懲りたので、少し大回りでも危険でも、代替があれば車道を取りたい。沿道に葡萄畑多し。青空が出てきた。

　10：30 Villamalea の入口標識。10：55 - 11：10 町中の教会前のバルでカフェ。11 時の鐘の音を聴く。町を出るのも大変。通りがかりの人にカミーノを尋ねるが、誰も知らない。来た道も忘れる始末。20 分のロス。11：30 やっと元の車道に戻る。まもなくして Provincia de Cuenca の看板。クエンカ県に入る。12：10 El Herumblar の町を右に見遣って通過。12：15 イエローアローは車道を横切り、街の方向を示すが、無視して車道を歩く。12：30 -35 車道の道端で一休み。向かい風が依然として強い。12：40 右折して旧道

に入る。次の集落が見えてきた。13：25再度右折して村へ通じる地道に入る。
　13：55 Villarta村（人口829人、標高720m）の役場に到着。女性職員2人が対応。宿舎に青少年センターを開放するが、19〜20時は子供英語教室があるので、その間は2階の図書館でインターネットでもして時間を調整してもらえればという条件だ。14：05閉店間際のグロッサリーで水ボトルを求めると、親切な女将さんは無料で下さった。14：10チェックイン。ホットシャワーとトイレのみで、ベッド無し。案内してくれた女性職員にマットはありませんかと尋ねると、後ほど新品のマットと厚布団を持ち込んでくれた。
　14：15-15：20斜め前のバルで昼食（Mdd：赤、サラダ、魚、9ユーロ）。高齢の男性陣は麻雀のようなゲームで楽しんでいる。外は良い天気だが、風が冷たい。15：45センターへ戻り、コンクリート床にマットを敷いた後シャワー。3つあるヒーターのうち1つが効いている。16：30-18：30ワインが効いてシエスタ。その後英語教室の児童に起こされ、2階へ退散。パソコン端末でインターネットをしてみたが、日本へのメールはできなかった。階下が空いたとの知らせで降り、寝床で資料検討していると、数人の中年女性が入ってきた。また退散するつもりであったが、先方が遠慮して出て行った。別のサークル教室が予定されていたようで、申し訳なく思った。20：50-21：30再び斜め前のバルでHミルクと残りパンの夕食。TVニュースでは、ドイツのLCCジェット機が南仏で墜落した事故を伝えていた。22：20就寝。ヒーター、マット、厚布団に感謝。

4月6日（月）快晴　　　San Esteban de Gormaz 〜 Quintanarraya
歩行32.2km + 2km

　4：30起床。資料検討。階下のバルでHミルクと残りパンで朝食。7：40宿を発つ。Rio Dueroを左手に見遣り暫く歩く。8：00村の出口の車道でイエローアローを確認。8：10 SO-R-5004 KM1を見遣る。鹿に注意の看板。9：30 Montanzas de Soria村通過。9：40 KM8。風が強い。一面麦畑。10：05 Villalvaro村に入る。10：15-25同村のはずれのベンチで一休み。小規模な葡萄畑が点在するが、自家製ワイン用だろう。パン販売車の笛が鳴る。珍しく追い風になってきた。羊の群れを時々見かけ、「羊毛の道」を実感させる。

11：15 KM13. 11：40－45 道端で一休み（チョコドーナツ）。11：55 Zayas de Bascones 村に入る。村の中で KM16 を見遣る。13：05 Alcubilla de Avelleneda 村（人口 153 人）に入る。同村のバルで 13：10－50 昼食（ワンプレート：生ビール、ビーフ、10 ユーロ）。当バルは casa rural（民宿）の経営で、その主人は、「日本人の友達がいる、貴方が二人目だ」と言ってノートを見せてくれた。H.O 氏が 2010.10.19 と 2014.3.29 に泊まっている。14：25－30 地道の上り坂途上で一休み。15：40 Hinojar del Rey 村に入る。標識に、次の村 Quintanarraya へ 2.4K、とある。途中で道に迷う（2 キロロス）。

16：40 Quintanarraya 村（人口 132 人、標高 933m）に着く。通りにいた少女 2 人に宿がないかと尋ねると、近くの家のドアをノックし、中年女性を呼び出してくれた。事情を察したその女性は、直ぐアルベルゲの鍵を持って、少し戻った村役場 2 階のバルを開けてくれた。喉が渇いていたので、早速コーラを注文。バルは昨日のセマナサンタで今日は休みだといわれたが、特別にオープン。スタンプをもらい、夕食の予約をして、17：00 少し離れたアルベルゲにチェックイン。一部屋 5 ベッドのみ。ホットシャワー付き。玄関扉に "Peregrinos de Camino del Cid" とある。シャワー、洗濯、足マメの手当て、資料検討。19：30－20：30 役場の 2 階のバルで夕食（ワンプレート：ビール、サラダ、スパゲティ、プディン、フルーツ、10 ユーロ）。帰路、寝袋だけでは寒そうなので毛布がありませんかと聞くと、親切なその女性は厚地のベッドスプレッドを自宅から出して貸して下さった。

21：30 就寝。

（巡礼の風景：写真抜粋 11）

Trillo の原子力発電所が見える山道　　Retortillo de Saria を出て岩山越え　　岩山越えには渡る渓流が数か所

道中の沿道に咲く
菜の花と野花

Muxia の波寄せる海岸にて

サンティアゴ定宿独自の
ワイン

第 12 次　マドリッドの道、フランス人の道、サルバドールの道、プリミティヴォの道

旅程：2015 年 6 月 22 日〜7 月 16 日　（25 日、うち歩行日数 18 日）
区間と距離：

マドリッドの道	Madrid〜Sahagun	328.6km＋ 7.5km
フランス人の道	Sahagun〜Leon	62.0km
サルバドールの道	Leon〜Oviedo	121.3km＋ 7.0km
プリミティヴォの道	Lugo〜Santiago de Compostela	104.8km＋ 1.5km
	合計	616.7km＋16.0km

ルート外の主な訪問地：　なし

旅程のハイライト

- 今次は、マドリッドから「マドリッドの道」－「フランス人の道」－「サルバドールの道」－「プリミティヴォの道」と渡り歩いてサンティアゴに至った。正味 18 日間で合計 616.7km＋ロス 16.0km を歩いた。1 日平均 35.15km となる。
- 「マドリッドの道 Camino de Madrid」が巡礼に利用されるようになったのは、16 世紀以降、マドリッドが都市として開発されて以降といわれている。マドリッドの建設は、1561 年、フェリペ 2 世が宮殿と都市の建設に着手

した時から始まる。17世紀までには、スペイン最大の都市となり、今では人口300万人を超える。この都市の最も古いものは、アストゥリアスのマドリッドと呼ばれ、16-17世紀のオーストリア王朝、すなわち「ハプスブルグ朝」の時代からのものである。その後の部分は、ブルボンのマドリッドとして知られる。しかし、マドリッドの土地は、古代よりムーア人が住んでいたとされ、古代ローマ人もこの地方を往来していたことがわかっている。中世は不明な点が多いが、1202年には「マドリッドの憲章」が記録に残っており、当時既に都市住民がいたのであろう。Sierra de Guadarrama国立公園やデュエロDuero川の橋などに古代ローマ遺跡が残っていることから、早くからマドリッドと他の地方を繋ぐ街道があり、その後中世の混乱があったとしても、道は使われていたものと容易に想像できる。

- 「マドリッドの道」はマドリッド市内のSantiago教会を起点とする。クレデンシャルはそこで入手した。「マドリッドの道」は、マドリッドからサハグーンまで、4県（マドリッド、セゴビア、ヴァリャドリッド、レオン）を跨ぎ、総延長は公称320キロ（実際歩いた距離は328.6kmと推定）。標高700m（マドリッドは680m）から900mのメセタと呼ばれる乾燥した台地（高原）にある。その中で、マドリッド地方とカステーリャ・イオン地方を分離するフエンフリア峠（Puerto de Fuenfria、標高1796m）は、Sierra de Guadarrama国立公園の中にあり、最大の難所である。集落分布は、比較的疎で、15km以上集落がない区間が幾つかある。その中で、Cercedillaの町（標高1216m）から標高1796mの山越えは、次の集落であるSegoviaの町まで約31kmあり、途中に集落はない。ひたすら山の地道（一部国道の側道）を歩くので、最低限の食糧と水の携行が必要だ。アルベルゲはこの1～2年で道中全体にかなり整備されたようで、小さな村にもあるのでそれほど問題はない。

- 「サルバドールの道Camino del Salvador」は、レオンからオビエドに至る公称120キロ（実際歩いた距離は121.3kmと推定）の比較的短い巡礼路であるが、道の歴史としては古い。元々は古代ローマ時代に大西洋岸側ヒホンGijonと地中海側セビーリャを結ぶ金銀などの鉱物を運ぶ街道（Via de la

Plata）の一部であった。8世紀にイスラム教徒がイベリア半島のほぼ全域を制圧したが、キリスト教徒はスペイン北部にアストゥリアス王国を建国し、794年にオビエドに都が設けられた。その時の王がアルフォンソ2世（760－842）である。後に都がレオンに移され、それがカスティーリャ王国へと発展する。オビエドはレコンキスタ（718年からグラナダ陥落の1492年まで）発祥の地でもある。

- サルバドールの道の前半は、標高800～1600mの主に山間部にあり、3か所のピーク（標高は各々1462m、1568m、1378m）を越えなければならない。その一部区間で地道拡幅改修工事中も手伝って、イエローアローが途切れている所があり、巡礼者は神経を使う。しかも中腹の多くは、放牧地など私有地となっている。人口50人以下の小集落が多いが、アルベルゲも適度に立地しているので、宿泊に困ることはない。

- アルフォンソ2世は、814年にコンポステーラでサンティアゴの墓が発見されると、オビエドの宮廷からO Aceboの峠を越えて、ガリシアの聖地を初めて参拝した。その経路が同王によって整備・公認されたので、原始（元祖）の意を込めて「プリミティヴォの道」と呼ばれるようになった。オビエドはまた、イルンから北の海岸を通る「北の道」の派生経路にもなっているので、近年は、北の道からオビエドを経由して「プリミティヴォの道」を歩く巡礼者も増えている。今次ルーゴから歩くのはこれで3度目。

- サルバドールの道で今次初めて大陸中国人巡礼者（北欧に留学中の男性）と1泊同宿した。巡礼する韓国人（とりわけフランス人の道）が多いのは以前から分かっていたが、この1年ほどの間に、大陸中国人が巡礼路に現れてきたことを宿帳などから感じていた。あと数年も経てば、巡礼路の風景は大きく変わるかもしれない。

- 今次もサンティアゴのパラドールで振舞食に3度与かった。そこで初めて3人の日本人巡礼者に遭う。日本人の間でもこの振舞食が知れ渡ってきたようだ。

- 2015年の夏は地球規模で異常に暑く、イベリア半島も6月25日頃から1週間余りは強烈に暑かった。道中で同宿したスコットランド人が夜中に熱

中症のため救急車で運ばれるハプニングがあった。6月26日のTVニュースによれば、スペイン全土に熱波が襲い、セビーリャやコルドバでは44, 45℃をそれぞれ記録したという。そのため、1.5Lと0.5Lの水ボトルを携行するので、長い山道では余計消耗した。

道中日記から（抜粋）

6月25日（木）快晴一時晴後曇　　Mataelpino〜Zamarramala
歩行 46.8km ＋ 3km

5：00 起床。食材で朝食。6：55 宿を発つ。地道を何匹もの野兎が横切る。8：05 サンティアゴへ615キロの石標。併せて、GR-10の標識をも見遣る。一時、地方道M-607の側道を歩く。8：55－9：00 Nava Cerradaの町のはずれで一休み。幾つかの放牧地を横切る。私有地なのでゲートを開閉して出入り。陽射しが暑いので上り坂がきつい。車道を離れ、松林を歩く。イエローアローではなく、松の幹に塗られた黄緑のツートンカラーなので、訝りながら歩く。10：20－25 Cercedillaの町に入る。町役場で管轄区域の地図を入手。国立公園内の峠越えの道を教えてもらう。10：30－11：00 町中のバルで早い昼食（ミックスサラダ、パン、カフェ、8.7ユーロ）。11：25 車道M-966の側道を歩く。車から「ブェン・カミーノ」の声。11：55 国立公園内の情報センターで道（岐路）を確認して、右側の車道をとる。12：35－40 石畳（時々ローマ古道の遺跡らしい構造物）の道端で一休み。12：55－13：00 道端で一休み。急坂で、しかも照り返しが強く暑い。13：25－30 道端で一休み。

13：40 峠の頂上Puerto de Fuenfria（標高1796m）に着く。平らな広場になっており、トレッカー数人が休んでいる。松林の間から見える連山の景色がよい。冬季は雪山だろうなと想像する。サンティアゴへ599キロの石標。その後、松林の地道を延々と歩く。標がなく、時には緩やかな登りになることもあり、これでよいのかと訝りながら歩く。松の樹冠で日蔭部分が多くなり助かる。14：35－40 道端で一休み。雲が多くなってきた。一向に下り坂にならず、まだイエローアローが現れず、焦り始める。15：25－35 再び道端で一休み。16：05 ついにサンティアゴへ589キロの石標を見て安堵。そ

の後長い下り坂を降りて、Valsain 村の看板が立つ放牧地に至る。ビキニスタイルの中年女性が走って登って来る。マウンテン・ランニングか。16：30－35 放牧地前の道端で一休み。背後に羊の群れが移動中。17：40－45 高速道下のトンネル内で一休み。大事に飲んでいた水ボトルが干し上がる。

18：20 セゴヴィア（人口 54,920 人、標高 1002m、世界遺産都市[34]）の市街地入口にあるスーパーで 1.5L 水ボトルを買い、一気飲み。近くのバルで生ビール 1 杯。ここのマスターにアルベルゲを尋ねるが、間違った方向を教えられたことに後で気が付く。町の通りがかりのご婦人に改めて尋ねると、2 か所あるという。一つは、ローマ水道橋の近くのオスタル。もう一つは、町のはずれの教会。途中、ホテルのロビーで市内地図を入手し、教会の位置を教えてもらう。まずは近くのオスタルまで行ったが、扉が閉まっている。通りがかりの若いカップルに、扉に書かれたオスピタレロに電話をかけてもらったが、応答なし。結局、セゴヴィアの市街地を回るようにして、次の村の教会 Hipica Eresma を目指した。そこはアルベルゲはやっておらず、近くの教会を示されるが、わからないまま、隣接する村 Zamarramala 村（人口 236 人、標高 1006m）まで歩いてしまった。後で巡礼者に聞いて分かったが、その村へ行く途中に見た廃寺院がアルベルゲだったようだ。

20：55 Zamarramala 村のアルベルゲにチェックイン。親切なオスピタレロは村のグロッサリーのご主人。新しい 2 階建施設（2015 年オープン）で 20 ベッド大部屋にキッチン、団らん室がついている。難は窓のカーテンがなく、外から丸見え。夜遅くまで遊ぶ少年たちが窓越しにからかう仕草に弱った。今夜も宿を独り占め。21：45－22：25 村中のバルで夕食（Mdd：生ビール、サラダ、牛肉、11 ユーロ）。23：00 就寝。

6 月 30 日（火）快晴　　Penaflor de Hornua ～ Medina de Rioseco
歩行 24.3km ＋ 1.0km

0：40－1：20 一昨日の夜から同宿しているスコットランド人ジョン（55

---

[34] セゴヴィアは大聖堂、ローマ時代の水道橋、アルカザール、旧市街などの世界遺産登録を有する都市だが、以前に観光したことがあるので、今回は素通り。

歳）が突然こちらの部屋のドアを叩き、起こされる。痛み止めの薬を飲みすぎて吐きまくって苦しいので、救急車を呼んだという。まもなくして、ドクターと看護婦が来た。とりあえずの診断と処方（レモン水）をして帰った。10 分ほどして救急車が駆け付け、荷物をまとめて彼を運んで行った。その間、近所の人が 10 人近く心配して集まって下さり、救急車を見守った。このような時に、当方はスペイン語ができず、先方は英語がほとんどできない。一人英語の分かる人の話では、ジョンは熱中症ではないかという。自分もこの暑さなら、さもありなんと思った。以降、水の補給を十分にし、あまり無理をしないで歩こうと思った。再び就寝。

　5：20 起床。食材で朝食。6：20 宿を発つ。丘にへばりつくようなこの村を出ると、一面の麦畑の上を高圧送電線が走り、風車の一群が見える。犬の吠え声、鶏の時の声、鳥のさえずりなどが丘に響き渡る。6：55 地平線が赤くなって太陽が昇る。風車のシルエットが絵になるようだ。8：25－35 Castromonte 村で一休み。地道を歩いていると、ひょっこり窪地から村が現れた。10：40－50 Valverde de Campos 村の中のベンチで一休み。11：05 地方道 VA-515 の KM 40 を見遣る。12：25－30 Medina de Rioseco 町（人口 5,008 人、標高 744m）の観光案内所で、町内地図を入手し、アルベルゲの位置を教えてもらう。町のバルで生ビール 1 杯とタパ。菓子屋でアイスクリームを買う。

　13：50 町はずれの僧院 Convento Santa Clara 敷地内のアルベルゲにチェックイン。ナン（尼僧）が対応して下さった。クレデンシャルとパスポートを預ける（17 時に返却）。10 ベッドが 2 室。キッチン付き。リネンに清潔感有り。シャワーと髭剃り。14：30－16：00 シエスタ。16：05 外出。16：20 町中の薬局前のデジタル表示で 45℃（帰りに見ると 46℃）を表示。連日暑いと思ったが、この外気温度にびっくり。食材購入。17：15－30 食材で軽い夕食をとり、その後資料検討。この間にスペイン人男数人が別の部屋に入ってきた。この 1 時間ほどで胃が張ってきて、吐き気を催す。すわ自分も熱中症か。21：40 早めに就寝。

7月11日（土）曇一時晴　　Arzua 〜 Santiago de Compostela
歩行 39.6km

　5：35 起床。食材で朝食。6：20 独り宿を発つ。カミーノに入ると、既にあちこちのアルベルゲから巡礼者が三三五々歩き出している。1 時間ほど歩いていると、元気な老人が足早に追いついてきた。アイルランドからの老人で 76 歳。しばらく歩きながら、アイルランドの話をする。北アイルランドとは通貨も外交も違うことや、Ryanair の堅実な経営話など。そして、足早に先行して行った。8：45 - 55 Salceda 村のバルでカフェ。その後、国道 N-547 を時々クロス。蒸し暑くなってきた。汗がにじむ。10：35 - 50 Pedrouzo/Arcco の街道筋の町のレストラン / バルでカフェ。ユーカリ林は樹冠が乏しく、陽が当たり暑い。今日は週末で、自転車組も多い。13：40 - 45 道端で一休み。14：10 - 15：00 街道筋の San Marcos 村のレストランで昼食（Mdd：生ビール、海鮮パスタ、ローストポーク、8 ユーロ）。

　15：15 - 20 Monte do Gozo のモニュメント前は相変わらず多くの巡礼者が休んでいる。大型公営アルベルゲの受付でスタンプ。そこで、オスピタレロが 2 年前（2013 年 6 月）に日本の徳仁皇太子が当地に立ち寄られ、モニュメントから歓喜の丘まで歩かれたので、同行に加わった、と当時の新聞記事を見せて話してくれた。それを聞いて、15：35 歓喜の丘へでかける。そこからサンティアゴの街を見下ろし、歓喜する二体の巡礼者像を今回初めて見る。そこからもサンティアゴのカテドラルがよく見える。

　16：55 サンティアゴに到着し、まず定宿の "Hospederia Seminario Mayor ; San Martin Pinario" にチェックイン。この時期、この時間帯ではもう空き部屋はないだろうと思っていたが、運よくあった。予定より 1 日早く着いたので 3 連泊することにした。部屋番号 436 号室（ベッドとテーブルだけのシングルルーム）。ザックを部屋に置いてすぐ外出。17：05 - 18：05 巡礼者友好協会事務所で長い列を待つ。通りまではみ出していたので、80 人以上の列。1 時間ほど待って、コンポステーラ（巡礼証明）を入手。18：20 近くの市観光案内所で市内地図入手と空港行バスの時刻を確認。18：35 - 19：35 インターネットカフェで Ryanair のオンラインチェックイン手続きとボーディングパスのプリントアウト。

20:00 部屋へ戻り、シャワーと大洗濯。21:20-22:10 再び外出。カテドラルの周りを散策。まだ明るく、巡礼者と観光客で混雑している。今夜はオブラドイロ広場で催しがあり、中央の舞台でビートのきいた音楽で踊っている。当宿舎でも結婚式後の宴会や大きなグループの集会などの客で大賑わいだ。ロビーで暫くインターネット。22:30 就寝。ロック・ビートが深夜にわたり部屋まで聞こえた。明日からは歩くこともない。

（巡礼の風景：写真抜粋 12）

マドリッド・サンティアゴ
教会前

Fuenfria の頂上
（標高 1796m）

巡礼路の道端に咲く野花

「サルバドールの道」の
道標 2 種

濃霧の中の獣道然の道

Monte do Gozo・
歓喜の丘の像

第13次　カタルーニャの道I、モサラベの道、プリミティヴォの道

旅程：2015年9月13日～10月9日　（27日、うち歩行日数22日）
区間と距離：

カタルーニャの道I	Montserrat～Penalba	197.1km＋ 6.0km
モサラベの道	Granada～Merida	428.4km＋21.0km
プリミティヴォの道	Lugo~Santiago de Compostela	103.6km
	合計	729.1km＋27.0km

ルート外の主な訪問地：　なし

旅程のハイライト

- 今次は、カタルーニャ地方の「カタルーニャの道I」、アンダルシア地方の「モサラベの道」、ガリシア地方の「プリミティヴォの道」を歩いた。歩行距離は道間違いを含め756キロになる。1日平均34.2キロの勘定だ。
- モンセラットは、キリスト教徒の聖地の一つである。「カタルーニャの道 Cami de Sant Jaume」は、モンセラットを起点として Zaragoza（実際はその直前の Fuentes de Ebro で「Erbo の道」に合流）へ向かう Catalan I（por Zaragoza）と、Tarrega（Montserrat から西方約 80 キロ）からウエスカ Huesca 経由で「アラゴンの道」に合流する Catalan II から成る。モンセラットを初めて出た巡礼者は、古文書では 959 年とされている。この Cami de Sant Jaume（カタルーニャ語、Camino de Santiago の意）はかつてのローマ街道の一つであり、道中には当時の遺跡などが多く残る。今次は、モンセラットから Catalan I をサラゴサ手前の Penalba まで歩いた。厳密にいえば、Penalba～Fuentes de Ebro 間の約 53 キロは、全体行程上時間がなく、ミッシング・リンクとなる。
- 8世紀の始め、イベリア半島にイスラム教徒の支配が始まる。そのことによって当時西ゴートにいたキリスト教徒に影響を及ぼした。9世紀初めにガリシアでサンティアゴの墓が発見されると、彼らは聖地を目指す巡礼者となり、モサラベ Mozarabe と呼ばれるようになった。「モサラベの道

Camino Mozarabe」は、グラナダから銀の道との合流点であるメリダまでの公称411km。メリダからサンティアゴまではさらに770キロある。一方では地中海沿岸のアルメリア Almeria からグラナダに合流するルートが繋がる。また、枝線として Alcaudete で Jaen ルートが、Baena で Malaga ルートがそれぞれ合流する。このグラナダからの巡礼路は、グラナダ県、ハエン県、コルドバ県（以上アンダルシア地方）、バダホス県（エストレマドゥーラ地方）の4県に跨る。途上には、グラナダ、コルドバ、メリダという世界遺産登録の都市が3つあり、旧ローマ街道をはじめ、古代ローマ時代や中世の遺跡が数多く見られる。沿道には植性豊かな自然と農牧地が広がる。今次は、グラナダからメリダまでの428km（実計算上）＋ロス21kmを歩いた。

- 今次歩いた「カタルーニャの道Ⅰ」と「モサラベの道」は、巡礼者が少ないマイナーな道である。この2本の道で道中会話を交わした巡礼者は僅かに4人（うち、同宿は2人）だった。カミーノ標識（イエローアローやモホン）は他の道に劣らず良く整備されているものの、そうでもない区間もある。それにも関わらず、時々イエローアローを見損ね、道間違いをした。最もひどかったのは、「モサラベの道」の Cordoba – Villarta 間で自然公園内の車道を歩き、約10km余計に歩いたことである。スマートフォンを持たない独り歩きの弊害の一つだ。

- さらにコンポステーラ取得の為、ルーゴからサンティアゴまでの「プリミティヴォの道」104キロを歩いた。それまで比較的天気に恵まれていたが、10月4-5日の2日間は、異常な暴風雨に見舞われ、巡礼路が出水で氾濫するなどして、歩行にも影響した。

- 今次初めてドーハ経由のカタール航空便を利用した。不夜城のように混んだドーハ空港で乗り継ぎに9時間待ちは辛かった。時間つぶしにコンコース内のITショップを覗いてみると、スマートフォンや液晶テレビは、アップル、サムスン、LGが中心。HP、Huaiwei（中国製）の後にわずかにソニー製を見る。デジカメでも日本メーカーはマイナーになっている。わずかに一眼レフデジタルカメラにニコン、キャノンを見る。これが現在の世界市場の現状であろう。

道中日記から（抜粋）

9月16日（水）曇後晴　　Igualada – Cervera　　歩行 39.2km

　5：20 起床。髭剃り、食材で朝食。7：20 宿を発つ。独り先行。市街地のはずれに「Cami de Sant Jaume a Santiago 1100km」の標識。登校中の中高校生。金髪が多い女子学生は揃ってジーンズにスニーカー、そしてザックを背負っている。きれいな街で、大学もある。7：50 - 8：00 通りがかりに大学構内のカフェが開いていたので、再度朝食。はるか向こうの岩山に雲がかかる。秋を感じさせる色着いたプラタナス並木。8：10 市街地を離れると直ぐに、12世紀建立の廃寺院跡を見遣る。辺り一面が雲海。豪邸が並ぶ。今朝は蒸し暑く、少しの坂でも汗ばむ。雨が降りそうな気配。9：00 霧雨が降り出す。車道を歩く。9：10 Jorba 村の中で N-IIa KM547 を見遣る。道すがら、茨の苺の実をつまみ食す。2012年9月南仏を歩いた時以来覚えた味だ。

　10：40 - 45 Santa Maria del Cami 村の12世紀建立といわれる古い教会を見遣って、その傍の木陰で一休み。11：35 - 40 小村 Porquerisses（人口26人）の道端で一休み。12：45 - 50 山道と国道の交差点で一休み。13：15 - 14：15 La Pandella 村国道筋にあるバルで昼食（Mdd：ほうれん草炒め、ポーク、ビール、11.5ユーロ）。直ぐに国道から離れ、村落道（車道）へ。"Igualada へ 23.2K、Cervera へ 14K" の標識。15：10 - 15 小村 Vergos 内のベンチで一休み。この村には、11世紀建立の礼拝堂がある。15：30 LV-2032 KM 1 を見遣る。15：50 - 55 村はずれの木陰ベンチで一休み。スペイン人自転車男も休んでいる。16：25 - 30 別の小村内で一休み。17：25 - 30 さらに別の小村内で一休み。暑さと長い歩きで疲れ易く、休憩の頻度が多くなる。

　17：55 - 18：05 Cervera 町（人口8,817人、標高557m）の入口登り坂で一休み。ここは中世都市で、町の中心に古い大きな建物の大学がある。18：15 - 25 大学前広場のベンチでコーラを飲みながら一休み。19：00 親切なおばさんの手助けで、同町の Refugio Sagrada Familia（教会営）にチェックイン。3階が洗面付き個室で、20室ほどある。今日は2日分の行程を歩いた。直ぐにベッドに横たわりシエスタ（19：15 - 21：15）。その後シャワーと資料検討。今夜の泊りは自分一人のようだ。22：30 就寝。夜は静寂そのもの。

Ⅳ　各ルートを歩く：道中日記から

9月26日（土）晴後曇一時雨　　　Cordoba － Villaharta
歩行 37.4km ＋ 10.0km

　5：40 起床。食材で朝食。7：10 宿を発つ。市中気温 18℃。昨日聞いたルートは 2 つ。宿の主人が言う経路をとる。8：05－15 街はずれのバルでカフェ（トイレ）。出てすぐの道をまっすぐだといった主人の言葉に従い、Brilant 通りに入るが、カミーノ標識が全く見当たらない。高級レストラン、ホテル、高級住宅街が続く。方向は北北西を示しており、ずっとまっすぐに続く。いずれメスキータの受付で聞いていた北北東の方向の道と合流するだろうと考えていた。途中不安になり、地元の人に 2 度尋ねたが、「山道だが、今日の目的地 Cerro Muriano へ行けますよ」というので歩き続ける。車道の標識もそれを示している。ところが、9：15 コルドバの市境が過ぎ、道は次第に山に入る気配で急坂になる。標識 CD-110 KM5 を見遣る。途中車道が二手に分かれていたが、メインの左側をとる。これが間違いだった。右をとっておれば、保証はないが、本来のカミーノに修正できていたかもしれない。週末なので、自転車組が多い。

　9：55 Mirador Natural の展望台に着く。汗ばんだ手でポケットをまさぐって歩いているうちに、Mundicamino のプリントアウトを失くす。不安で、自転車の男性に聞いてみると、峠にはまだ時間がかかるよ、とだけ。道間違いのうえ、下に戻れない大回りをしていることを確信した。悔しくて汗が一層ほとばしる。10：05－10 三叉路で交通取り締まりをしている警官に尋ねると、大変な大回りですよ。目的の Cerro Muriano 村にはまだ 12 キロほどある、という。10：30 車道を離れ、対向の自転車組が出てきた地道を歩き出すと、3 人の歩き組とすれ違った。目的地に行けるよ、という。10：45－50 松の木の下で一休み。その広場には、ハイキング組が休んでいる。11：00 三叉路の車道の近くに出る。目的の村に 10K の車道標識。11：10 CO-3408 KM 5 を見遣って、峠を越え車道を下る。11：35 上の道を逆に歩いてくる 3 人のハイカーが、地道を歩いた方がいいよ、と忠告の声。

　12：00－15 Los Villares 自然公園内のレストランでカフェ。この辺りには、ハイカーやマイカー族が沢山いる。公園内の地道が怪しくなり、金網の破れた所から車道へ脱出し、下る。国道近くで車道が幾つにも分かれ、そ

105

の一つが、Cerro Muriano 村へ 2.5K とあるが、逆方向に戻ることになるらしい。これを嫌って、同村から出てくるカミーノに突き当たるかもしれないと直進する。しかし、車道は大きく曲る。12：55－13：00 途方に暮れて、次の車道三叉路で車を止めて事情を話すと、親切にも N-432 旧道のイエローアローがある地点まで案内（乗車約 5 分）して下さった。13：10 Estacion de Abejo 村を通過。廃線路が見える。13：45－50 今回 2 度目の野糞。14：15－25 地道の道端で一休み（リンゴ）。15：10－30 El Vacar 村のバルで生ビール 1 杯。15：50 N-432a KM 240 を見遣って車道を横切る。空がにわかにかき曇り、雷雲が張ってきた。16：25 雷に続いて雨が降り出す。40 分ほどで止む。17：10－15 道端で一休み。17：25 A-3176 KM 1 辺りに「モサラベの道」の標識。Villaharta より Merida まで 204K とある。

17：45－18：10 Villaharta 村（人口 650 人、標高 580m）入り口のバルで生ビール 1 杯。アルベルゲの所在を尋ねると、総合体育館が近くにあるが、うちでもペンションをやっているという。15 ユーロというので、即チェックイン手続きをする。もう一人中高年男性の巡礼者（ドイツ人風）が先に入ってビールを飲みながらチェックイン手続きをしていた。直ぐに部屋に入り、シャワー。TV 付個室だが、共同のトイレとシャワー。その後、外出し、明朝のカミーノを確認してスーパーで食材購入。別のバルで生ビール 1 杯。村が中腹にあり、テラスから見る山と谷の眺めが素晴らしい。入道雲が顔を出している。この村に入る時気付いたが、アンダルシアの村々は茶褐色の屋根に白壁で統一され、絵になるような風景だ。食材で夕食。21：20 就寝。今日は 2 日分の行程を歩き、うねる山道で道間違いも多かったので疲労感が大きい。

(巡礼の風景：写真抜粋 13)

モンセラットのバシリカ

Castro del Rio 町の
親切な住人

黒い山羊の群れと
Holm 樫の木

Ⅳ 各ルートを歩く：道中日記から

第14次 アウグスタの道、南の道、カステリャーノ・アラゴネスの道、フランス人の道

旅程：2016年2月14日～3月11日 （27日、うち歩行日数20日）
区間と距離：

アウグスタの道　Cadiz～Sevilla	179.4km＋ 7.0km
南の道　Huelva～Zafra	188.3km＋12.0km
カステリャーノ・アラゴネスの道 Gallur～Agreda	75.2km＋ 8.0km
フランス人の道　Sarria～Santiago de Compostela	118.2km＋ 1.0km
合計	561.1km＋28.0km

ルート外の主な訪問地：　なし

旅程のハイライト

- 今次は、スペインを歩きだして満6年、60代最後の巡礼となり、歩き残しているマイナーなルート3本を歩いた。アンダルシア地方の「アウグスタの道」、アンダルシア地方とエストレマドゥーラ地方にまたがる「南の道」、アラゴン地方とカスティーリャ・イ・レオン地方にまたがる「カステリャーノ・アラゴネスの道」。さらにはいつものように、コンポステーラ（巡礼証明）取得のためにサリアからサンティアゴまでの「フランス人の道」である。歩行距離は道間違いを含めて約590キロになる。
- 「アウグスタの道 Via Augusta de Cadiz a Sevilla」は、BC27年にローマ帝国初代皇帝に就いたアウグストゥスの名に因む。現在に残るものとして、ドイツのバイエルン州からイタリアのポー川までのピレネー越えのクラウディア・アウグスタ街道が有名であるが、この皇帝は、「全ての道はローマに通ず」で後世知られるように、イベリア半島でも道路建設を進めた。地中海沿岸からカディスに至り、カディスから大西洋北岸のヒホンに至る「銀の道 Via de la Plata」は、その基幹道路の代表的なものである。アウグストゥス皇帝は、ローマ軍の退役軍人の為にその途上にエメリタ・アウグスタ（現 Merida）を建設したことでも知られる。2013年春、「レヴァンテの道」を歩いた時にアウグスタの道の道標（主にマイルストーン）を時々

目視した。アウグスタの道は、アンダルシアのカディス（カテドラル）からセビーリャのカテドラルまでの公称 175.7 キロ（計算実距離 179.4 キロ）という短い区間である。ほぼ平坦な道であり、標高が 100m を越えることはない。車道、自然公園の遊歩道、水路沿いなどを歩くことが多く、古道然としたカミーノはほとんど見かけなかった。また、一部区間ではイエローアローなどカミーノ標識を見失うことがよくあった。赤茶の屋根に白い壁のアンダルシア独特の家屋が目に映る。道中にはアルベルゲが 1 か所もない。特筆すべき街はシェリー酒の特産地 Jerez de la Frontera くらいである。

- 「南の道 Camino del Sur」は、アンダルシア地方のウエルヴァ Huelva からエストレマドゥーラ地方のサフラまでの 188.3 キロ（公称 187.2 キロ）の巡礼路である。ポルトガルとの国境に接するウエルヴァ県は、先史時代から豊かな鉱物資源が採掘され、青銅器時代の先進文明を支えた地域である。特に、古代ローマ時代には、銀、銅、錫を中心に大々的に金属採鉱が行われた。19 世紀には、イギリス資本による近代的鉱山開発が行われた。一方、中世では、イスラム追放後に起きたポルトガルとの領土争いの中で、戦略的な移住政策が進められて、数多くの砦を持つ小都市が建設され、現在も多くの城塞跡が残っている。また、同県の北部アラセナ台地（山脈）に位置する Sierra de Aracena y Picos de Aroche 自然公園（国立公園）内は、その豊かな自然とユニークな気候から、イベリコ豚の生産地となっている。そのようなことから、このルートは、放牧地が多く、また特定区間では、鉱山鉄道の線路跡を利用した自然遊歩道を歩く。しかも、国立公園全体で自然遊歩道が多く、時にはこれらの遊歩道と巡礼路が重なったり、別々であったりで、標識を見て混乱することがしばしばあった。主に標高 400~800m の丘陵部を歩く。

- 「カステリャーノ・アラゴネスの道 Camino Castellano-Aragones」は、紀元前のローマ時代に建設されたサラゴサからバスで 40 分ほどのガジュール Gallur（アラゴン地方サラゴサ県）から、Santo Domingo de Silos（カスティーリャ・イ・レオン地方ブルゴス県）までの公称 237km の歴史ある巡礼路である。ガジュールは「エブロの道」の経路上にある一方、Santo Domingo de Silos は「Lana（羊毛）の道」の経路上にある。従って、カスティリャーノ・アラゴネスの道は、北西に向かい、最終的には「フランス人の道」に合流するこれら 2 本の巡礼路を東西に結ぶ連絡道のような役目を果たしてきた。ローマ時代の街道や遺跡、中世の廃寺院などが残る歴史街道の一つでもある。その道中には、El Moncayo（山頂標高 2316m）をはじめ、いくつかの高峰があり、その山腹（950m〜1300m）を巡礼路が通るので、自然景観は別格と言われている。今次は Soria まで歩く予定でいたが、それまでにあまりにも道迷いが多く嫌気がさして途中で断念した。なお、このルートの 2 日目に、Borja の町から約 5 キロ先の台地中腹に Santuario de Misericordia という修道院跡の中に小さな礼拝堂があり、そこに自称画家がキリスト像の壁絵を修正して世界的に有名になった所を通過する。

- 上記 3 本のマイナーなルートでは、同道あるいは同宿する巡礼者は一人もいなかった。わずかに、アウグスタの道を歩き終えたセビーリャの宿で、自宅からフランス人の道、ポルトガルの道を歩いた後バスでセビーリャに移動し、そこからまた自宅へ歩いて戻るという若いフランス人男と一緒になった。そして、南の道の途上で、反対方向から歩いて来るポルトガル人巡礼者（男性）と道を挟んで少し会話しただけだった。そのため常に単独行。道迷いや宿探しには少し苦労したが、宿（巡礼者用のアルベルゲがほとんどない）はいつも独り占めで気兼ねがなかった。一方、フランス人の道では、巡礼路上あるいは宿で、毎日数人から二十数人を目撃したが、それでもこれまで歩いてきた時期と比べてはるかに少ない数である。道中の私営アルベルゲやバルが、まだローシーズンのために休業していた所が多かった。

- Agreda から Soria までの 58 キロを断念したので、その分 2 日早く、サンティアゴに着いた。その結果、定宿に 3 泊してゆっくり休養でき、近年再オープンしたサンティアゴ巡礼博物館を見学することができた。ただし、楽しみの一つであったパラドールでの振舞食が、食堂改修中のため与れなかったのは残念だった。

- 今次は、半日の荒れた天気を除いては、比較的天気に恵まれた。しかし、ガリシア地方に入ってからは、いつものように時雨れる日が多かった。傘

が必要な時に、携行の折り畳み傘を紛失していることに気付いた。2月は本来もっと気温が低いはずだが、日本と同様にイベリア半島でも暖冬が続き（三寒四温の時期）、歩いている時はそれほど苦にはならない。ただし、「南の道」で暖房施設のない公共の総合体育館に2度泊まったが、夜は冷えた。
- 今次道中で、2度石畳で躓いて転倒した。加齢のために脚が弱っている証拠である。左膝下と左大腿骨を強く打ち、腰の痛みを伴って、帰国後も後遺症として残っている。しかも度忘れと頻尿はますます昂じるようになった。

道中日記から（抜粋）

2月17日（水）快晴　　Puerto Real 〜 Jerez de la Frontela
歩行 27.0km ＋ 8.5km（市内）

01：50 一旦目が覚め起きる。ベッドで資料検討。右眼が痒いと思ったら、両眼共物もらいのように腫れている。風が強い1日だったので眼をやられたようだ。手持ちの目薬を差す。05：30 − 7：00 再び寝る。起きると右眼は一層腫れていて、お岩さんのようだ。歩き優先で、病院は当面考えない。7：05 − 7：30 食材で朝食。8：10 宿を発つ。イエローアローを追う。カディス大学正門前を右折して杜の遊歩道（地道）に入る。霜が降りている。昨夜はよく冷え込んでベッドでもエビのように丸くなって寝たほどだった。歩きながら手持ち地図を見ているうちに、手袋片手を落したのに気づき、300mほど戻る。その後も道中で時々手袋を落とし、探しに戻ることがあった。よく整備された自然公園で、散歩する人やジョガーと時々すれ違う。

　9：15 − 20 サンペドロ川の長い木橋を渡る。橋の上のベンチで一休み。下流側にはCadizの市街地、上流側斜め前方には、El Puerto de Santa Maria の街が遠くに見える。大湿地帯の自然公園内を歩いていると、上空にヘリコプターが何度も旋回し、時々空中で止まっている。公園の出口が近づくと、ゲートまで三重に警察の車が警戒に当たっている。警官が声をかけてきた。訓練か取り締まりか。10：10 自然公園のゲートを出て、右折して車道を歩

く。暫くすると、イエローアローを再発見。10：55 国道 N-IVa に合流。11：05 – 20 El Puerto de Santa Maria の Renfe 駅構内のバルでカフェ。12：15 丘の道から左前方にヘレスの街が見える。丘の頂上の大きな廃屋で民兵（？）の一団が訓練している。12：45 El Puerto de Santa Maria を出て約 5 キロの地点で、高速道（Autovia）A-4 を超え、右折し、地道へ入る。一面が麦畑、ヒバリのさえずりに春の予感。13：25 – 30 道端で一休み。

　ヘレス市街地（人口 210,861 人）の入り口でイエローアローを一つ見たが、その後は見失い、通りの人に尋ねながらカテドラルを目指す。14：40 – 15：30 カテドラルの前のレストラン／バルで昼食（Mdd：サラダ、チキン、生ビール、11.5 ユーロ）。料理を待つ間に前のカテドラルでスタンプをゲットし、本堂を参拝。こじんまりしたレストランで客は自分ひとり。フラメンコギターの BGM が、この町の名物がシェリー酒[35]とフラメンコだということを思い起こさせる。食後すぐ近くの警察署にカミーノ情報とアルベルゲの所在を尋ねるが、誰も知らない。近くのホテルで尋ねてみては、といわれ、そのホテルでカミーノ経路を尋ねると、スタッフの一人が市内地図をくれて、そのうえにマークしてくれた。しかし、自分が想像する方向とは違うので疑ってみた。5 分ほど歩いて、16：25 – 40 考古学博物館（シニア割引で 1.8 ユーロ）を英語のガイドフォーンを借りて 15 分ほどで見学。旧石器時代から近現代までの当地の歴史がわかるようになっている。とにかく、今夜の宿を決めなければと気が焦る。幸い受付で、アルベルゲ（当地では IYH）への道を地図上で教えてもらう。

　17：20 約 2.5 キロ離れた町はずれに大きな建物の IYH "Inturjoven" はあったが、門扉が閉まっている。誰かに電話で連絡してもらおうと向かいのバルへ足を運ぶ。近くにいた人が、ここ当分の間 IYH は休業のようだよ、と教えてくれた。再度街の中心へ戻り、手持ち市内地図を頼りに宿探し。安そうなオスタルはどこも休業中のようだ。そのうちに偶然一つ星ホテル "Nuevo" を見つけたので飛び込む。18：00 同ホテルにチェックイン。巡礼者だと告

---

[35] 食前・食後酒として世界的に愛飲されているシェリー酒は、スペイン語でヴィノ・デ・ヘレスまたは単にヘレスと呼ばれ、この地域で造られたものだけが名乗ることができる。

げると 25 ユーロを 23 ユーロにしてくれた。バスタブ付きの TW ルームで TV など一通り揃っている。まずシャワーと洗濯。それに、髭剃り。湯量申し分なし。昨夜泊まったオスタルとは随分違う。

　19：10 外出。明朝の経路確認をする。これまで聞いた情報とホテルの受付から聞いた情報が違う。しかも、街の中心である Plaza de Abenal 広場から歩いてみてもイエローアローは見当たらない。20：00 – 35 広場近くのバル "Tio Pepe"（当地で有名なシェリー酒醸造元と同じ名前）でシェリー酒をグラス 1 杯飲んでみる。葡萄酒よりも強い度数でアブサンを弱くしたような味だ。飲みたいものではない。その後、街の入り口のロータリーで見た最後のイエローアローを思い出し、市内地図で見るとその方向はサンティアゴ教会だろうと思い、確認のために行ってみる。これが意外と遠い。21：15 サンティアゴ教会にたどり着いたが、そこは四方がトタンに囲まれ修復中のようだ。イエローアローがないかと、暗いところを探したが見当たらない。そこからしばらく見当を付けて歩いていると、交差点で一つ見つけた。その後 10 分ほど方向を定めて歩いてみたが、次のが見当たらない。でも大体方向がわかったので切り上げ、22：00 ホテルへ戻る。客が少ないのか静か。TV の天気予報では、寒暖と雨の日が断続的にやってくるようだ。22：20 就寝。

2 月 25 日（木）曇一時雨　　Minas Rio Tinto ～ Aracena
歩行 31.1km ＋ 6.5km

　5：15 起床。食材で朝食。資料検討。昨夜はよく冷えかつ夜間頻尿で眠りが浅かった。7：35 宿（総合体育館）を発つ。7：50 昨日の警官に言われたように、町のもう一つの出口のロータリーを右折して、道なりに行くが、その辺りにカミーノ標識は見当たらない。そこで、AK-476 KM30 を見遣って、右折し、A-461 を歩く。直ぐに広大な素掘りの跡地が見え、大型トラックやドラッグマシーン、クレーン車、操業中のプラントなどが見える。歩き始めはまだ朝が早かったので交通量は少なかったが、時間と共に増え、ガードレール内を歩くのは危険を感じるようになる。8：00 A-461 KM48 を見遣る。

　8：20 La Delesa 村の標識付近で今日初めてのイエローアローを見て曲がるが、その後分かれ道があってもどこにも見当たらない。村の人に聞いても、

車道を行けばよいというので、やむを得ず、A-461 へ戻る。道路から、あちこちに大小の湖沼が点在しているのが見える。採掘跡か人造湖か、自然湖沼か判然としない。8：50 A-461 道路端を歩いていると、パトカー 2 台が止まり、ここは歩行者が歩く道路ではない、次に見た時は罰金を科しますよ、と注意された。自分はイエローアローがこの道路を指しているものとして歩いていると言ってみたが、拙いスペイン語では会話にならない。道路交通法違反で、危険だということは先刻承知している。しかし、フリーウェイで人が歩くことはこれまでもあった。仕方なく、叢の側溝を歩く羽目に。これが実に歩きにくく、スピードダウンは免れない。このような経験は初めてで、気分を害した。道路区分で A とついているのは、Andalucia の略で、国道（N）と県道（例 .Hu）の中間の Andalucia 地方道のことであり、一般に県道より交通量は多い。9：00 道路脇の地道に廃鉄管があり、その傍にイエローアローを見たので、その地道に入る。二手に分かれており、どちらも歩いてみたが、一方は揚水機場のフェンスで行き止まり。もう一方は湖水面で道が消えている。その辺りの道らしきところは可能な限りチェックしたが、どこも途中で立ち消える。仕方なく、振出しに戻り、車道の側溝を再び歩く。1.5 キロほどのロスだ。9：30 KM43 を見遣る。10：05 車道に合流する道にカミーノ標識（コンクリート柱にコンチャをはめ込んだもの）を発見。その道へ左折する。峠道は旧道のようだが、結構長い。10：30－45 Campofrio 村のはずれのバルで H ミルク。

11：25 AK-479 に合流し、その道に沿って歩く。11：30 KM15 を見遣る。12：00 Rio Odiel を渡る。12：20 KM11。12：50－13：00 道端で一休み。13：20 KM7 の手前をイエローアローに沿って左折し、地道に入る。大きなユーカリ林。カウベルの音が遠くから聞こえる。Parque Naturale（自然保護公園）の看板を時々見遣る。14：20 イエローアローが示す方向の地道を歩くが、手持ち情報と違い、方向も高度も違う方向に行く。間違いに違いないと焦って、道より 400〜500m 離れた 1 軒家農家まで訪ね、偶然出てきた主人に尋ねると、道が全く違う、元来た道を戻って、そのまままっすぐ行けば車道に出るので、そこを左折だ、と教えてくれた。

14：45 急いで間違いのもとになったイエローアローまで戻る。そこから

直進すると 50m ほどで三叉路になり、右をとると 500m ほどで車道 AK-479 に出る。この地道で 1 時間以上（4.5 キロ以上）のロス。しかも、5 分ほど歩くと KM6 を見遣るので、正確に歩いたとしてもこの地道は大回りだったようだ。15：05 KM5。15：20 - 25 道端で一休み。

　16：00 KM1 を見遣るとまもなく Aracena の町（人口 7,468 人、標高 690m）に入る。16：35 - 40 同町の観光情報案内所（TIO）で市内地図、宿、明朝のルートなどの情報を得る。16：50 - 17：50 TIO 近くのレストランで遅い昼食兼夕食（Mdd：サラダ、牛肉、赤、10.95 ユーロ）。レストランを出ると、観光中の初老スペイン人男性が巡礼について話しかけてくれた。18：00 一つ星ホテル "Hospederia Reina del los Angels" にチェックイン。直ぐ外出して、18：25 - 45 近くのハム博物館[36] を見学（入館料シニア 3 ユーロ）。AV や展示で当地やスペイン、世界の豚とハム製造の歴史や比較がわかりやすく説明されている。10 人ほどのスペイン人グループが係員の案内で廻っていたが、自分が最後の見学客らしく、最後に振る舞われるハムの試食も最後であった。20：20 スーパーで食材を買って部屋に戻る。シャワー、洗濯。シングルルーム、設備は新しいが、TV だけは旧式。エアコンはないが、部屋全体がほのかに暖かい。21：00 就寝。今日はとんでもない道間違いをしてさすがに疲れた。

　3 月 1 日（火）晴一時曇　　Borja ～ Tarazona　　歩行 27.7km + 2.5km

　5：50 起床。食材で朝食。暖房スティームは深夜に切られていたが、部屋はほのかに暖かく、洗濯物は乾いた。7：50 宿を発つ。風が昨日同様に強く

---

[36] 当地にはイベリコ豚の交配センターがあり、アラセナ山脈と Aroche 山麓の自然に育まれた生育環境がスペイン屈指のウエルヴァハムを生み出す。イベリコ豚の特徴はメタボリズムにある。栄養源は主に樫の実（どんぐり）だが、基本は雑食。放牧中にこれらの栄養源が満たされる。ドングリをもたらす主要な樹種は 3 つ。Holm oak、Cork oak、そして Portugal oak。豚とハムの歴史は古く、古代エジプト第三王朝期（2700BC）には記録に残る。ギリシア時代にはヒポクラテスが病人にはハムを与えるのが良いと助言。ローマ帝国時代には、ヒスパニアから燻製ハムを輸入していた。イベリア半島に長らく君臨したアラブ人も、特にコルドバ王朝では、豚の消費を商人や医者に許したという。豚肉はスペインと新大陸との航海中にもその保存方法が優れていたのでよく食べられた。（館内の説明から）

なってきた。発電用風車が並び、行く手にこれから上る小高い山が見える。
9：10 台地の中腹にある Santuario de Misericordia（Ermita del Calvario）に到着。小さな集落をなしている。開館時間は 10：30－13：30 と 15：30－19：00。早く来すぎたが、折角だから待つことにする。傍にバルが 1 軒あるが休業中の様子。近くにアルベルゲもあるようだが、グループ単位の予約制のようだ。真下に小さなバス停がある。門扉の横に大きな寒暖計が下げてあり、現在 9℃。風が強く吹き曝しは寒い。陽が当たり出したので階段下にある側面総ガラス張りのバス停待合い椅子に座って待つ。その時、ザックの背袋に 10 センチほどのかぎ裂きを発見。手持ちのテープで急いで修繕。道中、茨の多いブッシュか有刺鉄線に知らずにひっかけたか。これまで十数回使ってきたが、ついに綻びた。

10：30 時間通り、受付のおばさんがご出勤。建物自体は大きいが、小さな礼拝堂の受付ボックスに座り受付が始まったので、即入館。参拝料は 1 ユーロ。見学者はそこを出るまで自分一人だった。白壁の柱に描かれていた古いイエスの絵（胸より上）が自称画家によって見事に修正され、原画と似ても似つかぬものに改ざんされた。それが返って話題を呼んだ壁絵である。元々の原画の写真、中間に修理された絵の写真が横に並べられ、話題となった本物はガラスプレートで保護されている。おばさんは暇なのか、進んでスナップ写真をとってくれた。また、訪問者が各自ピン止めした世界地図を見せてくれた。欧米諸国と日本からの見学客[37]が圧倒的に多く、珍しいことに韓国人、中国人は各 2，3 人程度だ。15 分ほどの見学だったが、独り占めに特別な気分になった。

10：45 礼拝堂を出発。標高 750m ほどの台地には松林が多く、地道は 6 キロ以上続いた。風が強いので、松の上方がざわめく。「松風騒ぐ丘の上---」と口ずさむ。雪山となっている Moncayo 山がよく見える。12：45 Borja の町境と Tarazona y El Moncayo の看板が続く。坂を下り始めると、すぐ真下に小さな集落 El Buste が現れる。13：30－45 山を下る途中、地道が二手に分かれ、左の道の崖石のイエローアローが斜め上を向いている。さて、どち

---

[37] 日本のテレビ番組で放映されたため、観光ツアーにも組み込まれたのだろう。

らを取るべきか。上向きだから右だろう。あるいは下り坂でも矢印の面は左を示すのか。迷って、どちらの道も300mほど歩いてみるが次のイエローアローがない。13：45‐50 そこで振出しに戻って一休み（チョコ）。休んだ後は、イエローアローのある側の左の地道を歩く。300‐400m歩くと、次のイエローアローを発見。先ほどもう少し歩いておけば見つかったのにと悔やむ。1キロ相当のロス。

14：45‐55 道端でひと休み（オレンジ）。その後もイエローアローを見失い、誰も通らぬ丘の上の叢と耕起前の畑地の間を彷徨いながら歩く。挙句の果て、大きな地道が眼下遠くに見えたので、義経の鵯（ヒヨドリ）越の逆落としのように、丘からブッシュの急坂を下って地道に合流する。滑り易く、茨のついた低灌木が多い。幸いなことに放牧地ではないので柵がなく、縦横に移動できる。2，3分地道を歩いていると、別の地道と合流し、そこにイエローアローがあった。やはり大回りをしていた。今日2回目のロス。

16：40 Tarazona（人口1.1万人、標高470m）の市街地に入る。外気温17℃。16：45 観光情報案内所（TIO）の手前の警察詰所に立ち寄り、市内地図入手と宿情報を得る。当市にはアルベルゲはなく、オスタル2軒とホテル4軒あり、安い方のオスタルの位置を地図上で教えてもらう。そのオスタルへ行ったが、応答せず、また別のオスタルも同様に閉まっていた。17：25‐45 町の街道筋に戻り、近くのバルで生ビールとタパ。そこで若いマスターにオスタルに電話するようお願いして、予約を取ってもらった。途上、今度はTIOに寄り、カミーノ経路を尋ねたが、案の定知らないという。

18：00 オスタル"Palacete de los Acedinos"にチェックイン。ここは28ユーロと予想よりも少し高くつく。3Bルームを宛がわれたが、これは初めてだ。すでにスティーム暖房が入っており、部屋は暖かい。ここの女主人はカミーノルートをよく知っていて、地図で街の出口まで示してくれた。18：45 外出。明朝経路の確認とスーパーで食材購入。先ほどのバルに戻り、赤ワインとタパ。若いマスターに改めて礼を言う。帰路、別のバルで生ハムとワンプレート盛り合わせの2皿のタパスに赤ワインでちょっぴり贅沢な夕食をとる。20：50 部屋に戻り、シャワーのみ。部屋は暖かいし、ワインが効いてきた。TVをぼんやり視る。21：40 就寝。

Ⅳ　各ルートを歩く：道中日記から

（巡礼の風景：写真抜粋 14）

美しいヘレス市役所外観

オリーブ園と
放し飼いの豚

世界的話題となった
修正絵と

踏み跡のないカミーノ

谷底の河川林を歩く

野積みされた
古いカミーノ石標

第15次　ジローナの道、カステリャーノ・アラゴネスの道（続）、フランス人の道

旅程：2016年5月29日～6月23日　（26日、うち歩行日数17日）
区間と距離：

ジローナの道　Pertus～Montserrat	264.2km＋12.0km
カステリャーノ・アラゴネスの道　Agreda～San Leonardo de Yague	125.9km＋ 6.0km
フランス人の道　Sarria～Santiago de Compostela	118.2km
合計	508.3km＋18.0km

ルート外の主な訪問地：　なし

117

旅程のハイライト

- 今次は、カタルーニャ地方の「ジローナの道」と、今年の春歩いた「カステリャーノ・アラゴネスの道」の続き、さらにはコンポステーラの取得に必要な「フランス人の道」の最後の約118kmを歩いた。
- カタルーニャ地方のサンティアゴの道（カタルーニャ語で Cami de Sant Jaume）は、ヨーロッパ、特にプロヴァンスやイタリアからピレネー越えで入る巡礼者の第3の道として、フランス人の道、アラゴンの道の代替路の役割を果してきた。起点はフランス側国境の町 Pertus 近くにある Coll de Panissars または Rodes にある Monestir de Sant Pere、あるいはスペイン側の地中海沿岸の港町 El Port de la Selva である。Sant Pere の地点からモンセラット Montserrat 修道院・バシリカまで公称213km。途中に歴史上の重要都市 Girona を通過することから、「ジローナ（ヘロナ）の道 Camino de Girona」とも呼ばれる。今次は Pertus から古代の小修道院跡を巡って歩いた。
- カタルーニャは、中世まで遡るこの偉大なヨーロッパ文化の道に高い意義を認めて、2010年のヤコブ聖年を機に巡礼路の整備を行なった。この道はまた地中海から大西洋に至る道でもあった。ピレネーの東端を越えてあるいは地中海沿岸からジローナまで南下した後、西進する。起伏と変化に富む丘や山間地を歩く。
- 「カステリャーノ・アラゴネスの道 Camino Castellano-Aragones」は、Gallur（エブロの道）から Santo Domingo de Silos（ラナまたは羊毛の道）を繋ぐもので、主に山間地（標高950m〜1300m）の過疎地を通る。前回、起点の Gallur から Agreda まで歩いたので、今次はその続きを5日間かけて終点 Santo Domingo de Silos まで歩く計画でいたが、天候の理由から最後の1日を放棄した。
- 上記2つのルートでは、季節が良いにもかかわらず、道中で巡礼者に1人も遭わなかった。しかも、踏み分けのない叢から判断しても、直近2, 3日間に歩いた形跡は見られなかった。巡礼者が極端に少ないのは、数少ないアルベルゲでも感じられた。一方で、「フランス人の道」では、例年より多くの巡礼者を見た。これはサンティアゴの巡礼者協会事務所でコンポステーラ発行を待つラインの長さからも肯ける。

- 今次の特記事項は、フィグエレス Figueres のダリ美術館を訪れたこと、道中で眼鏡を失くして次の町で新しく作製したこと、モンセラット大聖堂のミサで司祭から特別の祝福を受けたこと、フランス人の道で珍しく大陸系中国人巡礼者（北京から来た中年のカップル）に遭ったこと、体調不良や新調した靴との不具合に悩まされたこと、などが挙げられる。

道中日記から（抜粋）

6月3日（金）快晴後晴　　Bascara 〜 Girona　　歩行 33.1km ＋ 2km

4：00 起床。盛んに鳴く鶏に起こされる。資料検討。食材で朝食。7：00 宿を発つ。うっかり部屋に忘れ物して、ドアベルで女主人を起こす。100m ほど進み、車道標識を見て直進。Girona へ 23K、Barcelona へ 127K の標識。Orriols へ 3.5K を見遣って、松林の地道に入る。カミーノ標識が見当たらない。松林を出ると、野辺の花が咲き誇っている。8：05 Orriols 村に入る。8：15 同村出口の標識に "Viladasens へ 4.6K、Cami de Sant Jaume por Montserrat、GR-1" とある。「野辺花と　朝露踏んで　村を発つ」。麦畑が展開。9：15 Viladasens 村に入る。9：20 - 30 同村の公園ベンチで一休み（バナナ）。10：10 - 11：10 資料に目を通すために手に持っていた眼鏡を落としたことに気付き、400m ほどの間を 3 往復して探すが見当たらず。眼鏡をかけてないと探すのも一苦労。結局あきらめて、その日はメガネなしで歩行。標識などが見づらくてつらい。初めての経験だ。11：15 車道に合流し、右折。11：55 - 12：00 道端で一休み。12：30 林の中を歩いていると、突然行き止まり。道路工事中のようだが、新しい案内がなく、混乱する。仕方なく林の中で左折し、Rio Ter 川の方向へ向かう。Medinya 村に入らず。13：30 - 40 車道の橋に出たので、橋の袂で一休み。その後、川と車道の間の側道を長らく歩く。15：20 - 16：10 Sarria de Ter の町中のバルで昼食兼夕食（Mdd：豆、ポーク、生、9 ユーロ）。

17：05 - 15 ジローナ（人口 97,227 人）[38] 市内の TIO で宿などの情報入手。

---

[38] ジローナの街はカタルーニャ地方では一番カタルーニャらしい街といわれ、プライドが高いカタルーニャ人が多く住んでいる。中世の城壁に囲まれた旧市街には、カテドラルや Call（カイユ）と呼ばれるユダヤ人地区が良い保存状態で残る。

市内の眼鏡屋の所在も確認。17：25 市内の公共宿"Cerveri de Girona"（IYH）にチェックイン。18：00-45 二軒目に当たった眼鏡店で、事情を話して特急で眼鏡作製を依頼。帰路スーパーで食材購入。19：15 部屋へ戻る。8人部屋に自分一人だったが、仮眠して 21：00 起きてみると、もう一人旅行者の男が入っていた。急いでシャワー。21：40 就寝。今日は紛失ショックとメガネなしの歩行で疲れた。

6月9日（木）晴　　Manresa ～ Montserrat　　歩行 25.5km

5：50 起床。資料検討。昨夜よりあごの下に吹出物（大きな汗疹）ができ、触ると痛い。7：00-7：30 食堂で朝食。朝早いためか、客は3～4人。8：05 宿を発つ。宿の出口から民家の屋根越しに、今日目指すモンセラットの岩山がちらっと見える。Basilica de La Seu の庭から絶壁下に広がる郊外が見下ろせる。その庭から下って、河畔道に出る。その入り口にカミーノ標識が一つ。しかし、その後分かれ道があってもカミーノ標識がなく、都度困惑する。今日は黄色ではなく、青色の標識があり、なお困惑。歩く行く手に時々モンセラットの岩山が見える。10：20-25 Castellgali 村の道端で一休み。11：25-40 車道に合流する道端で一休み（リンゴ）。標高 300m のこの辺りからモンセラットの約 800m まで坂を徐々に上る。それも後半はずっと車道を歩くので結構足に来る。12：35-40 BV-1122 KM4 手前の道端で一休み。14：00-05 道路脇の休憩エリアのベンチで一休み。

　それからまもなくして、モンセラットの観光客で雑踏する通りを歩いていると、オスピタレロだと名乗る男性から巡礼者ですか、と声をかけられた。見るともう2人の巡礼者を案内している。アメリカ人の高齢男性とその姪で、後でマイケルとリリーと名乗る。彼らは、フランス人の道を歩き、観光で当地に立ち寄っているという。14：40 一緒にアルベルゲに案内され、部屋へ通される。3室あり、アメリカ人2人とは別室の6人部屋を宛がわれる。宿を探す手間が省け、ストレスなく落ち着けて助かった。直ぐにシャワーと洗濯。その後近辺を散策。前は高級ホテル。別の建物内の売店で水ボトルを購入した後、近くのテラスで生ビール1杯。この地は全体が観光客相場で高い。カフェテリアはどこも満席で、昼食ができる状況になかった。当地名物の地

元農家の販売コーナーで蜂蜜の巣片を購入。こちらは良心価格。明朝バルセロナへ移動する登山電車・鉄道連結の切符を購入。18：10改めてアルベルゲの手続き（6ユーロ）。

18：45－19：40 大聖堂のミサに出席。オスピタレロから最前列に座るように言われていたが、既に韓国人の大グループが四列目辺りまで占拠していたので、その後列に座る。このミサは、サンティアゴ・デ・コンポステーラの大聖堂のミサと違ってコーラスが呼び物だ。歌うモンクは30－32人。名物の少年コーラスも8－10人。厳粛な響きで実に心安らかに感じる。ミサが終わると、前もって言われていたように、3人の巡礼者は2人のオスピタレロに案内されて、特別の祈り室に呼ばれ、そこで改めて司祭から英語で神前の祝福を頂いた。さらに、特別にご本尊に至る扉を開けてもらって、祭壇の上に鎮座するダークレディー（Our Lady of Montserrat; Catalonia の守護神）を目の前で拝見する機会を与えられた。信徒にもこのような栄誉の機会は少なく、特別の計らいと感激した。フラッシュ無しなら写真をとっても良いという。その後教会内の事務所で改めてクレデンシャルにスタンプを押してもらう。

19：50－20：50 巡礼者3人でホテルのレストランでセットメニューの夕食。21ユーロのところ、巡礼者には10ユーロ。21：00－20 アルベルゲの寄せ書きノートを見ると、2015年から既に日本人3人が書き込んでいるので、自分は4人目になる。一人は当地から Catalan II（por San Jaun de la Pena）をハカまで歩く予定と記している。熱心な日本人は結構いるものだと感心した。今日は車道の坂道を10キロ以上歩き、足に堪えた。今回新調した靴が不具合の為に、これまでになく、足指や足裏に水膨れがあちこちにできて、特に歩き始めに痛い。21：50 就寝。6人部屋を独り占め。

6月13日（月）晴時々曇　　Soria～Amer　　歩行 37.6km ＋ 2.5km

01：30 一旦起きて、資料検討。03：10 再就寝。6：00 起床。食材で朝食。足と腰の各所に痛み。靴の不具合と一時的にパニック的な歩きが原因か。階下で朝のカフェ。再び、カミーノの経路を地図上で尋ねるが、誰も知らない。客の一人（若い男）が、Amerまでは廃線路跡が歩けるといって、そのアクセスの道順を教えてくれた。手持ちの情報と方向が違うので訝ったが、一応、

チェックしてみる価値はありそうだ。

　7：20 宿を発つ。宿を出てすぐの交差点を左折して、街の高台まで歩き、郊外を遠望するが、どう歩いてよいのかよくわからない。散歩中の中年男性にカミーノを尋ねると、方向違いだ。国道の方へ行った方が良いという。もっともだと思い、振出しの交差点に戻り、国道へ向けて歩く。25分のロス。街の出口にある国道が交叉するロータリー地点に辿り着くのにも、2,3人の町の人に聞いた。

　8：40 ほぼ街のはずれ。車の販売店が並ぶ。ヨーロッパ系に混じって、韓国製現代が店を構えているが、日系メーカーはない。地方を歩いているとよくこういう光景に出くわす。8：50 二人の通りがかりの人に、ブルゴス方向だと聞いて旧道を歩くが、カミーノ標識はない。風が強くなり、雲行きが怪しくなってきた。9：00 N-234 の側道を歩き、KM354 を見遣る。9：05 ついにイエローアローを発見。ここまでにバックアンドフォースして随分時間をロスした。9：35 イエローアローに沿って松林の地道を歩くが、国道との間に木柵と金網が張ってあり、ショートカットはできない。放牧地が目に付くようになった。風が生ぬるくなってきたので、雨の予感。10：15－20 地道の芝生の上で一休み。さらに自然公園内のイエローアローを追って歩く。公園を離れ村落道を歩いていると、鎖から離れた犬2匹と散歩中の若い女性とすれ違う。村が近い。11：05 霧雨になってきたので村の手前で雨装備。村の入り口に木柱にオオトカゲのモニュメントを見遣る。一面麦畑。12：40－13：00 Cidones 村内の公園ベンチで一休み。

　14：00 Villaverde del Monte 村で庭先にいた親切なおばさんが、道が違うよ、でもこの先からも行けるよ、と云ってくれる。コップ1杯の冷たい水を頂く。空になった片方のボトルにも水を頂く。少し回り道だったが、まもなくカミーノに合流。15：10－15 道端で一休み。15：30－40 道中にあるベンチで再び一休み。丘の上（標高 1100－1150m）で風が強い。大きな湖を沿うように歩く。湖畔にはキャンプ場。その後も松林の中を歩く。16：30－40 松林の道端で一休み。松林の道が途切れ、松の木に示される標に従って踏み分けのない湿地帯に入る。草深い溝を渡り、這い上がるようにして出てみると、村に通じる車道が見えた。

Ⅳ　各ルートを歩く：道中日記から

　17：40 Abejar 村（人口 380 人、標高 1145m）の入り口に辿り着く。そこで、車から降りてきた中年の男性が親しげに自分もかつてカミーノを歩いたよ、と声をかけてきた。今夜泊まるアルベルゲはありませんかと尋ねると、ペンションとホテルがあるという。とにかく今日は満足な食事をとってないので、バルを教えてほしいとお願いすると、村のはずれの給油所隣のバルに車で案内してくれた。まずは夕食を兼ねた軽食を取る。その男性（後で Alberto と名乗る）も生ビールで付き合ってくれて会話する。彼も 8 年前に当地からサンティアゴへ歩き、奥さんも歩いたという。食事中に電話で照会してくれたが、ペンションは満室。ホテルは 45 ユーロするという。それで、彼の提案で体育館に泊めてもらうことにする。そして、彼の厚意で自宅のシャワーを使わせてもらう。体育館は夜 22 時まで子供サッカー教室で使われるので、自宅で休んだらと言って下さるので、その言葉に甘えることにした。シャワー後ソファでウトウトしている間に、ご夫婦は買い物。二人の娘さん（25 歳と 21 歳）もそれぞれの部屋へ。そして夕食をご馳走になる。上の娘さんは英語が少しできるので、時々通訳。アルベルトはタブレットを見せながら、片言の英語交じりで話してくれた。彼はバルセロナ五輪に出場した自転車競技の選手で、世界選手権個人スプリントで 10 連覇した中野浩一選手を知っており、ツール・ド・フランスのスペイン側役員も務めたことがあるようで、Abejar 村には彼の記念館があるという。23：10 お接待にミカンと菓子を頂き、さらに床に敷くマットをお借りして体育館に移動。23：45 就寝。

(巡礼の風景：写真抜粋 15)

起点 Coll de Panissars
（遺跡）

ここを渡る際に
滑ってドボン

モンセラット大聖堂内で
祝福

123

Montserrat 大聖堂内の
ご本尊

野辺に咲くケシの花

道なき道の
廃線路跡を歩く

第16次 モサラベの道、サン・ファン・デ・ラ・ペーニャの道、インヴェルノ（冬）の道

旅程：2016年9月26日〜10月26日 （31日、うち歩行日数25日）
区間と距離：

  モサラベの道　Malaga〜Baena　　　　　　　　　　　153.9km＋ 7.5km
  サン・ファン・デ・ラ・ペーニャの道
    Tarrega〜San Juan de la Penya　　　　　　　251.7km＋ 7.5km
  インヴェルノの道　Ponferrada〜Santiago de Compostela 265.7km＋ 4.0km
            合計　671.3km＋19.0km

ルート外の主な訪問地：　なし

旅程のハイライト

- 「モサラベの道」は、アンダルシア地方とエストレマドゥーラ地方を跨ぎ、以下の通り2つの区間と2つの枝線に分かれる。

  ―Almeria〜Granada　　199.3 km
  ―Granada〜Merida　　428.4km　Meridaで銀の道に合流し、
           さらに Santiago へ約 770km
  ―Jaen〜Alcaudete　　 44.0km
  ―Malaga〜Cordoba　　221.4km　うち、Malaga〜Baena 間 153.9km

- 上記区間のうち、第 13 次（2015 年 9 – 10 月）でグラナダからメリダまで歩いたので、今次はマラガからモサラベの道本線に合流する地点 Baena までの 153.9km を歩いた。

  この区間のハイライトは、Vilanueva de la Concepcion と Antequera 間にある眺めが素晴らしい Puerto de la Escaleruela（標高約 1,000m の岩山の峠）であろう。道中誰にも遭わなかったが、2 日前に Villanueva de la Concepcion の町のアルベルゲに日本人青年が泊まった形跡があった。

  前回歩いたモンセラットまでの「ジローナの道」は、その後、Lleida を通ってサラゴサ方面に向かう Catalan I とウエスカを通ってアラゴンの道に合流する Catalan II に分岐する。

- 「サンファン・デ・ラ・ペーニャの道 Catalan II（por San Juan de la Pena）」は、モンセラットからアラゴンの道に合流する地点、Santa Silia de Jaca までの公称 325.0km の道のりである。そのうち、Montserrat～Tarrega 間 77.2km は第 13 次に Catalan I として歩いたので、今回は、Tarrega から 251.7km を歩いた。この区間のハイライトは、標高 1,125m に位置し、大きな岩窟下の Monasterio Viejo San Juan de la Pena 寺院の遺跡である。このルートは、アラゴンの道と共に、自然景観や歴史的遺跡（かつてのローマ街道の一部）が多く、地形の変化に富んでいて、カミーノを幾度か歩いた巡礼者に人気がある。道中の標識もアルベルゲも近年良く整備されていて歩き易い。

- 「冬の道 Camino de Inverno/Invierno」は、中世より「フランス人の道」の冬の道として冬季に使われたという。それは主に O Cebreiro 峠の雪道及び Rio Vallarce の出水を避けるためだったといわれている。ローマ時代には、鉱物（Las Medulas の金鉱山跡はその一つ）搬出の道として使われた。冬の道は、レオン県からガリシア 4 県に跨る山間地帯を通り、サナブレスの道に合流する地点、A Laxe に至る 212.2 km の道のりである。今次は、さらにサンティアゴまでの 53.5km を合わせ、265.7km を歩いた。Sil 川や Mino 川の深い渓谷を含む起伏の激しい山間地を通り、人里離れた道が多いことから、あまり人気のない巡礼路である。実際、今次道中で一人の巡礼者にも遭わなかった。近年（特に 2014 年 1 月以降）、旧道の研究が進み、まだルート確定には不確かな区間が多いようだが、標識はかなり整備が進

み、比較的歩き易い。
- 今次前半は天気に恵まれた。スペイン到着の日から10月5日までは残暑が厳しく、日照が強かった。靴を新調したが、前回と同様に足指のマメと腰痛に悩んだ。また、湿疹（汗疹を含む）や蕁麻疹(じんましん)などに悩まされた。今次もサンティアゴで3泊し、パラドールの振舞食を4回頂いた。

道中日記から（抜粋）

9月29日（木）快晴後晴　　Almogia 〜 Villanueva de la Concepcion
歩行 18.4km ＋ 4km

00：50−2：30時差ぼけで目が覚める。起きて改めて資料検討。5：30起床。食材で朝食。資料検討（続）。7：40宿を発つ。昨日カミーノ途上で経路地図を落としたので、頼りは経路を文章で説明した英文資料と現地のカミーノ標識（主にイエローアローとコンチャの付いた石標）だけだ。町を出るとすぐ小集落へ通じる道に入り、民家の塀に今日初めてのイエローアローを見遣って、急な獣道を下る。経路説明メモには急坂を下ると農家一軒家が見えて、小さい橋を渡るとあったので、この獣道とその先の道なき雑木林を下り、下の地道に至った。小橋を渡るとすぐに二手に分かれるが、谷筋に沿って上から見えた一軒家を目指した。どうも不安に思い、その一軒家のドアをたたくが不在のようだ。念のため小橋まで戻り、別の道を歩くと、次第に上りになり、林の中で道は途絶える。再度一軒家まで戻り、その前の広い地道を下ると、ここも途中で道は途絶え、急斜面を登る林になっている。ここまで来ると、もうあのイエローアローがある所までは戻れない。とにかく谷の斜面を登って辺りを見渡すほかはない。見通しの良い所までやっとの思いで登ると、ここがとんでもない道間違いだ（方向違い）と分かる。見渡すと、向こうの峯の上に、ちらっと一軒家が見える。谷が深く、直接にはそこへ登れないので、やむなく登れそうな別の谷からのアプローチを試みることにした。暫く谷へ下がると、人が歩いた形跡が見えた。誰かも自分と同じように間違って軌道修正を図ろうとしたのではないかと推測する。

9：00−05見通しを付けてよじ登った反対側の急斜面の木の下でへたり込

み一休み。9キロ前後のザックが重すぎる。振り返ると、とんでもない谷へ迷い込んだものだとつくづく思う。這い上がるようにして斜面を登ると、突然広い地道に出た。地道の先に大きな一軒家が見えたので、そこへ駆けつけるが、門扉は閉まっており、大声で呼んでも反応がない。さらに地道の先の方にもう一軒あり、そこを尋ねる。9：25－35 番犬がいないことを確かめ大きな屋敷の裏庭に入り、ドアや窓の前で大声をかけるが、ここも反応がない。諦めて出ようとするところへ中高年のご主人が出てきた。幸いにも英語ができる人だった。歩いてきた地道をさらに頂上を目指して3キロほど行くと分かれ道があり、そこで右折した所にカミーノ標識があるはずだ、と親切に教えていただく。以前にもドイツ人が迷い込んできた事があった、とそのご主人は言う。礼を言い、しばらく歩くと、放し飼いの犬が3匹、吠えながら自分に向かってきた。幸いにもそこへ1台の車が通りがかり、運転している人が車に乗りなさいと言ってくれたので助かった。事情を話すと、車で5分ほどのその分かれ道まで送って下さった。

　9：50 車から降りると、直ぐの分かれ道（広い地道）の先にカミーノ標識を見てほっとした。思えば、あの民家の壁のイエローアローはミスリーディングだが、民家の横の道に入って、その峯から下る道があったのであろう。一度はその横の道も一瞥していたので不注意だったということになる。2時間弱の奮闘だったが、4キロ強のロスと計算した。この結果、足のあちこちを痛めて、後にそのしっぺ返しが出てくることになる。10：20－30 道端木陰で一休み（パンに蜂蜜）。気が付くとすぐ後ろのフェンス越しに好奇心の強そうな黒馬一頭が寄って来て、じっとこちらを見ている。その後、長い下り坂から次の町（Villanueva de la Concepcion）が山肌に張り付くように見える。うねった農地を横切り直線に歩きたい衝動を覚えるが、既に大奮闘した後なので、イエローアローに従って地道を歩く。案の定、大変な大回りであることが後で分かる。11：40－45 道端に古井戸跡があり、その日陰で一休み。12：30－35 道端木陰で一休み。暑気と谷間の徘徊で疲労が強く、ここで日程変更を検討する。その後もずっと丘のアップダウンが続く。13：20－25 道端木陰で一休み。町が見える。随分大回りしていると実感。13：50 A-7075 KM 34 を見遣る。

14：05-10 オリーブ樹園が続く道端木陰で一休み。町の下側を回り込むようにして東から車道を歩いて Villanueva de la Concepcion の町（人口3,341人、標高534m）に入る。坂のきつい町だ。14：40-45 町役場に着く。退庁前の職員にスタンプをもらって、スマートフォンを持っていないことを告げてアルベルゲの所在を尋ねる。すぐポリスに電話をしてくれて、その職員がポリスの車まで案内してくれた。14：55 ポリスの車で町の中心地から少し離れたアルベルゲに到着。ポリスが施設案内と鍵をくれた。8B 一室の平屋建てで、キッチンがある。直ぐシャワーと思ったが、湯が出ない。仕方なく水浴びとなった。暫くベッドに横になったが、空腹に耐えかねて外出。近くのメソンで生ビール2杯とタパス2皿で昼食の代わりとする。帰りに食材購入。18：00-20：00 シエスタ。その後起きて資料検討。宿帳を見ると、3日前に29歳の日本人男性とオランダ人男性が泊まったようだ。

21：50 就寝。

10月7日（金）晴　　Tamarite de Litera 〜 Belbegal
歩行 41.7km ＋ 2km

4：15 起床。中間整理。窓を開けて寝ていたためにひんやり。洗濯物は生乾き。食材で朝食。

7：05 宿を発つ。外はまだ暗い。7：10-30 近くのバルでカフェ、そして水ボトルを購入。町を出ると直ぐ地道に入る。灌漑水路網を見遣る。平坦な道。9：55 A-133 を横切る。9：55-10：05 道端木陰で一休み。11：15-20 道端木陰で一休み。町の向こうの丘の上に Monzon の古城が見える。12：20 Monzon の市街地に入る。大きな町で、カミーノ経路の通りにコンチャが埋め込んである。12：30 Monzon 市役所前を通る。その直後にコンチャを見失い、道間違い。通りがかりの3人ほどの人に道を尋ねて軌道修正。

13：00-20 市街地外れに近いバルで昼食代わりに生ビールとタパス。13：45 鉄道高架下の道路標識に、A-130/A-1233 Berbegal へ 18K とある。この高架を潜らず、次の高架を潜る。直ぐに木標識。Selgua へ 5.2K、Ilche へ 8.7K とある。14：05 廃線駅を越えるとまもなく大きな商工業団地があり、その裏手を歩く。15：00-20 当てにしていた Selgua のオスタルは満室。村中の

バルで一休み（コーラ）し、他の宿や交通手段を尋ねるが、若いカウンターの男は分からないという。次の村は Ilche だが、宿はないようだ。さらにその次の村 Berbegal のアルベルゲを目指す他はない。その後、A-1224 号線を付かず離れで、さらに 13.2 キロ歩く。16：30－35 道端木陰で一休み。その後、踏み込みのない道なき道を、ススキを踏み分け進む。

　17：25－30 Ermita Santa Agueda の奇岩と建物を見遣る。"Calzada Romana"と標識のあるローマ古道を歩き終えると天空のような丘の上の Berbegal 村（人口 486 人、標高 520m）が近づく。ふらふらになり村の入り口に辿り着くと、中年のご婦人が家の裏口から声をかけてくれた。少し待っていって家へ戻り、アルベルゲの鍵を持ってきた。その人がすぐ近くにあるアルベルゲの管理人であった。18：30 すぐにチェックイン。既に一人先客（Jacinto と名乗るスペイン人中年男、64 歳）が入っていた。自分の疲れた様子を見かねて、もう一つの部屋（TW ルーム）を宛がわれた。直ぐにシャワーと洗濯。19：25 ハシントと一緒に外出し、近くのバルで夕食（生ビールとスパゲッティ）。その後明朝の経路方向を確認して、20：30 部屋に戻る。ハシントは、バルセロナに住み、今回はジローナから歩いているという。今日は思わぬ長距離を歩いた。しかも、分かりにくいカミーノを何度もバックアンドフォースしたので、足全体がジーンとする。足裏と足指のマメがひどく、針で刺して水抜きの手当て。痛いことこのうえない。21：00 就寝。

10 月 14 日（金）曇後快晴　　Ponferrada ～ Las Medulas
歩行 27.2km ＋ 3.5km

　6：20 起床。女性車掌が次は Ponferrada ですよと教えてくれた。7：14（定刻 7：06）Ponferrada に着く。駅窓口で市内地図入手。構内のバルで朝食とスタンプ。今日から 3 本目のカミーノ「インヴェルノ（冬）の道」を歩く。7：55 駅を出発。2010 年 3－4 月に歩いた「フランス人の道」とは逆方向の南東に向かい、シル川を渡って旧市街に出る。そこには古城（Castillo de Los Templarios）や観光案内所があるが、朝 10 時オープンなのでまだ閉じている。6 年半前にアルベルゲからここまで来て、バルでワインを飲んだ後見学しようとしたことを想い出した。8：35 小さな Informacion de Jacobea 事務所の前

のロータリーを右折すると、まもなく Puente Boeza（ボエサ川を渡る中世橋）に至る。外気温12℃。8：45 その橋の袂にカミーノ石標があり、"Camino de Invierno" と刻んである。渡った直ぐの角にイエローアローを見遣る。この橋が起点となる。まもなくして車道が切れ、地道の坂を登り始める。最盛期の栗の木が実をたわわにして落下盛ん。早速栗拾いしながら歩く。散歩中のご老人も時々拾っているのを目撃する。9：15 − 20 道端でひと休み。身体が温まってきたのでレインウエアーを脱ぐ。丘の道から大きく広がったポンフェラーダの町が一望できる。葡萄畑の間を歩く。

　10：05 Toral de Merayo 村の中世橋を渡る。同村の建物には古いものが多い。10：15 − 20 同村の道端のベンチで一休み 11：40 − 45 Mirador（展望台）のベンチで一休み。眼下の丘や谷に結構集落が分布しているのがわかる。直ぐに Santalla del Bierzo 村の入り口に N-536 KM 9 を見遣る。12：15 国道から離れるカミーノは大回りと判断し、国道沿いを歩く。12：25 その国道も反対方向に大きくうねっているのを見て、左に入る幅広い地道に入る。しかし、これは土取場用の道路で絶壁に突き当たる。やむなく元の国道へ引き返す。ここで約 1.5 キロのロス。13：00 国道沿いを歩き、暫くすると車道三叉路に至る。そこで Borrenes 村へ 1.5K の車道標識を見遣り、国道から LE-6206 へ入る。13：25 − 40 Borrenes 村のベンチで一休み（パンに蜂蜜）。この村にはローマ時代の住居跡が発掘されたとの説明版。13：50 − 14：20 同村のバルで昼食（豆スープとパン、生ビール、4ユーロ）。地道沿道にはクルミの木が多く、今度はクルミ拾いをしながら歩く。

　16：00 Las Medulas 村（人口 100 人未満、標高 820m）に入る。入り口に 6 か国語で書かれた歓迎看板。その中に日本語で「ようこそ」。当地は UNESCO 世界遺産（文化遺産、1997 年）登録地区だ。既にビジターセンターは閉まっている。村のはずれに中規模のホテルがあるが、ほとんどのビジターは日帰りのようだ。当地は古代ローマ人が、1 − 3 世紀の間、水力を利用して大規模な砂金採取していた所で、最盛期には、約 6 万人が働き、年間 6.5 トンの金を採取したという。数キロの広範囲にわたって、今なお当時の赤茶げた山肌や水路跡を見ることができるが、車がないとアクセスは容易ではない。16：10 村の中にある民宿 Casa "Soccoro" にチェックイン。気さくなおかみ

Ⅳ　各ルートを歩く：道中日記から

さんが朝食なら用意できると言ってくれる。シャワー、洗濯。泥まみれになった靴とズボン裾を洗う。

　17：45 外出。グロッサリーなし。村入り口の駐車場近くのバルで夕食（カルドースープとパン、瓶ビール、9ユーロ）。明朝の経路確認。世界遺産地区というのに、手軽に見学できるところはない小さな村だ。宿へ戻って寝るのみ。どうやら客は自分一人のようだ。21：40 就寝。静かな夜。今日は比高300m強の山を2つ越え、山道は前日までの雨でぬかるみが多く、汚れたうえに疲れた。

(巡礼の風景：写真抜粋 16)

露岩の峠道
Puerto de la Escaleruela

日常使う「オラ！」と
同じ名の村を背景に

6日間一緒のハシントと

Las Medulas 村の民家

栗の古木と遠くに金採掘の
廃山（Las Medulas 村近く）

最後の日一緒に
歩いた仲間

131

第17次 モサラベの道、カステリョンの道、ヴァディニエンセ・レバニエゴの道、プリミティヴォの道、フィステーラ・ムシアの道

旅程：2017年3月28日〜4月27日（31日、うち歩行日数25日）
区間と距離：

モサラベの道（ハエン） Jaen〜Alcaudete　　　　　　　44.8km＋ 3km
カステリョンの道　Castellon de la Plana〜Fuentes de Ebro
　　　　　　　　　　　　　　　　　　　　　　　　 295.2km＋11km
ヴァディニエンセ・レバニエゴの道
　　San Vicente de la Barquera〜Mansilla de las Mulas 215.0km＋ 8km
プリミティヴォの道　Lugo〜Santiago de Compostela　104.7km＋ 2.5km
フィステーラ・ムシアの道　Fisterra〜Muxia　　　　　　36.0km＋ 2km
　　　　　　　　　　　　　　　　　　　　合計　695.7km＋26.5km

ルート外の主な訪問地：　なし

旅程のハイライト

- 今次歩いた地域は、（1）はスペイン南部のアンダルシア地方、（2）は東部のバレンシア地方と北東部のアラゴン地方、（3）は北部のカンタブリア地方と北西部のカスティーリャ・レオン地方、（4）と（5）は北西部のガリシア地方にそれぞれ位置しており、南部から反時計回りにスペインを跳び跳びに歩いたことになる。（5）は、当初計画していなかったが、（2）の行程で2日間早く歩き終えたので、まだ歩いていなかったこの区間を新たに歩くことにした。

（1）「モサラベの道（ハエン）Camino Mozarabe de Jaen」
　モサラベの道は、アンダルシア地方とエストレマドゥラ地方を跨ぎ、大きく3つの区間と2つの枝線に分かれるが、その枝線の一つが、Jaen〜Alcaudete間44.8kmである。グラナダからメリダまでは既に歩き終えている。今次、ハエン巡礼者友好協会事務所の事務局長と事前の連絡が取れ、

Ⅳ　各ルートを歩く：道中日記から

ハエン到着当日、容易にクレデンシャルが入手でき、ハエンからの巡礼路道順を途中まで同道して親切に教えていただいた。ハエンから Alcaudete の間の丘陵地帯は、世界有数といわれるオリーブ樹園が展開する。

(2)「カステリョンの道 Camino de (Santiago de) Castellon」
　Castellon de la Plana 市の郊外の廃寺院 La Ermita Sant Jaume de Fadrell を起点とし、Fuentes de Ebro で Camino del Ebro に合流するまでのルートで、距離は295.2km。そのうち、Castellon 県内が139キロ、アラゴン県内が156.2キロで構成される。さらに、Fuentes de Ebro からエブロの道とフランス人の道を通じてサンティアゴに至る。起点からサンティアゴまでの総延長は1075キロ（起点のモホンによれば、1100キロ）となる。起点となる廃寺院と Castellon の都市形成から見て17～18世紀から巡礼者が利用し始めたものと思われ、巡礼の歴史資料は乏しい。しかし、バレンシア地方北部とアラゴン地方を結ぶ商業や軍事としての道は、古代ローマ時代からあり、一部の区間では Via Augusta として今でもその面影を残している。カステリョン県内の後半は、標高700～1000mの山間地での上り下りで少し堪えるが、近年の標識整備によって歩き易い。

(3)「ヴァディニエンセ・レバニエゴの道 Camino de Vadiniense y Lebaniego」
　このルートは、北の道に位置する San Vicente de la Barquera とフランス人の道に位置する Mansilla de las Mulas を結ぶカミーノである。カンタブリア地方において、6世紀に Santo Toribio de Liebana 修道院が建立され、13世紀にはその地に教会が建てられた。1512年に Julio II 法王がこの地を巡礼地として宣言して以降、新たな巡礼地が誕生した。4月16日が聖日で、その日が日曜日に当たる年は盛大な祭りが催される。2017年はその年に当たる。San Vicente から Santo Toribio までは Camino Lebaniego と呼ばれ、その距離は66.3km。また、Mansilla de las Mulas からこの Santo Tribio を目指す道は Ruta Vadiniense と呼ばれ、共にレッドアローと赤色の独特のサインで導かれる。一方、北の道あるいは San Vicente de la Barquera からサンティアゴを目指す巡礼者もこの道を利用するので、Camino Vadiniense

133

y Lebaniego（その距離は公称 223km）と呼ばれ、イエローアローとコンチャなどで導かれる。この区間は人口過疎な山間地が多く、しかも、カンタブリア地方とカスティーリャ・イ・レオン地方の間に、標高 2500〜2600m 級の山々を抱える Picos de Europa 自然公園があり、その中で 1800m の峠を越えなければならない。車道を歩くことも多いが、標識は近年整備されており、比較的歩き易い。

(4)「プリミティヴォの道 Camino de Primitivo」
　この道は、9世紀前半に、サンティアゴの墓が発見されてまもなくして、当時のアストゥリアス王 Alfonso II が現地を訪れた際に、王の命によって整備されたもので、数ある巡礼路の中で、原初の道という意味から「プリミティヴォの道」と名が付いた。始発地は本来オヴィエド（サンティアゴまで 313km）だが、今次はコンポステーラ取得の為にルーゴからサンティアゴまで 104.7km を歩いた。当初は、サリアからフランス人の道を歩く計画であったが、Mansilla からの交通事情により急遽変更した。

(5)「フィステーラ・ムシアの道 Camino de Fisterra-Muxia」
　地の果ての思想があった中世時代は、サンティアゴを訪問した後、巡礼者の一部は、イベリア半島最西端（大西洋沿岸）にあるフィステーラあるいはムシアを目指した。サンティアゴからムシア経由でフィステーラまで 122.6km、サンティアゴからフィステーラ経由でムシアまで 118.4km の距離。どちらもその先端の岬に灯台がある。現在の巡礼者の中には、このどちらかを歩く（あるいはぐるりと回る）者がいる。自分はかつてサンティアゴからフィステーラまで歩いたので、今次は未踏のフィステーラ・ムシア間 31km ＋フィステーラの岬往復 5km ＋ロス 2.0km、合計 38km を歩いた。

・今次は（2）と（3）を主な巡礼路として計画したが、17 次ともなると、誰も歩かないようなマイナーな道となり、過疎で山岳地が多い。(3) の始発地で、宿の主人や同宿の人からオオカミやワイルド・ドッグの話で脅かされたが、幸いにも、その区間だけスペイン人男性巡礼者 2 人と霧が濃い

山中を、離れないようにといわれながら何事もなく、山越えできた。そのようなマイナーな巡礼路でも、最近、整備が進み、モホン（石や金属製の標識）やイエローアローとコンチャ（帆立貝のデザイン）のプレートが新しく設置されており、歩き易くなっている。

- （1）と（2）では、今回一人の巡礼者にも遭うことはなかったが、（3）では、Santo Toribio de Liebana までの Camino de Lebaniego の区間で数名の巡礼者と道中や宿で一緒になった。また、（4）及び（5）でも数名の巡礼者と道中や宿で遭った。特に、フランス人の道途上にある Mansilla de las Mulas、Melide と Pedrouzo では、アルベルゲがほぼ満室状態になるほどであった。今次出会った日本人巡礼者は 2 人（70歳と中年のご婦人）だけであった。場所は Mansilla と Fisterra の町。
- 今次は天気に恵まれた。結局、雨具は一度も使用しなかった。夜間冷えることもあったが、日中は、涼風と日差しの按配で、気持ち良く歩けた日が多かった。それもあってビールはほぼ毎日飲んだ。また、ルートによっては、アルベルゲが少ないものの、サービスが向上し、毛布の置いてある所が多かったので、寝袋を広げる手間が省けた。
- 今次は、靴を新調し、事前に足慣らしをしておいたためか、脚や足のトラブルもなかった。脛当ての為に湿疹が少し出たことと左上唇のデキモノで数日間痛みを感じた程度である。むしろ、帰国間際に、バスに乗り遅れまいとザックを背負って小走りしたことで、かねてから痛めていた左腰の違和感を強めたことくらいであった。
- 今次も、観光の要素が乏しかった。初めてのハエン、カステリョン、サン・ヴィセンテでは時間がなく、また、グラナダやサラゴサのような観光地も、これまでに観たこともあって素通りした。唯一、観光らしきことをしたのは、全て歩き終えた後、サンティアゴからバスで 40 分ほどの距離にあるパルドン Pardon の町を半日訪れたことである。

　聖ヤコブ伝説は、使徒の船の係留地というところからきている。紀元 1 世紀、使徒ヤコブ（スペイン名サンティアゴ）の遺骸を乗せた船は、弟子のテオドロとアタナシオと共に、天使の導きによって、パレスチナのハッファからガリシアのイリア・フラビアの港まで辿り着いたという。

パドロンは、紀元10世紀にイリア・フラビア司法管轄区として始まり、サール川の沿岸地として中世に入って随分たつまで、船の航行が可能であった。パドロンは小さな町で、小村として残る隣接のイリア・フラビアと共に中世の名残りを残す。わけても、ローマ時代以前からの中心地で、紀元1世紀ローマの植民地となったこの地域は、5世紀から1095年まで司教座とされ、この間に創建されたイリア・フラビア教会（18世紀再建）は、世界で最も早く（19世紀）から聖母マリアを守護聖人とした教会の一つである。

- 今次は、サンティアゴで2泊したが、これまで何度も与ってきたパラドールの振舞食にはあり付けなかった。聞けば、今年初めから、巡礼者事務所に先着した者（コンポステーラを発行された者）のうち、希望する先着10名だけに昼食のキューポンが与えられることに変更されたという。その結果、これまで長く続いた伝統の朝昼夕の振舞食は無くなり、諦めざるを得なかった。
- もはやスペインで本当に歩きたい未踏の巡礼ルートはほとんど残っていない。これでスペイン巡礼は終わりにしますと、聖ヤコブ様に報告した。次にスペインを訪れることがあるとすれば、想い出の旅になろう。

道中日記から（抜粋）

**3月29日（水）快晴　　マドリッドーグラナダーハエン　　Jaen ～ Martos
歩行 22.0km ＋ 3km**

夜行バス走行中に、車内表示は最低外気温5℃を示す。

6：25 Granada BSに到着。直ぐにJaen行ALSAバスの切符を購入。7：00 Jaen行バス出発。ほぼ満席。ノンストップ。7：30過ぎると外は明るくなる。道中、両側はオリーブ樹園が続く。Granada-Jaen間87キロ。

8：10 ハエン[39] BS着。メールで連絡していたハエン巡礼者友好協会事務所の人見当たらず。まずはBS構内のバルで朝食を取り、カテドラルと観光案内所を目指す。9：05－15市内の観光案内所で市内地図と市街地を出るカミーノ経路を確認する。親切にも街で観光案内所まで案内してくれた中年男

性が協会事務所に連絡を取ってくれたようで、観光案内所まで戻って知らせてくれた。協会事務所のハシントは9時頃にBSに見えていたようで、これからカテドラルに向かうという。

　9：20 ハシントと落合い、一旦、協会事務所へ移動。そこでクレデンシャルとカミーノに関する情報をもらう。市内の経路を暫く案内してもらい、途上のバルで一緒にカフェ。その後も暫く経路を案内してもらった後、11：10分かれる。

　11：20 市街地のはずれのロータリーに標識 "Camino Mozarabe a Santiago de Compostela 2016.4.1"。11：25 − 30 街を見下ろす大きな騎士像モニュメントを見るために寄り道。

　11：50 車道の側道を歩いていると、右手に大きな Cruzcampo ビール工場を見遣る。12：00 車道を離れ、左の車道に入る。間もなく、世界最大級のオリーブ樹園地帯に入る。見渡す限りの丘にオリーブが植えられており、壮観だ。12：55 − 13：00 オリーブ樹園の上り坂木陰で一休み。13：30 Torredelcampo の町の入り口でカミーノ案内の説明版を見る。Martos へ 11K とある。この辺りは、ムーア人とキリスト教徒の境界域で、砦や塔が多い。この巡礼路の多くの区間は、かつてのローマ時代や中世の商業の道だったことが述べられている。

　13：40 − 15：00 Torredelcampo の町を出た所で間違ってカミーノ標識がない一本道（旧 N-321）を歩く。途中、散歩する人に次の町 Jamilena へ至る経路を尋ねると、カミーノは知らないが、ずっと先で右折して、あの山腹の道を戻るように歩くとそこへ至ると、指さして教えてくれた。この時点で道間違いだと気づいたが、戻るのは悔しい。その後、対向する車を止めて再び

---

39 ハエンの人口は 11.6 万人。歴史的にはイベリア時代に遡る。ローマ時代の前には、ギリシア人、フェニキア人がこの地を通り、カルタゴ人がこの地を要地とした。紀元 3 世紀初めには緩やかなローマ化が始まったが、712 年にムーア人がこの地を治めた。キャラバンの休憩地ともなり、ムーア人は複雑な下水排水システムを整備した。1246 年、Alhamar 王は市を Fernando 三世王に明け渡し、Fernando 三世王はキリスト教徒とスペインのムーア人王国との間の境界を設け、このハエンが戦略的要地となる。その後、キリスト教王国はハエンをグラナダ攻略の後方支援基地として活用した。

尋ねると、さらに行った所を右折すれば、その町に行けるよという。なおも進み、4、5戸の家屋に繋がる小橋があったので、ショートカットするつもりでそこを渡り、当りをつけて荒れ地から中腹の道を目指す。これが意外と急斜面で、しかも茨の枝が多く難儀する。やっとの思いで地道に出て、目指す中腹の道を探した。合流点近くには大きな採石場があり、そこを見遣って、広い地道を戻るように歩くこと約20分。途中、1時間以上前に通ったTorrescampoの町を見下ろしながら、焦りが募った。

　15：00 手持ち地図にあるErmita Santa Maria公園に辿り着く。町を出て直ぐの所を右折すれば、容易にここに着いていたはずだ。家壁に沿った小道への標識を見落としてしまったために、とんでもない遠回りをした。1時間以上のロス。距離にして3キロ以上になろうか。

　15：05 – 10 公園のベンチでひと休み。公園を出ると、直ぐにイエローアローを見遣る。次の町Jamilenaを目指す。

　15：40 Jamilenaの町中でイエローアローを一つ見遣るが、どちらの道を指すのかわからず、偶然家から出てきたご婦人に道を尋ねると、Jamilenaへ行くには、この道を歩けば着く、といってわざわざその車道の入り口（町の出口）まで案内して下さった。イエローアローは見当たらないが、やむを得ず歩くことにする。車道標識にJA-3399 KM2 Martosへ5Kとある。これまで何度も経験したが、地元の人でもカミーノを知らない人は、よく車道を教えてくれる。オリーブ樹園が続く車道を歩く。

　16：35 別の道と合流する三叉路で、ついにイエローアローを発見。ローマ時代の石畳が残る古道の一部を歩き損ねたが、距離のロスは余りないと思った。

　17：05 Martos市内（人口24,063人、標高753m）の教会営アルベルゲにチェックイン。ナンが切り盛りする修道院の一部で、3階一部屋に10B。食事はどうしますかと言われたので、夕食と朝食をお願いする。直ぐにシャワーと洗濯。湯量が少ないのが難。18：20 外出。日差しがあってまだ暖かい。グロッサリーで食材を買って、市庁舎前広場のベンチでコーラを飲んでほっこり。

　19：30 – 20：10 ナンの手料理を夕食として頂く。コーラ付きボリュームあり。20時を過ぎると、陽が落ち急に冷えてきた。暖房施設はなく、初日

から道間違いでパニック状態になり疲れが出て、眠気が襲う。21：00就寝。この宿舎の自由帳を見ると、2014年からノートが始まり、1か月当り数～10数人が泊まっており、2日前に韓国人一人が泊まっている。

4月4日（火）晴　　Morella ～ Aguaviva　　歩行43.6km

5：20起床。キッチンで朝食（果物付きの贅沢な朝食付き）。

7：30宿を発つ。8：00 CV-117 KM0を見遣る。9：40 Xiva村を通過。北西方向にあまり交通量がない車道を歩く。10：00－10道端木陰で一休み（バナナ）。カウベルの音。放牧地が多い。10：15大型モホンを見遣って右折、上りの山道へ入る。このカミーノは何日も誰も歩いた形跡がない。10：45－50野糞。11：35 CV-14 Ortells村の入り口に至る。車道標識 Soritaへ6K。大きな玉砂利を踏みながら、河原道を歩く。その河原も怪しくなり、イエローアローも見当たらないので、叢（くさむら）を踏み込んで車道に戻る。12：20－45道端木陰で一休み（手持ち食糧で昼食）。この時、ボールペンを落としたことに気付く。12：55 CV-14標識に Soritaへ2K、Aguavivaへ26K。

13：30宿泊を心積もりしていた Soritaの町は高い丘の上にある。イエローアローを追っていたら、丘へ登らず、麓を周り、県道アクセスへ出てきた。どこかでもう一つの誘導イエローアローを見落としたらしい。体調は良いので、道路標識に Mas de las Matasへ20Kを見遣って、CV-14を歩くことにした。13：40 CV-14 KM21を見遣る。14：00 CV-14を離れ、左折。そして、"Santuario de la Balma" の看板を見遣る。14：20－30道端木陰で一休み。15：35－40山道から峯道に入った登りの坂途上道端で一休み。15：55峠の頂上を示す石製のモホンを見遣って山道は下りになる。分かれ道に Aguavivaへ6Kの木製標識。県境を越えたのか、イエローアローが薄く（古く）見える。16：25－30道端木陰で一休み。いまだ山中。大鹿の親子が鋭く鳴いて山道を横切る。16：35盆地がよく見える丘に出てきた。集落が2つ見える。17：00－05道端木陰で一休み。

17：25－40 Aguaviva村（人口586人、標高549m）の入り口にあるバルでコーラ。Castellonの観光案内所提供の資料によれば、当地の廃寺院内にユースホステルがあるというが、地元の人は閉鎖されたという。また、ここには

アルベルゲも警察もないらしい。

　17：50 村中にあるオスタル"Altabella"にチェックイン。老夫婦経営で階下にバルを持つ。施設は古い。TV は Phlips。まずはシャワーと洗濯。

　19：05 外出。食材購入。明朝のカミーノ確認。Aguaviva 村のはずれの車道標識に、Mas de las Matas へ 3.8K、Morella からは 48K と、今日山越えで歩いたカミーノより少し長いようだ。この村は廃屋が多い地区と新興地区に分かれている。オスタルに戻って階下のバルで夕食（スープ、ポーク、ビール、12 ユーロ）。20：20 部屋に戻る。

　21：30 就寝。今日は 2 日分の行程を大歩きして、何をする気も起らず。

4月11日（火）曇後快晴　　Cicera 〜 Potes　　歩行 23.6km ＋ 1km

　6：10 起床。食材で朝食。資料検討。何となく雨の気配に雨装備。

　7：40 単独、宿を発ち、レッドアローに沿って村を出ようとするが、昨日確認した方向とは違う。手持ち資料を見ると、2つのオプションがあり、2015年まで認められていた経路を取ろうとしていたようだ。単独では不安を感じ、一旦アルベルゲへ戻る。約1キロのロス。7：55 丁度、ペドロとイシドロが出発するところで、今日も山登りだというので、合流することにした。結果、これが正解だった。村を出ると直ぐ急峻な山道に入る。谷間は深く、向こうの山は聳え立つ岩山連峰。8：45 − 50 岩が露出する径上で3人一緒に一休み。霧が濃く遠望できない。ペドロは2人目を歩けと言ってくれた。

　9：10 − 15 山越えの峠らしい広場（標高 800〜850m）で一休み。霧がさらに濃くなり、先がよく見えない。この辺りにウルフが生息しているから離れるな、とペドロ。半信半疑だが、San Vicente のアルベルゲでのオリエンテーションが現実味を帯びてきた。休んだ所が峠かと思ったら、さらに15分ほど峠道は上り坂であった。10：00 山道を右折して急坂を下る途上に木製の標識、Lebena へ 2K、Potes へ 15K とある。10：20 − 30 さらに急坂を下り、岩に腰掛け、Lebena 村を見下ろして一休み。

　10：50 − 11：15 Lebena 村の水場近くのベンチに腰掛け、3人共一休み。そのうちに、昨夜同宿した若いスペイン人カップルも加わってきた。彼らは4キロほど先の Cabanas 村のアルベルゲに泊まるようでスローペースになり

そうな気配。当方とは目的地が違うので、ここから独り先行する。

11：20 車道に入る。傍のカミーノ標識に Cabanes へ 4.2K、Potes へ 12.5K とある。すぐ目の前の N-621 を歩けば Potes まで 8K とあるので、国道を歩きたい衝動にかられたが、ここはカミーノを歩くことにする。11：35 車道を離れ、左折して別の車道を上る。Cabanes 村まで比高約 400m。まもなくして山道へ入る。12：05－10 山道（地道）の上り坂途上で一休み。12：30 下りに入る。

12：45－14：00 Cabanes 村の私営アルベルゲで昼食（パスタと生ハム、ビール、7ユーロ）。若い主人によれば、このアルベルゲには今晩も 10 人ほどの予約が入っており、受け入れ準備に忙しそうであった。ここの泊り客のほとんどは Santo Toribio 寺院を目指すという。1 週間ほど前にサンティアゴを目指しているスペイン人が一人いたようだ。この辺りに危険な野生動物は知らない。むしろ、放牧地内の犬が危ないという。昼食を済ませた頃、ペドロとイシドロがやってきた。ここで 2 人と別れる。

14：20 標識を見て困惑。イエローアローと横の石製モホンの矢印の方向が全く逆だ。まずモホンに従って歩くと、車道に沿って村を出るが、その先はかなり大回りのようだ。戻ってイエローアローに沿って狭い道を下るが、その先は通行禁止の木が置いてあったり、人家の門だったり、畑に入るので、バックアンドフォースで時間を費やす。丁度外へ出てきたご婦人に尋ねると、径を下ればよいというので、再度注意深く歩くと、直進する下りの叢の道があった。1 キロ以上のロス。

14：40 車道に入る。辺りは芝生の公園で、何組かのマイカー族が寛いでいる。どちらを向いても、壮大な聳え立つ岩山連峰だ。一部残雪を被っている。15：25－30 道端木陰で一休み。15：45 地道に入る。

17：00－10 Potes [40] の町（人口 1,481 人、標高 291m）に入り、観光案内所で

---

[40] Potes の町の歴史は 9 世紀の古文書に現れる。1983 年にアストリア歴史地区に指定された。観光案内所は 14 世紀からある古い San Vicente Martir 教会（廃寺院）の建物内にある。巡礼者（特に Santo Toribio de Liebana 寺院参拝者）のための情報も提供している。15 世紀に建てられた塔は砦の一部であり、屋上は展望台になっている。Deva 川に注ぐ Quiviesa 川が町中のせせらぎを醸し出し、周辺には多くのバルやレストランがある。また、カンタブリア山系 2500～2600m 級の山々がある国立公園 Picos de Europa を控える町でもあり、小さな観光都市を成している。

アルベルゲの手続きと鍵をもらう。17：20町の中央にある広場の地下に位置するアルベルゲに入る。9室あり、1室に8~10B。既に何人か入室しているが、誰も入っていない1室をゲット。大きな新しい施設で、キッチン、食堂、全館暖房も備わっている。シャワー後外出。明朝のカミーノ経路確認と食材購入。外気温18℃。近くのバルで、久しぶりにシドレ（リンゴ酒）を味わった。20：00部屋へ戻る。20：20－22：40仮眠。22：40－01：30食材で夜食を取って、資料検討。01：30就寝。

4月22日（土）快晴後晴　　Fisterra 〜 Muxia　　歩行 31.0km ＋ 2km

6：30起床。食材で朝食。客は5〜6人で、同宿した巡礼者はスペイン人男性一人のようだった。

7：35宿を発つ。7：50－55町を出て海浜に出る手前に、サンティアゴ方面とムシア方面との分岐点に十字塔がある。そこで今朝同じ宿で見たスペイン人男性とばったり遭ったが、彼はサンティアゴまで歩くという。間もなくして、速足のスペイン人男性巡礼者が追い抜いて行った。結構山の起伏があるよ、という。8：50－55山道途上で野糞。坂の上り下りが多い上に蒸し暑いので汗が噴き出る。モホンは2種類あり、お互い違う方向を示す。Fisterra方面（F）とMuxia方面（M）となっているが、時々紛らわしい場所に一つしかない場合があり、分岐の際には神経を使う。

9：25－30小村のはずれの巡礼者用休憩所で一休み。松林の間から波打つ音。海浜を見下ろして歩く。この地位はガリシア独特のオレオ（独立した農産物貯蔵庫）が各人家にある。小村が次々と点在する。途中で地道の三叉路。これまで見慣れてきた路上の玉石にレッドアローがあり、一方の道には何もないことを確認して、マークに沿って左を取る。後でこれが間違い道だと分かる。30人ほどのウォーキングを楽しむ観光客グループとすれ違う。モホンやイエローアローが見当たらなくなったので、間違いだと気づいたが、戻るには遅すぎる。さらに山へ入る別れ道もあったが、海岸が近くなってきたので、そのまま進む。次第に大きなビーチに出てくる。

11：00－10 Lires海岸の高見にあるバルでカフェ。その後、大きなクリークに沿うように車道を歩く。意外と大回りだと気が付く。11：30 Lires村で

カミーノに合流。2キロ以上ロスした。その後イエローアローが続き、巡礼者と次々にすれ違う。どうやら、ムシアからフィステーラへ向けて歩くのが主流の順路のようだ。13：25－35 ユーカリ林の木陰で一休み（手持ち食材で昼食）。休んでいる時に男性巡礼者が一人追い抜いて行った。今日2人目。14：10 車道に入る。Muxiaへ2Kの車道標識。イエローアローを無視して車道を歩く。

14：50 ムシアの町に入り、私営アルベルゲ"3ELA Muxia"にチェックイン。最近オープンしたモダンな建物で、1室20Bある下段ベッドはほとんど埋まっていたが、かろうじて残りの一つをゲット。

15：20－16：10 直ぐに外出して、オスピタレロが薦めてくれた港に面したレストランで昼食（アラカルト：海鮮スープ、サラダ、生ビール、12.1ユーロ）。カニ、エビ、ムール貝入りの海鮮スープは本当に美味しかった。食後、灯台やErmita Santurio de Nuestra Santa de Barcaがあり、大西洋の波が押し寄せる大きな岩だらけ岬の突端へ出かける。海を見下ろす高台には、巨大石のモニュメントとその傍にMuxiaの巡礼起点を示すモホンがある。KM31.329 a Fisterraと刻んである。ここをもって、今回の巡礼路歩きは終わる。

17：15 部屋へ戻り、シャワーと洗濯。18：00－50 港の公園で、ピーナッツをツマミにして缶ビールを飲むほっこりタイム。家族連れが暖かい陽射しを楽しんでいる。今日は土曜日で休日だ。18：55 部屋に戻るが、何もやる気が起こらず放心状態。洗濯物を気にしながら、館内をウロウロ。

20：30 就寝。

（巡礼の風景：写真抜粋 17）

砦があるMorella町遠景　　大型金属製モホン　　Santo Toribio修道院

標高1800mの峠の標識

Gradefes村の
セマナサンタ行列

ガリシア地方の風物詩
オレオ（農産物貯蔵庫）

V

道中記余聞：7年間を振り返って

1. 歩く・喰う・寝る：歩き編

　聖地サンティアゴを目指して歩く巡礼は、「歩く・喰う・寝る」の単調な毎日の繰り返しだが、歩く地域、季節、天候、ルートなどによって巡礼の準備や心構えが変わり、1日の内容も日々変化する。

　田園、山間地、市街地などを歩く時、巡礼路は様々な風景を見せる。特に田園や山間地では、山の稜線、谷間を流れる河川、車道や鉄道、点在する集落、一面に広がる樹園・耕地・放牧地。起伏の激しい丘陵や山地ともなれば、岩山やガリ状の急峻な坂（雨天には川にもなる）があり、踏み分けのない叢路がある。峰には発電用風車が唸り、低平部には太陽光パネラーが並ぶ。一方、雨天ともなれば、谷筋の道が濁流となり、泥んこの道となり、あるいは橋のない小さな濁流となり、歩くのに難儀する。時には、山中で雷、霰（あられ）や吹雪、横殴りの雨に襲われると避けようもない。それら空間では、四季折々に野草・野花、バラ科の果樹やオリーブの木の花が咲き誇りあるいは実を着け、野鳥がさえずり、鹿やウサギ、リスなどが道を横切り、河川林やユーカリ林が騒ぎ、放牧地では家畜が寛ぎ、集落や一軒家の農家の前では鶏が鳴き、犬が吠える。トラクターが行き交い、スプリンクラーが作動し、農作業や樹園で剪定のためのエンジン音が響く。青い空、緑の木々と野原、茶色の耕地や地道のコントラストが何とも言えず美しい。

　スペインの国土は日本より1.34倍大きく、地形は変化に富む。国境を成すピレネー山脈を越えると、イベリカ・クエンカ山地、カンタブリア山脈、中央山系、シェラ・モレナ山脈、シェラ・ネバダ山脈が横たわり、概ね中央部にはメセタと呼ばれる古い岩盤が造る準平原（標高700〜800m、国土の約半

分）が広がる。その間を地中海にそそぐエブロ川、大西洋に注ぐグアダルキビール川、タホ川、ドーロ川が走り、盆地を形成する。また、スペインの気候は、北部のカンタブリア海沿岸は海洋性気候、マドリッドを中心とする中央部は大陸性気候、東部や南部は地中海性気候に区分される。そのため、北部の沿岸地域は、多雨で、夏は比較的涼しく、中央部は昼夜の気温差が大きいうえに、夏は暑く、冬は寒い。東部や南部などの地中海沿岸地は年間を通じて乾燥温暖で、夏は暑い。

　スペインの歴史・文化とスペイン人のルーツは多様で興味深い。イベリア半島には有史以前から人類が住んでいた。アルタミラ洞窟に住んでいたクロマニヨン人、ピレネーを越えて入ってきた現在のガリシア人のルーツといわれるケルト系の人達と先住イベリア人だ。そして、歴史に現れるギリシア人、フェニキア人などが地中海から流入し、原初的な都市空間を形成し始めた。紀元前3世紀にはローマ人がイベリア半島でフェニキア系のカルタゴ人から覇権を奪い、本格的な都市・道路建設を各所で始めた。キリスト教の信仰とローマ帝国支配の終焉、ゲルマン民族系の西ゴート王国の成立、イスラム勢力の支配、キリスト教徒によるレコンキスタ（11–13世紀）を経た頃には中世と呼ばれる。その後に起きたルネサンス文化がキリスト教に大きな影響を与える一方、スペインは中小王国の分離統合に揺れる。そのような歴史的背景から、現在でも、17地方（Comunidad、一般には州と訳されるが、本文では、特に断らない限り、地方と訳す）の分権意識は高く、スペインの多様な文化の基層を成している。わけても、バスク地方、カタルーニャ地方、ガリシア地方は自分達の言語・文字を持つ。

　巡礼路を道間違いなく歩くには、用意周到な準備、要領のよいガイドブックや地図、的確なカミーノ標識（主にコンチャやサインが付いたモホン－石標、木製、金属製－や、建物の壁、自然石、電柱、道路構築物、立木などにマークされているイエローアローなど）を目視して歩くことが肝要だ。もちろん前日には、翌日歩く区間を頭上演習もする。カミーノ標識は、巡礼路や地域によって整備の程度に大きな差があり、カミーノ以外の標識も多々あり、混乱するが、この数年改善が進んでいる。フランス人の道や銀の道を歩いた2010–11年の頃は、巡礼者の多くはガイドブックを持って歩いていたので、自分

のようにスマートフォンなしで伝統的な方法で巡礼路を歩くことに違和感はなかった。その頃既にスマートフォンが普及していたが、休んでいる時とか夜ベッドで操作する者がほとんどであった。ところが 2013 年春には、一緒に歩いていたドイツ人が、道に迷うたびにスマートフォン・ナビで確認していて驚いた。それが、15 年頃には、ほとんどの巡礼者がスマートフォンを持ち、よく操作して歩くようになった。気が付くと、日本やスペインに限らず、東南アジアを含めたすべての都市部では、どこでもスマートフォンを見ている風景になっていた。自分はデジカメを常に持ち歩くが、デジカメを持つ巡礼者は年々少なくなっている。スマートフォンが十分な容量を持つカメラ機能を備えているからだ。自分は、このようにスマートフォンを持たず、しかも独りで歩くことが多いので、道迷い・道間違いが多い。時には 1 日 6, 7 キロに及ぶこともある。特に、考え事をしながら歩いている時や雨風が強くて見通しが悪い時はそうである。視野が狭く視力が弱いのも標識を見落とす一因である。2, 3 人でも、話に夢中になっていて見落とすことがままある。

　巡礼者は国際色豊かで、道中で色々な人に出会う。スペイン人巡礼者の一部を除き、ほとんどの巡礼者とは英語で通じる。自分の発音が悪く聞き取れないこともあるらしいが、大体聞き分けてくれる。英語は職業上身に着けた財産の一つだ。歩きながらわずか数分の会話を交わしたり、何時間も話しながら一緒に歩いたり、宿を含めて何日も付き合うこともある。会話はなくても、見覚えがあると微笑みを交わす。同じペースでなかったり、気分を変えたりするので、必ずしも一緒に歩くわけではない。顔見知りになると、大抵は食事やバルでの団欒に加わる。鼾の話まで及ぶ。何か同志のような仲間意識が芽生える。このような場面は、人気のある巡礼路やハイシーズンに多い。自分は、4 年目くらいから専らマイナーな巡礼路を歩き出したので、そのような機会はぐんと減った。孤独もまた良しである。

　同様に、道中各地で対話するスペイン人は、旅行者に接する人が主だが、時には先方から「ブエン・カミーノ！」「日本人か」と声をかけてくれる。道が違うよとか、道を尋ねると親切に対応してくれる人が多い。2011 年 3 月の東北大震災・福島原発事故まではコリアンか、チノ（中国人）か、とよく尋ねられた。地方都市では今でも無教養な移住者がチノかと言ってくる。

なお、道中で日本人巡礼者と出会うことはあまりないが、この3,4年、熟年女性を中心に増えてきたようだ。観光地ではツアー中の日本人を見かけることがあるが、これまた中高年が多い。これからのグローバル時代を見据え、内向き傾向にある日本人の若い世代に是非サンティアゴ巡礼体験を勧めたい。

巡礼路を独り黙々歩いていると、天候、景色、状況等にもよるが、考え事をしたり、独り言を言ったり、俳句（巡礼川柳の類）や詩が浮かんだり、特に天気が良い日には、若いころ唄った軍歌や校歌、季節に因む童謡などを想い出すままに口ずさむことがあった。時には大きな声で唄うこともある。初めて歩いたフランス人の道では気持ちが高揚していたのであろう。例えば、

（出だしはある詩人からの拝借）
「春だ、春だ、春が来た　スペインの巡礼路にも春が来た　道端一杯に野花色づき　棘(とげ)つけた黄色い花も咲き誇る　少し見遣れば一面に　菜の花畑やぶどう畑　丘を見遣れば送電線　その向こうには発電風車　さらにその向こうは雪山連峰　桜のように木々も満開　鳥はさえずりブエン・カミーノ　石ころ道に湧水あふれ　青い空には飛行機雲が2つ3つ　そして私は西へ西へと突き進む」

道中前半は唄っていたのに、後半は口ずさむ歌は即興の替え歌になっていた。例えば、石田あゆみの「ブルーライト・ヨコハマ」調で、
「道の標(しるべ)がとても気になる♪サンチャゴ、ブエン・カミーノ・サンチャゴ♪独りで歩く幸せよ♪いつものように、つぶやく言葉で♪サンチャゴ、ブエン・カミーノ・サンチャゴ♪確かに見定め、こちらかな♪歩いても、歩いても、似たような景色♪私はぶれて、ぶれて森の迷い道♪足跡だけをつけてくるのよ♪サンチャゴ、ブエン・カミーノ・サンチャゴ♪険(けわ)しいカミーノもういやよ♪歩いても、歩いても、似たような景色♪私は疲れ疲れて、夢の中♪」

もう一つ、広い田園のカミーノを歩いていると加山雄三の「♪風に震える緑の草原♪」の出だしで始まる「旅人よ」は、フィーリングが良く合った。

V　道中記余聞：7年間を振り返って

山中で怪しげな山道に出会うと、つい次のように口ずさむ。
「一つ山越しゃ　ホンダラダッタホイホイ――」
「グルグルグルグル、グルコサミン、世田谷育ちの――」
「困っちゃうなー、道に迷わされて（デートに誘われて）、――」
「どんぐりころころどんぐりこ、道に迷って（お池にはまって）さあ大変、――」
「松風騒ぐ丘の上――」

また、道中のメモに残した俳句を幾つか拾ってみると、
「雪山に　ブエンカミーノと　声をかけ」
「朝ぼらけ　月を見ながら　巡礼路」
「栗拾い　幼き頃を　想いつつ」
「栗喰らい　落ち葉踏み込む　巡礼路」
「岩峯や　湖水に抱く　山桜」
「山風に　散りて道染む　山桜」
「枯葉舞う　ゴソの丘から　サンティアゴへ」
「向かい風　振り向きざまに　犬しょんべん」（巡礼川柳）
「朝日浴び　オリーブ畑で　野糞かな」（同）
「ピレネーや　村はあっても　バルはなし」（同）

2. 歩く・喰う・寝る：食事と宿編

　巡礼路の道中常に頭にあるのは、食べることと寝ることである。
　都市部では問題ないが、過疎な地方を歩く時は、バルやレストランがどの集落にあるかが問題となる。フランス人の道のように巡礼者が多い道では、5キロも歩けば小さな村のバルに辿り着ける。しかし、4年目以降歩き始めたマイナーな巡礼路では人里離れた山間地を歩くことが多くなり、宿と食事・食材に常に留意する。バルやグロッサリーさえない集落も多い。暑い時期、辺鄙な山中を歩く際には水の心配さえ必要である。バルは飲み物や食事

149

の提供だけではなく、トイレに加えて、アルベルゲなどの宿舎情報やカミーノ情報を提供してくれるオアシスのような存在である。

歩くエネルギーに必要な毎日の朝食は欠かせない。早朝出発の為に前日買った食材で済ますか、朝早くオープンするバルで済ませることが多い。スペインの地方では、シエスタの伝統がいまだに残っており、昼食の時間が13時半を過ぎる所が多く、その後午睡する習慣がある。地方の村役場などでは、15時にはドアを閉める所が多い。バルやレストランで取る昼食は、日替わり定食（Menu del dia=Mdd）を注文することが多いが、概してボリュームがあり、そのために、遅めに夕食兼用で取ることが多かった。市街地の場合は、バルでビールにタパスまたはピンチョスを取って昼食代わりにすることもある。その後の夕食は夜食に近く、主に購入した食材で済ませた。

巡礼者は基本的にはアルベルゲ（公営、私営、教会営がある、フランスではジット）に泊まる。ベッド、ホットシャワー、トイレがあり、所によってはキッチンや談話室が設けられている。また、バルを併設している所もある。時間になるとオスピタレロ（管理人）が立ち会うが、所によっては、警察、役所、観光案内所、バル、グロッサリーなどが鍵を管理している。アルベルゲがない所では、ホテル、オスタル、ペンション、カサ・ルーラル（登録民宿）、ユースホステル（YH）などの民間施設を利用する。これには経費が嵩むことがあるので、時には警察や役所に頼んで、総合体育館や集会所等の公共施設を使わせてもらう。ただし、ホットシャワーの保証はない。フランス人の道のようにハイシーズンになると巡礼者で満室になるので、朝早く宿を出て次の宿を目指すインセンティブが働く。なぜなら、地方自治体が運営する公共アルベルゲは、「ファーストカム・ファーストサービス」が原則だからである。

どんなに歩き疲れていても、夜、夢を見ることが多い。ほとんどは記憶に残らないが、時には、生々しい夢を見ることがあり、どうしてこんな夢を見たのだろうと考え込むことがある。

V　道中記余聞：7年間を振り返って

3. サンティアゴに着いて

　サンティアゴ・デ・コンポステーラに着くと、カテドラルを目指し、巡礼者の門を潜ってオブラドイロ広場に入る。そこで、カテドラルの正面を見上げてついにゴールしたという感激がある。その後はまず、巡礼者事務所でクレデンシャルを提示してコンポステーラ（巡礼証明書）を発行してもらう。シーズンと時間帯によっては 100 人以上の待ちラインとなり、1 時間以上待つことがある。巡礼者は皆嬉々として順番を待つ。国際色豊かで、道中で遭った顔馴染みがいることもある。

　次に宿探し。サンティアゴで泊まらず、そのまま次の巡礼地あるいはマドリッドを目指すこともあったが、通常は、サンティアゴで 1～3 泊する。最初に泊まったのは、郊外にある Seminario Menor（元は由緒ある修道院、収容能力 200 人）だったが、その後 3 度は市内のオスタルを利用した。そして、ドイツ人巡礼者が教えてくれたカテドラルに隣接する Hospederia San Martin Pinario に最初に泊まったのは第 7 次巡礼の 2013 年 4 月であった。この施設は、隣接するパラドール（国営ホテル）と同じく、16 世紀初めに建てられた巡礼者のための石造りの施療院を、20 世紀に入ってホテル/オスタルとして利用するようになった。巡礼者用の部屋は、シングルベッドとライティングデスクだけのシンプルなシャワー付きの小部屋だが、リンネンは清潔であり、何よりも夜間は静かだ。それまでのアルベルゲに比べてプライバシーが保たれ、自由に時間を過ごすことができる。階下には、昼と夜にリーズナブルな値段で日替わり定食を提供する大きなドーム状の大食堂とビッグチョイスの朝食を提供する中食堂がある。そこで宿特製ブランドのワインと共に頂く食事は、巡礼のフィナーレ（打ち上げ）に最高の雰囲気を添えてくれる。こじんまりしたフロントの前には、これまたシックな調度のメイソンルーム（ロビー）がある。そこの脇のカウンターでビールかカフェを注文して、新聞ゲーム欄の数独パズルをして時間を過ごす楽しみがある。退屈すれば、フロント傍のパソコン端末でインターネットができる。泊まり客のほとんどは、自分のような外国人巡礼者だ。第 7 次以降毎次当館に定宿として泊まり、独り行動しているので、ついにはスタッフと顔馴染みになり、会釈か「ケ・タ

ル？」と挨拶をしてくれる。ここを定宿にするようになって以降は、まずこの宿をチェック（あるいはチェックイン手続き）した後に巡礼者事務所へ行くようになった。

　宿が決まると、次はカテドラルの大ミサに出席する。当初は、毎日正午から巡礼者向けのミサが始まると思っていたが、そのうちに、1日に何度もミサが行われ、夜7時からも巡礼者向けと知った。1日に1,000人以上の巡礼者が到着するハイシーズンには10時からもあるようだ。満席ともなれば、祭壇に向く三方に2,000人以上が参席する。最初に巡礼した2010年は聖年に当たり、4月だというのに、構内が溢れんばかりの人だった。讃美歌が構内に響き、数名の司祭が壇上で次々と説教と祝福を述べる。このミサで巡礼者が特別に感激することが2度ある。一つは、司祭が各巡礼路の主な始発地名別に巡礼者の出身国を読み上げて祝福する。ハポンと聞こえたのは、2012年春の第5次を終えた時が初めてで、その後17次までさらに1度聞こえたくらいである。も一つは、ミサの終盤に執り行われる、壇上に吊り下げられたボタフメイロ（大香炉）を構内一杯に大スィングして巡礼者を清める儀式だ。深紅のマントをまとった7,8人の僧がこれを操作する。同時に、パイプオルガンの演奏が構内に響く。そして最後に、聖杯の祝福があり、参列者は司祭の前に出て、ホスチアを授かる。自分も3度ほど経験したが、いつしか、この儀式で洗礼を受けていない人は遠慮するようにとアナウンスがあった。

　ミサ後あるいはミサの前に、自分にとってもう一つの儀式がある。それは、祭壇中央の上部に鎮座する金色の聖ヤコブ像に後方の階段から近づき、後ろから抱擁して無事の巡礼を報告することと、祭壇の地下にある聖ヤコブが眠っているとされる銀製棺の前で巡礼報告とご加護を祈ることである。

　その後は、そのまま次の巡礼路へ移動するか、見知らぬ地方への観光旅行に出かけるか、あるいはマドリッドへ出る交通手段の段取りをする。初めの頃は、近くの観光案内所で情報を得て、鉄道駅やバスターミナルまで出かけて切符の手配をした。後半では空路を使うことが多くなったので、近くの端末で予約便のオンラインチェックインをした。このように次のスケジュールができた後は、部屋に戻ってシャワーと大洗濯。そして、解放感に満ちた至

福の時間が訪れる。階下の大食堂で遅い昼食をとるか、カテドラルに隣接するパラドールの振舞食に与るか、あるいはカテドラル界隈のバルでカフェか生ビール一杯。午睡することもある。振舞食は、パラドールの台所近くに位置する巡礼者用食事室で、1日三食（9：00，12：00、19：00）、毎食先着10名の巡礼者に振舞われるもの。自分は、2011年春に銀の道を歩いた後、オランダ人に誘われて初めて食した。そして第4次以降時間が許せば、この振舞食を頂いてきた。時には10人内に間に合わないことがあるが、いつの間にか常連になっていた。当初は、コンポステーラとパスポートの提示が必要であったが、次第に緩み、後年は単純に先着順10名となった。だが、この伝統的な振舞食は、2017年1月から昼食のみとなり、巡礼者事務所でキューポンを得た先着10名の巡礼者だけのものとなった。

2015年にカテドラルに隣接して近代的な「巡礼・サンティアゴ博物館」が移設オープンした。ここを見学することや、散策しながら広いサンティアゴ市内の公園や教会群を見学するのも楽しみの一つだ。カテドラルの周りの横丁には、土産物店やカフェ、バル、レストランが並び、観光客気分になれる。巡礼者の門ではいつもミュージシャンのパフォーマンスがある。珍しい楽器の演奏やカンツォーネの響きが、オブラドイロ広場一杯に広がる。何するでもなく、昼下がりに、カテドラル（2012年頃から改修中）正面とこの広場で展開する巡礼者の群れをぼんやり眺めて時を過ごすことがある。

サンティアゴ滞在中に時間が許す限り、部屋の小さな机に向かい、道中で書き留めたメモ（手帳）を道中記としてノートにまとめる。これも巡礼を振り返る楽しい作業の一つである。

4. 巡礼後のバックパック観光

当初は慎重な旅程計画を立てて臨んだために、巡礼が予定より早く終わり、その後にバックパック観光をする余裕ができた。特に第1次では10日間、第2次では8日間、第10次では4日間の余裕ができたので、主にスペイン国内を中心に、鉄道とバスを利用して名だたる観光地を回った。一方、当初からの計画ではあったが、第6次ではイタリア（リビエラ海岸）とフランス

南部を、第8次ではイングランド北部まで足を延ばした。また第10次では、マドリッドから始発地のフランス・ボルドーに移動する途中でピレネー山脈の小国「アンドーラ王国」に1泊立ち寄った。

　スペイン出入国の起点であるマドリッドでも、美術館、博物館、サッカースタディアム、公園、名だたる観光名所などを時間が許す限り巡った。

　その結果、スペイン、フランス、イタリア、ポルトガルの鉄道やバスが如何に安く便利に乗客に利用されているかを実感した。スペイン国鉄（renfe）のAVEはフランスのTGVに匹敵する高速列車である。他にも、ALVIA、TALGO、ARCO、AVANT、MD、TRENHOTELE（寝台列車）、STRELLA（夜行列車）、REGIONALES、CERCANIAS（近郊電車）などがあり、どの種類にも乗っている。しかし、移動の多くはバスに頼った。移動手段としては空路もあり、スペイン国内外の都市間移動にはアイルランドをベースとするヨーロッパLCC第1位のRyanairをよく利用した。

　観光地のホテルはどこも年金生活者の懐には堪えるが、それでも一度だけクエンカのパラドールに泊まったことがある。古城などを改修したパラドールは、全国の景勝地に100か所近くある。たまには道中で、パラドールのバルやレストランでリッチな気分でカフェや食事をすることがあった。

5. 病気・怪我・遺失物など

　年金生活者となって2017年3月で8年が過ぎ、そのうち7年間はサンティアゴ巡礼でスペイン、フランス、ポルトガルを歩いた。累計534日間（延べ約17か月半）をその巡礼のための旅行に費やした。この期間に大きな病気や怪我もなく、また重大な事故にも遭わなかったのは幸運だった。

　ヨーロッパの水は一般に硬水で、スペインも例外ではない。水道システムはどのような小さな集落でも整備されており、水道水を飲むことができる。日本人は軟水に慣らされ、ヨーロッパを旅行すると水に神経質になり、ボトル水を求める。自分の場合、他の理由で下痢をしたり、吐いたことは稀にあるが、水でお腹を壊したことはほとんどない。道中に持ち歩くボトルの水は、初めは購入するが、道中では水道水を詰めて飲むことが多かった。

V 道中記余聞：7年間を振り返って

　病気といえば、暑い夏に炎天下での歩き過ぎや夜間における水不足と過労からくる熱中症の一歩手前の症状に見舞われたくらいである。指先が固まる、こむら返りを起こす、親知らずが疼く等に悩まされたこともある。それでも、歩き過ぎをセーブするために翌日に距離を短縮することはあっても、1日たりとも休んだことはない。ただし、第1次で雨中の無理とパニックが重なり、急性高血圧で目を充血させ、病院で検査してもらって、半日歩かなかったことが一度ある。目の充血はその後も3、4度経験している。その場合は、手持ちの目薬を使って数日後に治癒した。病気というほどではないが、蕁麻疹のようなあるいは汗疹のような発疹を身体のあちこちに出したことはよくあった。痒くて夜中に無意識に掻いて長引かせたこともある。それでも毎日、石鹸を使い、シャワーをする。ブッシュなどの刺による傷や蚤に噛まれ往生したことは何度かあった。
　病気よりも、足裏や足指にできる水泡やマメなどの湿疹にはよく悩まされた。日本国内である程度鍛えているので自信はあるが、それでも、新調した靴との不具合、汗、雨や流水に浸かり足元が濡れたり、急斜面を何度も上り下りすると、そのような症状が出ることがある。これには、丁寧に足の手当てをし、靴下をマメに洗濯する他はない。ザックが喰い込む両肩に湿疹が出ることもある。むしろ、手当てが難しいのは、足首、膝、腰にくる痛みである。ぎっくり腰かと思う時もあった。転倒したり、重いザックを背に駆けたり、コンクリート道を長距離歩いたり、濁流を渡るときの無理な姿勢など原因はいくつか考えられる。それでも、歩く時は何時も自分流のウォーミングアップとクールダウンをしているので、道中、脚にも膝、腰にも全く違和感なしに、歩き通したことの方が多い。
　むしろ問題は老齢化に伴う足腰の弱りである。近頃は石畳の道路や平坦な道の突起物に躓くことが多くなり、その結果転ぶこともある。朝のウォーキングで時々老齢化を感じるが、これは足がしっかり上がっていないからだと思う。
　17次に渡る巡礼歩行を振り返ってみると、巡礼路途上あるいは宿や休んだ所で、携行物を失くすことが時々あった。これまで失くした携行物を列挙すると、万歩計（3個、4次以降持ち歩かない）、腕時計（3個）、帽子（5個以

上）、折り畳み傘（5本以上）、眼鏡、手袋（5組以上）、タオルマフラー（3つ）、下着、地図、等々。早朝に宿（アルベルゲやオスタル等）を出る時ドアは自動ロックなので、外から閉めるともう開かない。旅行中に列車やバス、あるいは待合室に置き忘れた小物も多数ある。加齢と共に「ついうっかり」が多くなってきた。

　2015年頃から中東が不穏になり、イスラム教徒によるテロがヨーロッパや中東、アジアなどで増えてきた。スペイン巡礼中（2010-17年）にこのような不安はあまり感じたことはなかったが、これからの海外旅行は一層ストレスを感じるようになるかもしれない。まだ、日本国内外を歩く気構えはあるが、そろそろ静かに爺さん業に戻ろうかと思う。（了）

付　各次巡礼路の実蹟行程表

第1次　フランス人の道　2010.3.15~4.28　(45 日間)

歩行距離は『聖地サンティアゴ巡礼の旅』(2008) 掲載地図による。
宿泊施設種類：A=アルベルゲ、H=ホテル、Hs=ホステル (オスタル)

日順	月日 (曜日)	天気	行　　程	宿泊施設 (€)	歩行距離 (km)
1	3.15 (月)	○	関空 11:50 – (AY078) –15:10 ヘルシンキ 16:05 (AY078) パリ 18:10 (AY873)	H 66.95	―
2	16 (火)	○	パリ 10:05 – Bayonne 15:06 (鉄道 TGV)	H 38.7	―
3	17 (水)	○	バイヨンヌ 8:10 – (バス) – Saint Jean Pied de Port 9:31 10:10 巡礼者事務所~Arneguy~Frontera~Valcarlos~Ibaneta 峠~Roncesvalles 18:20	Ap (数) 6	24.4 + 2 (26.7) ※
4	18 (木)	☁☂	7:00 Roncesvalles~Viskarret~Zubiri~Larrasoana 15:45	Am (公) 6	27.7 + 2
5	19 (金)	☁☂	6:35 Larrasoana~Villava~Pamplona~Cizur Menor 13:15	Ap (私) 8	21.2
6	20 (土)	☂	6:45 Cizur Menor~Perdon 峠~Uterga~Obanos~Puente la Reina 12:40	Ap 5	19.6
7	21 (日)	○	7:05 Puente la Reina~Lorca~Estella~Ayegui 13:45 (朝食付)	Am 9	23.2 + 2
8	22 (月)	○☂	7:10 Ayegui~Irache~Azqueta~Los Arcos~Torres del Rio 15:00 (朝食付)	Ap 10	26.8
9	23 (火)	☂	6:30 Torres del Rio~Viana~Logrono~Navarette 15:45	Am 5	33.0
10	24 (水)	☁☂	6:55 Navarette~Najera~Azofra 13:30	Am 5	22.8
11	25 (木)	☂	6:50 Azofra~St.Domingo de la Calzada~Granon~Viloria de Rioja 16:35	Ap 5	30.2 + 2
12	26 (金)	○☂	8:10 Viloria de Rioja~Belorado~Villafranca Montes de Oca 14:00	Am 6	20.8
13	27 (土)	○	6:45 V.M.de Oca~St.Juan de Ortega~Atapuerca~Cardenuela 15:20	Am 5	23.1
14	28 (日)	○☂	(本日よりサマータイム導入～1 時間早まる) 7:25 Cardenuela~Burgos 11:55	H 53.5	16.4
15	29 (月)	☁☂	9:30 Burgos~Tardajos~Hornillos del Camino~Hontanas 17:30	Am 5	29.6
16	30 (火)	○☂	7:45 Hontanas~Castrojeriz~Itero de la Vega~Villasirga~Carrion de los Condes 14:35	Ap 6	29.5
17	31 (水)	○☂	7:30 Boadilla del Camino~Fromista~Villasirga~Carrion de los Condes 13:55	Ap 5	26.5
18	4.1 (木)	◎	7:30 Carrion de los Condes~Caldadilla de la Cueza~Terradillos~San Nicolas 15:20	Ap 7	32.6
19	2 (金)	☂	7:50 San Nicolas R. Camino~Sahagun~Bercianos~El Burgo Ranero 14:20	Am 5	25.1

157

20	3 (土)	♣○		7:35 El Burgo Ranero〜Reliegos〜Villarente〜Leon 16:20	Ap	5	37.7
21	4 (日)	○		7:30 Leon〜San Miguel〜Villadangos del Paramo〜Hospital de Orbigo 16:45	Ap	5	34.2
22	5 (月)	○		7:30 Hospital de Orbigo〜Astorga〜Murias de Rech〜Rabanal del Camino 16:55	Ap	5	38.2
23	6 (火)	○ 一時雪		8:10 Rabanal del Camino〜Foncebadon〜Manjarin〜El Acebo〜Ponferrada 17:00	Ap	5	33.7
24	7 (水)	◎		7:50 Ponferrada〜Camponaraya〜Cacabelos〜Villafranca del Bi.〜Trabadelo 16:30	Am	6	33.4
25	8 (木)	◎		7:50 Trabadelo〜Laguna〜O Cebreiro〜Fonfria 16:10	Ap	8	30.6
26	9 (金)	◎		7:10 Fonferio〜Triacastela〜Furela〜Pintin〜Sarria 14:35	Ap	9	27.1+1
27	10 (土)	◎		7:15 Sarria〜Barbadelo〜Morgade〜Portomarin〜Gonzar〜Hospital 16:35	Am	5	35.6
28	11 (日)	◎		7:25 Hospital〜Palas de Rei〜St. Maria de Loboreiro〜Melide 13:55	Ap	5	28.7
29	12 (月)	♣		7:45 Melide〜Aruzua〜Calle〜Santa Irene〜Pedrouzo do Pino (Arca) 16:30	Ap	10	35.1+1
30	13 (火)	◎♣		7:20 Pedrouzo do Pino〜Monte do Gozo〜Santiago 13:15	Ap	10	20.6
31	14 (水)	◎♣		Santiagoの大聖堂のミサに出席(12:00〜13:00), 市内散策	Ap	10	—
32	15 (木)	♣♣		Santiago 7:50 — (バスで移動) →Fisterra 11:45 — 岬まで徒歩往復 6km			6.0
				歩行距離+道間違いロス			793.4+10
				合計			=803.4
				以降観光旅行（バックパック）			
33	16 (金)	♣🚌		Fisterra→Coruna→Pontevedra（バス）	H	28	
34	17 (土)	♣🚌		Pontevedra→Vigo→Porto（ポルトガル）（バス）	H	32.5	
35	18 (日)	♣🚌		Porto→Lisbon（ポルトガル）（バス）	バスT内		
36	19 (月)	○🚌		Lisbon→Salamanca（バス）	H	32.5	
37	20 (火)	○🚌		Salamanca	Am	5	
38	21 (水)	○🚌		Salamanca→Madrid（鉄道；Renfe）	Hs	27	
39	22 (木)	○🚌		Madrid	Hs	27	
40	23 (金)	○🚌		Madrid→Toledo（Renfe）	P	10	
41	24 (土)	◎🚌		Toledo→Madrid→El Escorial（Renfe）	Hs	35	
42	25 (日)	○		El Escorial→Madrid（バス）	Hs	27	
43	26 (月)	○		Madrid 10:10→(AY3682)→Helsinki 15:35	Hs	25	

44	27 (火)	☘	Helsinki 17:20 −(AY077)−		機内	
45	28 (水)		−関空 8:55			

(備考) 天気：◎快晴，○晴，☘曇，☂雨，○☘晴時々曇又は晴一時曇，☘☂曇後雨
　　　毎日の時刻は宿（または交通機関）出発時間と到着時間を示す。
　　　宿泊費を寄付でOKというケースもある。この場合は、5ユーロ寄付。
　　　歩行距離ロスという間違いなどで、観光や入宿後の歩行は含まない。
※　St. Jean Pied de Port～Roncesvalles 間は巡礼者協会事務所資料によれば、26.7km。

第2次　銀の道　2011.2.28−4.15（47日間）

日順	月日 (曜日)	天候	行　　　　程	宿泊施設 (€)	歩行距離 (km)
1	2.28 (月)	☘	関空 11:00 −(TG623)−バンコク−(夜行便 TG948)	機内	
2	3.1 (火)	○	マドリッド着 7:45、マドリッド 10:00 −(Renfe)−コルドバ 11:42	Hs 23	
3	2 (水)	◎	コルドバ 10:20 −(Renfe)−セビーリャ 11:05	Hs 19	
4	3 (木)	◎	8:20 Seville~Santiponce~Italica~Guillena 14:15	Am 5	22.4
5	4 (金)	☘☂	7:40 Guillena~Castiblanco de los Arroyos 12:10	Am 5	19.2
6	5 (土)	☘☂	7:05 Castiblanco de los Arroyos ~Almaden de la Plata 14:30	Am 5	29.4
7	6 (日)	○☘	6:15 Almaden de la Plata~El Real de Jara~Monesterio 16:00	H 25	37.3+3.5
8	7 (月)	◎○	8:05 Monesterio~Calzadilla de los Barros 15:05	Am 6	28.3+2
9	8 (火)	☘	7:20 Calzadilla de los Barros~Puebla de Sancho~Zafra~Los Santos de Maimona 18:00	Am 3	24.3+2
10	9 (水)	☘☂	7:20 Los Santos de Maimona~Villafranca de los Barros~Torremegia 18:10	A(教)12	43.1+1.5
11	10 (木)	☘☂	8:00 Torremegia~Merida 12:10	Hs 25	16.1+6
12	11 (金)	☘☂	7:30 Merida~Aljusen~Casas de Don Antonio~Aldea del Cano 20:55	Am 5	54.8+1
13	12 (土)	☂☘	8:20 Aldea del Cano~Valdesalor~Caceres 15:00	P 15	22.5+2.5

歩行距離は Mundicamino 等資料による（以降同じ）

159

14	13 (日)	↑	7:40 Caceres~Casar de Caceres~Embalse de Alcantara 15:40	Am 15	34.7+2
15	14 (月)	↑	9:00 Embalse de Alcantara~Canaveral~Grimaldo 15:15	Am 3	22.1
16	15 (火)	○♣	8:25 Grimaldo~Galisteo 20:00	H 20	19.5+16
17	16 (水)	●○	8:55 Galisteo~Carcaboso~高速道インター沿道 Hostal Astrius 19:05	Hs 18	39.0+2
18	17 (木)	●♣	8:00 Hostal Astrius~Aldeanueva del Camino~Banos de Montemayor~Calzada de Bejar 17:45	Ap 13	35.7+1
19	18 (金)	◎	8:45 Calzada de Bejar~Fuenterroble de Salvatierra 13:40	A(教) 10	20.3+1
20	19 (土)	◎	7:20 Fuenterroble de Salvatierra~Morille 15:30	Am 6	32.9
21	20 (日)	◎	7:20 Morille~Salamanca 12:05	A(教) 5	19.5+2
22	21 (月)	◎	7:20 Salamanca~Calzada de Vanduneciel~El Cubo de la Tierra del Vino 15:55	Am 5	35.3
23	22 (火)	○♣	7:45 El Cubo de (la Tierra) del Vino~Villanueva de Campean~Zamora 14:50	A(教) 5	31.6+2
24	23 (水)		7:15 Zamora~Montamarta~Riego del Camino 16:00	Am 5	33.2+3
25	24 (木)	♣?	7:15 Riego del Camino~Granja de Moreruela~Tabara 16:20	Hs 18	32.5+2
26	25 (金)	♣↑	8:00 Tabara~Villanueva de las Peras~Pumarajo de Tera~Calzadilla de Tera 16:40	Am 5	34.0+6
27	26 (土)	↑	7:40 Calzadilla de Tera~Rionegro del Puente~San Salvador de Palazuelo 15:50	Am 5	28.5+3
28	27 (日)	↑♣	7:55 San Salvador de Palazuelo~Puebla de Sanabria 12:50	Ap 10	22.5+2
29	28 (月)	↑	7:20 Puebla de Sanabria~Requejo~Padomelo~Lubian 14:45 (サマータイム導入)	P 30	31.2+2
30	29 (火)	↑	8:30 Lubian~A Gudina 16:30	Am 5	23.5+1
31	30 (水)		8:00 A Gudina~Campobecerros~Laza 16:30	Am 5	34.4+1.5
32	31 (木)	♣◎	7:50 Laza~Vilar de Barrio~Xunqueiro de Ambia 16:15	Am 5	33.6+2
33	4.1 (金)	◎	7:30 Xunqueiro de Ambia~Seixalbo~Orense 14:15	A(教) 5	22.0+2
34	2 (土)	♣◎	7:40 Orense~Bouzas~Cea~Dozon 18:25	Am 5	39.0+1
35	3 (日)	♣○	8:25 Dozon~Estacion de Lalin~ Silleda~Bandeira 17:30	H 25	35.0+1
36	4 (月)	◎	7:55 Bandeira~Ponte Ulla~Sergude~Santiago de Compostela 17:05	Hs 15	33.3
			巡礼中の降雨日数：18日 (降水確率 54.5%) 歩行距離+ロス 合計		990.7+71.0 =1061.7

37	5 (火)	◎	Santiago de Compostela (ミサ出席)		Hs 15
38-45	6 (水)	◎	以降観光旅行 (バックパック)		
			Santiago de Compostela−Gijon (ALSA)		H 43.2
	7 (木)	◎	Gihon−Oviedo (ALSA)		H 33
	8 (金)	◎	Oviedo		H 33
	9 (土)	○/♣	Oviedo−Santander− (ALSA 夜行バス) −		−
	10 (日)	◎	Barcelona− (ALSA 夜行バス) −		−
	11 (月)	♣	Madrid−(Renfe)−Segovia		H 30
	12 (火)	◎	Segovia−(バス)−Madrid		Hs 28
	13 (水)	◎	Madrid		Hs 28
46	14 (木)	◎	Madrid 13:00−(TG949)−		機内
47	15 (金)	♣	− 6:05 Bangkok 11:00−(TG672)−関空 18:30		

第3次 ポルトガル人の道, プリミティヴォの道, フィステーラの道 2011.6.29−7.23 (25日間)

日順	月日 (曜日)	天候	行　程	宿泊施設 (€)	歩行距離 (km)
1	6.29 (水)	○/♥	関空 11:45−バンコク 15:35 (TG623)	機内	
2	30 (木)	◎	バンコク 0:05−(TG947)−8:00 マドリッド 15:35− (FR5414) − −ポルト 15:50	H 40	
3	7.1 (金)	○	12:30 Port〜Ilarinho 19:40	民宿 15	27.0+1.5
4	2 (土)	♣/○	7:15 Vilarinho〜Sao Pedro de Rates〜Barcelos 15:35	Am 5	27.3+1.0
5	3 (日)	♣	6:15 Barcelos〜Borim〜Ponte de Lima 15:45	Am 3	33.5
6	4 (月)	♣/○	6:50 Ponte de Lima〜Rubiaes〜Fontoura〜Valenca do Minho 18:00　歩数計紛失	Am 3	38.0

161

7	5 (火)	♣○	6:50 Valenca do Minho~Tui~Porrino~Mos 16:00 (時差1時間プラス)	Am 5	22.0+1.0
8	6 (水)	♣/○	7:45 Mos~Pontevedra 15:30	Am 5	25.0
9	7 (木)	↑♣	7:10 Pontevedra~Caldas de Reis~O Pino (Valga) 15:40	Am 5	31.6
10	8 (金)	↑♣	6:50 O Pino~Teo~Santiago de Compostela (巡礼者事務所) 15:45	Hs 20	33.7
11	9 (土)	♣	Santiago de Compostela 16:00 – Lugo 18:00 (ALSA)	Hs 26.46	α
12	10 (日)		Lugo	Hs 26.46	
13	11 (月)	♣○	9:05 Lugo~Ferreira~Merlan 18:15	Am 5	33.0
14	12 (火)	↑♣	7:00 Merlan~Melide~Arzua 15:30	Ap 10	29.0
15	13 (水)	♣	7:45 Arzua~O Pino~Monte do Gozo 17:20	Am 5	35.0
16	14 (木)	♣	8:10 Monte do Gozo~Santiago de Compostela 9:20 – (ミサ) ~Negreira 18:55	Ap 10	27.0 (5, 22)
17	15 (金)	♣	6:50 Negreira~Visaserio~A Ponte Olveira~Olveiroa 16:10	Ap 12	33.0
18	16 (土)	↑♣	7:50 Olveiroa~Cee~Fisterra (Finisterre) 16:00	Ap 10	32.0
19	17 (日)	♣	Fisterra 9:55 – A Coruna 11:50 (バス)	Hs 15	α
20	18 (月)	↑/○	A Coruna 7:00 – (ALSA) – 14:15 マドリッド 15:37 – (Renfe) – Aranjuez 16:40	H 35	α
21	19 (火)	○/◎	Aranjuez 15:35 – 16:30 マドリッド 16:55 – Guadarajara 18:00	H 30	α
22	20 (水)	◎	Guadarajara 15:35 – マドリッド 16:30	Hs 28	α
23	21 (木)	◎	マドリッド 13:00 – (夜行便 TG949) –	機内	–
24	22 (金)	↑♣	– 6:05 バンコク 23:30 – (夜行便 TG627) –	機内	–
25	23 (土)	♣○	– 関空着 7:00		
			歩行距離＋ロス 合計		429.1+3.5 =432.6

162

第4次 北の道、イギリス人の道 2011.10.31－11.24（25日間）

日順	月日(曜日)	天候	行　　　　　程	宿泊施設 (€)	歩行距離 (km)
1	10.31 (月)	京都◎	関空 11:00－バンコク 15:45 (TG623)		－
2	11.1 (火)	☘	バンコク 0:10－マドリッド 7:50 (TG948) Madrid 10:00－Oviedo 15:35 (ALSA)	公A 5	28.0+1
3	2 (水)	☘○	6:15 Oviedo～Posada～Cacienes～Aviles 14:10	公A 5	28.0+1
4	3 (木)	☘	6:40 Aviles～Castrillon～Soto del Barco～El Pito～Soto de Luina 17:05	公A 0	38.9+1
5	4 (金)	☘	8:05 Soto de Luina～Ballota/Bellota～Canero 16:00	H 20	29.6+1
6	5 (土)	☀/☘	7:35 Canero～Luarca～Otur～La Colorada 14:35	H 15	31.4+1
7	6 (日)	☘	7:40 La Colorada～Tapia～Figueras～Ribadeo 17:50	Hs 15	31.1+2
8	7 (月)	☀/☘	7:20 Ribadeo～Gondon～Lourenza～Mondonedo 18:00	公A 5	36.0+2
9	8 (火)	☀/☘	7:20 Mondonedo～Abadin～Martinan～Vilalba 16:45	公A 5	39.5
10	9 (水)	☀/◎	7:40 Vilalba～Baamonde～Miraz 17:30	教A 5	38.0
11	10 (木)	☘	7:40 Miraz～Sobrado dos Monxes 14:15	教A 5	24.0+2
12	11 (金)	☘	8:45 Sobrado dos Monxes～Corredoiras～Boimorto～Arzua 14:50	公A 5	25.4+3
13	12 (土)	☀/☘	7:45 Aruzua～Salceda～Monte do Gozo～Santiago de Compostela 17:10	Hs 20	41.0
14	13 (日)	☀/☘	Santiago de Compostela 13:30－Ferrol 14:45　(バス)	Hs 21	－
15	14 (月)	☀/☘	7:50 Ferrol～Neda～Pontedeume～Mino 17:55	公A 5	38.6
16	15 (火)	☀/☘	8:15 Mino～Bentazos～Visono～Bruma 18:30	Hs 16	36.2+1
17	16 (水)	☀/☘	7:50 Bruma～Sigueiro 15:20	Hs 16	27.2+1
18	17 (木)	霧◎	7:50 Sigueiro～Santiago de Compostela 12:00	Hs 16	16.1+1
19	18 (金)	☀/☘	Santiago de Compostela 22:33　(Renfe 夜行寝台)　－	夜行列車	－
20	19 (土)	☘	－8:15 Madrid 9:05－Granada 13:30 (Renfe 特急列車)	P 20	－
21	20 (日)	☀	Granada 16:30－Madrid 21:35 (ALSA)	Hs 28	－
22	21 (月)	☘	Madrid	Hs 28	－

163

23	22 (火)	✈	Madrid 11:35 – (TG949) –	機内	
24	23 (水)	BKK○/☂	– Bangkok 5:35　Bangkok 7:00 – Pattaya 8:40 (バス)	H　800B	
25	24 (木)	BKK○	Pattaya 6:00 – Banbkok 7:20 (バス)　　Bangkok 11:00 – (TG672) – 関空 18:10	–	
			歩行距離＋ ロスニ合計	481.0＋16.0 ＝497.0	

第5次　北の道、プリミティヴォの道　2012.2.29－4.5（37日間）

日順	月日 (曜日)	天候	行　　　　　程	宿泊施設 (€)	歩行距離 (km)
1	2.29 (水)	京都◎	関空 17:00 – バンコク 21:00 (TG627)		
2	3.1 (木)	○	バンコク 0:10 – マドリッド 7:50 (TG948) Madrid 11:00 – San Sebastian 17:00 (ALSA) San Sebastian 18:15 – Irun 18:53 (私鉄 Fusco)	P　30	2.5 (起点へ)
3	2 (金)	◎	7:10 Irun～Pasaia San Pedro～San Sebastian 16:50	YH　14.10	25.2＋3
4	3 (土)	◎	8:00 San Sebastian～Orio～Zarautz～Zumaia 17:30	Hs　20	32.3＋1.2
5	4 (日)	☂✈	7:10 Zumaia～Deba～Olatz～Markina/Marquina 18:00	Hs　15	36.9
6	5 (月)	☂✈	7:35 Markina～Bolivar～Gernika・Lumo 18:00	YH　18.58	25.6
7	6 (火)	☂✈	7:45 Gernika・Lumo～Larrabetzu～Bilbao 17:55	Hs　17.5	37.4＋2.5
8	7 (水)	☂✈	8:35 Bilbao～Retuerto～La Prena～Pobena 18:20	Hs　35	35.3＋6
9	8 (木)	☂✈	7:45 Pobena～Santullan (ここより Cantabria) ～Castro-Urdiales～Islares 17:10	公A　5	32.8＋1
10	9 (金)	○/◎	8:20 Islares～Rioseco～Liendo～Laredo～Colindres 17:50	公A　5	30.3＋1
11	10 (土)	☂✈	7:50 Colindres～Guimes～Galizano～Somo – (ferry) – Santander 18:55	公A　6	41.9＋4
12	11 (日)	☂/○	8:20 Santander～Cudon～Requejada～Santillama del Mar～Novales～Anguilas 18:30	公A　4	32.2＋4
13	12 (月)	☂/○◎	7:30 Anguilas～Queveda～Cudon～Santillama del Mar～Novales～Comillas 18:15	P　25	31.5＋5.5
14	13 (火)	☂/○◎	7:40 Comillas～San Vincente de la Barquera～Pesues～Colombres 17:00	体育館　0	29.5＋2.5

164

15	14 (水)	♣	7:20 Colombres〜Pendueles〜Llanes〜Niembro 17:40	P 20	31.7+3
16	15 (木)	♣	8:00 Niembro〜Nueva〜Ribadesella〜San Esteban 17:05	公A 5	24.4+3
17	16 (金)	♣	7:15 San Esteban〜Caravia la Bajo〜Colunga〜Villavicosa16:40	Hs 12	34.6+3.5
18	17 (土)	♣↑	7:40 Villaviciosa〜La Carcava〜Pola de Siero 15:15	公A 5	27.6+1
19	18 (日)	♣↑	7:50 Pola de Siero〜Colloto〜Oviedo 18:20	公A 6	17.1+1
20	19 (月)	↑○	8:05 Oviedo〜Premono〜Grado〜San Juan de Villapanada 17:30	公A 5	27.4+1
21	20 (火)	♣○	6:40 San Juan de Villapanada〜Cornellana〜Salas〜Bodenaya 15:00	私A 20	25.8+1
22	21 (水)	○◎	7:05 Bodenaya〜Tineo〜Campiello〜Borres 16:05	公A 3	31.0
23	22 (木)	○	6:25 Borres〜Lago〜Berducedo 16:10	公A 5	27.0
24	23 (金)		7:00 Berducedo〜Grandas de Salime 14:00	公A 5	22.5
25	24 (土)	♣○	7:00 Grandas de Salime〜Careijeeira〜Fonsagrada〜Padron 16:35 (サマータイム)	公A 5	27.8
26	25 (日)		7:30 Pedron〜A Lastra〜O Cadavo 13:50	公A 5	23.6
27	26 (月)	◎	7:15 O Cadavo〜Castroverde〜Lugo 14:45	公A 5	30.8
28	27 (火)	◎	7:10 Lugo〜San Romao da Retorta〜Ferrira〜As Seixas 16:00	公A 5	32.5
29	28 (水)	◎	7:45 As Seixas〜Melide〜Arzua 15:10	公A 5	29.7
30	29 (木)	◎	6:40 Arzua〜O Pino (Arca)〜Monte do Gozo 15:55	公A 5	32.1
31	30 (金)	◎	7:55 Monte do Gozo〜Santiago de Compostela 9:20　　Santiago 22:33 -夜行列車-	夜行列車	5.3+1.5
32	31 (土)	♣○	−8:02 Madrid 9:10−Cuenca 10:08 (Renfe)	H 109.49	−
33	4.1 (日)	○	12:46 Cuenca − Madrid 13:02 (Renfe)	Hs 28	−
34	2 (月)	↑○	Madrid	Hs 28	−
35	3 (火)	♣	Madrid 13:00− (夜行便TG949) −	夜行便	−
36	4 (水)	♣	−Bangkok 6:05　　Bangkok− (バス) −パタヤ	H 800B	−
37	5 (木)	♣	パタヤ − (バス) −Bangkok 11:00−(TG672)−関空 18:30	−	歩行距離+ ロス=合計 844.3+45.7 =890.0

第6次 フランスの巡礼路：アルルの道、ピアモンテの道 2012.9.19–10.19（31日間）

日順	月日(曜日)	天候	行　　程	宿泊施設 (€)	歩行距離 (km)	備考（交通費等, €）
1	9.19 (水)	○	12:50 自宅—関空（阪急・地下鉄・南海）、関空 17:20—BKK 21:10 (TG627)	機内		
2	20 (木)	◎/○	1:40 BKK—Milan 8:35 (TG940)、ミラノ中央駅 11:10—ジェノヴァ 13:00 (伊鉄道)	H 31		バ10、鉄28
3	21 (金)	◎/○	10:30 ジェノヴァ—Ventimiglia 14:10 (伊鉄道)、15:55 Ventimiglia—マントン(徒歩)	H 53	国境越 10	鉄道12.8
4	22 (土)	◎/○	11:25 マントン—モナコ 12:05 (バス100)、モナコ 15:25—エズ 15:40 (バス112)、17:40 エズ—ニース 18:05 (バス83)	YH 24.6※		バス6 ※朝食付
5	23 (日)	○	14:30 ニース—Antibes 15:50 (バス200)、Antibes 18:07—カンヌ 18:18 (SNCF)	H 40※		バ1、鉄2.7
6	24 (月)	▲/⚡	11:58 カンヌ—マルセイユ 14:15 (フランス国鉄 SNCF)	YH 23.9※		鉄道32
7	25 (火)	○	マルセイユ	YH 23.9※		バス22
8	26 (水)	▲/⚡	7:06 マルセイユ—オランジュ Orange 8:34、Orange 12:37–13:30 Avignon (SNCF)	YH 13		鉄 19.8、4.5
9	27 (木)	○/▲	11:40 Avignon—Pont du Gard (バス A15)、P.D.G 16:08—Nimes 17:10 (バス C30)	H 30.6		バス3
10	28 (金)	○/▲	16:15 ニーム—アルル Arles 17:10 (バス C30)	YH 18.7※		バス1.5
11	29 (土)	⚡	アルル	YH 18.7※		
12	30 (日)	▲/⚡	8:20 アルル—サン・ジル St. Gilles 14:10	私 G10	22.6+1	
13	10.1 (月)	○/◎	7:30 St. Gilles～Vauvert～Gallargues-le-Montueux 17:45	公 G 5	29.9+8	
14	2 (火)	○/◎	8:05 Gallargues-le-Montueux～Vendargues～Le Cres～Montpellier 15:40	YH 19.6※	27+3	B&T 1.5
15	3 (水)	○	10:50 Monpellier—Narbonne 11:50 (SNCF)	CIS16.3※		鉄道12.1
16	4 (木)	⚡/○	8:45 Narbonne～Salles d'Aude～Le Somail 16:30	H 55※	19+9	
17	5 (金)	⚡	8:40 Le Somail～Marseillette 18:50	私 G20※	39.6+1	
18	6 (土)	⚡	8:40 Marseillette～Carcassonne 15:50	YH 21.9※	22.8+3.5	
19	7 (日)	⚡	9:25 Carcassonne～11:05 Carcassonne 駅 12:06 Carcassonne–13:06 Toulous 16:36—Lourdes 18:18 (SNCF)	H 30	6+7	鉄道 11.5、27.3
20	8 (月)	○/⚡	10:30 Lourdes～Asson 16:40	公 G10	24+2	
21	9 (火)	⚡/○	9:15 Asson～Arudy 15:25	私 G10	18.5+4	

YH：ユースホステル、G：ジット

22	10 (水)	☁☂	7:45 Arudy～Ogeu～Oloron-Saint-Marie 16:00	公 G12.5	23.5+4.5	
23	11 (木)	☁☂	7:40 Oloron-Saint-Marie～Hospital-Saint-Blaise～Maulion-Licharre 18:20	公 G10	39.7+3	
24	12 (金)	☂☀	8:20 Maulion-Licharre～Ordiarp～Saint-Just-Ibarre 16:50	RH 35※	23.9+3.5	
25	13 (土)	☂○	8:45 Saint-Just-Ibarre～Saint-Jean-Pied-de-Port 15:40	公 G 8※	20.8	
26	14 (日)	☂☀	8:01 Saint-Jean-Pied-de-Port － 9:19 Bayonne 10:03 － 11:13 Pau 13:14 － －15:28 Toulous 16:54～Narbonne 18:23 (SNCF)	H 26.4		鉄道 18.1, 35.9
27	15 (月)	◎	9:09 Narbonne－11:20 Avignon 14:18－Lyon Port Dieu 16:40	YH 29.38※		
28	16 (火)	○☂	リヨン市内	YH 29.38※		鉄道 40.1
29	17 (水)	☂	7:35 Lyon Port Dieu－8:58 Chambery 10:57－14:55 Milan (SNCF)	Hs 30		17.5, 67.0
30	18 (木)	☂	14:05 Milan－夜行便 (TG941) －			
31	19 (金)	○	－5:55 BKK 11:00－関西空港 18:30 (TG672)			
			歩行距離＋ロス 合計		317.3＋49.5 ＝366.8	

第 7 次 レヴァンテの道、サナブレスの道 2013.3.10－4.11 (33 日間)

日順	月日(曜日)	天候	行　　　　　程	宿泊施設 (€)	歩行距離 (km)	備考（交通費 等，€）
1	3. 10 (日)	☂	18:50 自宅－四条大宮－関空 23:40－(EK317)－	夜行便		－
2	11 (月)	○☁☂	－5:45 ドバイ 7:25－(EK141) 12:30－マドリッド 16:00－(バス)－バレンシア 20:15	Hs 30		バス 24.15
3	12 (火)	○☁	バレンシア市内	Hs 30		－
4	13 (水)	○☁	7:00 Valencia～Catarroja～Silla～Almussafes～Benifaio～Algemesi 17:40	Am(d) 3	38.0	d：寄付
5	14 (木)	○☁	7:20 Algemesi～Alzira～Carcaixent～Pobla Llarga～Manuel～Xativa 16:50	H 40	30.3＋3	
6	15 (金)	◎	7:55 Xativa～Canals～Vallada －Moixent 17:25	Am 0	27.9＋5	
7	16 (土)	☂○	7:50 Moixent～La Font de la Figuera 13:40	Am 0	17.6	

167

8	17 (日)	♣♠	7:15 La Font de la Figuera〜Almansa 15:00	Ap 10	26.6+2		
9	18 (月)	♣♠	7:00 Almansa〜Alpera〜Higueruela 18:25	Am 0	41.6	◎	
10	19 (火)	○♣♠	6:50 Higueruela〜Hoya Gonzalo〜Chinchilla de Monte-Aragon 14:40	Hs 25	28.8+2		
11	20 (水)	♣♠○	7:00 Chinchilla de Monte-Aragon〜Albacete 11:40	H 30	17.5		
12	21 (木)	○	6:55 Albacete〜La Gineta〜La Roda 17:05	Am (d) 5	40.9		
13	22 (金)	◎♣♠	7:00 La Roda〜 San Clemente 16:00	Hs 20	34.5		
14	23 (土)	♣	7:20 San Clemente〜Las Pedroneras 13:15	Hs 25	23.7		
15	24 (日)	†♠●○	7:15 Las Pedroneras〜El Perdemoso〜Santa Maria de los Llanos〜Mota del Cuervo〜El Toboso 16:40	Hs 15	31.2		
16	25 (月)	♣♠	6:45 El Toboso〜Quintar de la Orden〜La Puebla de Almoradiel〜La Villa de Don Fadrique 13:40	Am 0	27.0		
17	26 (火)	♣♠	6:50 La Villa de Don Fadrigue〜Villacanas〜Tembleque 14:40	Hs 25	29.1+1		
18	27 (水)	♣♠	7:30 Tembleque〜Mora 14:25	Hs 18	25.0		
19	28 (木)	♣♠○	6:30 Mora〜Almonacid de Toledo〜Nambroca〜Toledo 16:50 Hs.	Hs 20.33	39.5+1		
20	29 (金)	♣♠†	7:10 Toledo〜Rielves〜Torrijos 17:00	Am 0	33.8+2	総合体育館	
21	30 (土)	♣♠○	6:50 Torrijos〜Maqueda〜Escalona 14:20	Am 0	24.5		
22	31 (日)	♣♣○	6:55 Escalona〜Almorox〜San Martin de Valdeiglesias 15:00	Am 0	26.8+2		
23	4.1 (月)	○♣†	7:00 San Martin de Valdeiglesias〜Cebreros〜San Bartolome de Pinares 16:50	Am 0	32.1+2		
24	2 (火)	♣♠	7:00 San Bartolome de Pinares〜Avila 14:35	Hs 22	24.5		
25	3 (水)		Avila で1日	夜行列車		鉄道 31.65	
26	4 (木)	♣♠○†	0:02 Avila − (夜行列車) − 4:55 Orense 5:20 〜 Bouzas〜Cea 12:00	Am 5	22.5+1		
27	5 (金)	♣♠○	7:45 Cea〜Castro Dozon〜Estacion Lalin〜A Laxe 17:40	Am 5	38.5	鉄道 23.95	
28	6 (土)	◎○♣	7:45 A Laxe〜Silleda〜Punte Ulla〜O Outeiro (Vedra) 17:00	Am 5	39.0		
29	7 (日)	†	7:30 O Outeiro〜Pineiro〜Santiago de Compostela 11:25	Hs 23	15.4	朝食付	
30	8 (月)		Santiago de Compostela 22:23 − (夜行列車) −	夜行列車		鉄道 49.25	
31	9 (火)	○	− Madrid 08:02	Hs 29			
32	10 (水)	○	15:25 Madrid − (EK142) −	夜行便			

33	11 (木)	○	→0:40 Dubai 3:30→関空 17:10		
			歩行距離＋ロス 合計		736.4＋21 ＝757.4

(備考）レヴァンテの道はサンチアゴまで公称 1233.4km（バレンシア巡礼者友好協会）。Zamora〜Santiago 間は 2011 年 3-4 月に「銀の道」として歩いているので、今次の実質ミッシングリンクは、Avila〜Zamora 間の 172.5km のみ。

第 8 次 レヴァンテの道（続）、銀の道、フランス人の道　2013.9.9〜10.6（28 日間）

日順	月日（曜日）	天候	行　　程	宿泊施設 (€, £)	歩行距離 (km)	備考（交通費等、€, £）
1	9.9 (月)	○⛅	京都−17:20 関空−(TG627)−BKK 21:10	夜行便		−
2	10 (火)	◎/○	0:05 BKK−(TG948)−Madrid 8:00　9:58 Madrid−(Renfe)−Avila 11:50 13:00 Avila〜Gotarrendura 18:10	Am 3.5	22.2＋2	鉄道 5.2
3	11 (水)	⛅/○	7:00 Gotarrendura〜Henarsancho〜Tinosillos〜Arevalo 14:30	Hs 25	29.5	
4	12 (木)	◎	7:20 Arevalo〜Palacios de Goda〜San Vincente del Palacio〜Medina del Campo 16:00	YH 23.26※	34.1＋2	※朝食付
5	13 (金)	◎	7:20 Medina del Campo〜Nava del Ray〜Siete Iglesias de Trabancos 14:00	Am 3	25.5＋2	
6	14 (土)	◎	7:20 Siete Iglesias de Trabancos〜Castranuno〜Villafranca del Duero〜Toro 14:50	Hs 20	31.5	
7	15 (日)	○	7:15 Toro〜Villalazan〜Zamora 16:00	Ap 3 ※	33.7＋3	
8	16 (月)	◎/○	10:15 Zamora−(バス) −10:45 Granja de Moreruela 10:50〜Benavente 17:20	Am 4	25.9＋2	バス 4.15
9	17 (火)	◎/○	7:25 Benavente〜Villabrazaro〜Maire de Castroponce〜Alija del Infantado 13:00	Ap 10 ※	23.5＋2	
10	18 (水)	◎/○	7:05 Alija del Infantado〜La Baneza 12:30	Am 4	24.2	
11	19 (木)	○/◎	7:05 La Baneza〜Celada de La Vega〜14:10 Astorga 15:01-(Renfe)-Sarria 18:50	Ap 9	24.2＋4	鉄道 14.95
12	20 (金)	⛅/○	7:05 Sarria〜Ferreiros〜Portmarin〜Gonzar 15:00	Ap 10	31.1	

13	21 (土)	♣/○	7:20 Gonzar～ Eirexe～Ponte Campana Mato～Melide 16:10	Ap 10	33.2	
14	22 (日)	○/◎	7:10 Melide～Ribadiso～Salceda～Pedrouzo de Pino/Arca 15:20	Am 6	33.3	
15	23 (月)	◎/○	6:10 Pedrouzo de Pino/Arca～Santiago de Compostela 10:45	Hs 23 ※	20.6	
16	24 (火)	♣	Santiago de Compostela （一日休養）	Hs 23 ※		
17	25 (水)	♠/○	5:10 宿出市内 6:00－(バス)－ 6:50 Santiago 8:00－(FR5316)－ Madrid 9:10 16:45 Madrid－(FR3186)－ Manchester 18:25 （英国・スペイン時差 1時間）	YH20 £	市内 2	空港バス 3 鉄道 2.05
18	26 (木)	♣/○	9:55 宿出 12:16Manchester－(鉄道)－ Windermere 14:04	YH 22.94※	移動 8	鉄道 22
19	27 (金)	♣/○	10:00 Windermere～Near Sawrey～Hawkshead－(バス)－Ambleside－(バス)－ 15:35 Windermere 16:02－(鉄道) － Carlisle 18:00	Hs 17.5	12＋1	バス 12.25 鉄道 21.70
20	28 (土)	○	12:00 Carlisle～Swainsteads (Sandysike) 16:40	民家 28 ※	22.3＋3	
21	29 (日)	○	8:35 Swainsteads～Banks～Birdoswald Roman Fort～Once Brewed 17:50	YH 20.49※	34＋1	バス 2.55
22	30 (月)	♣	8:45 Once Brewed～Chesters Roman Fort～Hexham 15:15	Hs 35 ※	22＋3	バス 6.55
23	10.1 (火)	♣/○	7:50 Hexham－(バス)－ Corbridge－(バス)－ New Castle Upon Tyne 11:40	Hs 16 ※	市内 4	
24	2 (水)	♣↑	8:05 N.C.Upon Tyne～Saint Peters－(バス)－ Wallsend－(メトロ)－N.C.U.T. 11:30 13:15 N.C.Upon Tyne－(鉄道)－ 13:31 Durham 15:16－(鉄道)－ York 16:05	YH 16.99※	4＋4	バス 2.2 鉄道 33.8
25	3 (木)	♣/○	11:34 York－(鉄道)－ Doncaster－(鉄道)－ Liverpool 15:31	YH 16.99※	市内 10	鉄道 57.60
26	4 (金)	♣	13:00 Liverpool－(バス)－ Manchester Airport 13:50 16:20 Manchester－(FR3187)－ Madrid 19:55	Hs 29	市内 8	バス 6.9
27	5 (土)	◎	Madrid 13:00－(TG949)－	機内	－	
28	6 (日)	♣	－6:05 BKK 8:30－(TG626)－関空 16:00	－	－	
			歩行距離＋ロス 合計		392.5＋17 ＝409.5	英国分を除く

(備考) 英国「ハドリアヌスの石積防壁 (Hadrians Wall)」の総延長は 76 マイル (120km)。National trail としての footpath 総延長は 84 マイル (135km) (Harvey 社発行
"National Trail : Hadrian's Wall Path")。そのうち今回は、52km＋12km を歩いた。さらに英国内他の地域を 44km 歩いた。

第９次 エブロの道、アラゴンの道、フランス人の道 2014.3.11－4.11（32日間）

日順	月日（曜日）	天候	行　　　　　程	宿泊施設（€）	歩行距離（km）	備考（交通費等、€）
1	3.11（火）	◎	関空 11:50→Helsinki 15:10 (AY078)　Helsinki 17:00→Madrid 20:25 (AY3183)	駅周辺	—	メトロ 5.6
2	12（水）	◎/○☂	Madrid 5:50→Campo de Tarragona (Renfe.AVE) 8:17	Hs 25.5	—	AVE 50.25 バス 2
3	13（木）	☂☀○	Tarragona 7:09→(Renfe)→8:25 Tortosa 12:05～Xerta 15:30	Hs 20※	15.4	※朝食付
4	14（金）	☂/○	6:50 Xerta～Estacio de Benifallet～Fontcalda～Gandesa 14:45	Am 0	26.1+1.5	夕・朝食付
5	15（土）	◎	6:30 Gandesa～Batea～Fabara 15:30	CR 25	30.0+1.5	CR:登録民宿
6	16（日）	◎	7:35 Fabara～Caspe～Chiprana 16:30	CR 16.5	30.3+1	
7	17（月）	◎	6:45 Chiprana～Escatron～Sastago 14:30	Hs 27	30.4+3	
8	18（火）	◎	7:00 Sastago～Quinto～Fuentes de Ebro 16:00	Hs 20	35.5	
9	19（水）	○	6:40 Fuente de Ebro～El Burgo de Ebro～Zaragoza 14:00	YH 14.4	33.0+3.5	朝食付
10	20（木）	◎	10:00 Zaragoza～Monzalbarba～Sobradiel～Torres de Berrellen 17:10	Am 6	21.8+3.5	
11	21（金）	☂	7:00 Torres de Berrellen～Cabanas de Ebro～Luceni～Gallur 14:00	Am 10	27.7+1	
12	22（土）	☂/○	6:55 Gallur～Cortes de Navarra～Ribaforada～Tuleda 16:50	YH 15	38.5+2	
13	23（日）	☂	8:05 Tuleda～Castejon～Alfaro 14:30	Am 0	25.8	
14	24（月）	☂○☂	7:10 Alfaro～Rincon del Soto～Calahorra 13:50	H 36	28.4	
15	25（火）	☂/☂	6:50 Calahorra～Alcanadre～Arrubal 16:10	Am 4	35.3+3	
16	26（水）	☂	7:10 Arrubal～Logrono 12:25　Logrono 15:00→Pamplona 16:30（バス）	Am 7	20.6+1.5	バス 9.05
17	27（木）	☂/○	Pamplona 15:15→Jaca 16:58（バス）	Am 10	—	バス 8
18	28（金）	☂	Jaca 8:25→(バス)→9:00 Somport 9:20～Canfranc Estacion～Villana～Jaca 18:30	Am 10	31.7+1	バス 2.7
19	29（土）	☂	7:10 Jaca～Puente la Reina de Jaca～Berdun 16:20	Hs 25	31.8	
20	30（日）	☂/☂	7:50 Berdun～Artieda～Ruesta～Undues de Lerda 16:20（本日よりサマータイム）	Am 9	35.5+2.5	
21	31（月）	○/☂	8:20 Undues de Lerda～Javier～Sanguesa～Monreal 20:15	Am 7	42.6+1	

171

		天候	行　程			備考
22	4.1 (火)	○☂	8:15 Monreal～Tiebas～Olcoz～Eneriz～Eunate～Puente la Reina 16:30 Puente la Reina 17:05～Rogrono 18:15 (バスで移動)	31.4+1 夜行列車		バス 6.8
23	2 (水)	☂☀	Rogrono 1:05～Sarria 8:46 (夜行列車)　8:55 Sarria～Portomarin～Gonzar 17:30	31.1+1	Am 6	Renfe 49.35
24	3 (木)	☂☀	7:45 Gonzar～Ventas de Naron～Palas de Rei～Campana Moto～Melide 16:50	33.2	Am 6	
25	4 (金)	☀	7:45 Melide～Arzua～Salceda～Pedrouzo do Pino (Arca) 16:10	33.3	Ap 10	
26	5 (土)	☀	7:40 Arca～Amenal～Santiago de Compostela 12:30	20.6	Hs 23※	※朝食付き
27	6 (日)	☂☀	Snatiago	—	Hs 23※	
28	7 (月)	☂	Santiago	—	Hs 23※	
29	8 (火)	○	Santiago 空港 16:05～Malaga 空港 17:35 (Ryan Air)	—	Hs 15	バス 6, 3
30	9 (水)	○	Malaga 9:35～11:00 Mijas 13:40～Malaga 14:50　Malaga 22:30—(夜行バス)	—	夜行	バス 4.6, 22.5
31	10 (木)	○	—Madrid 5:25　　Madrid 10:15—(AY3184) —15:30 Helsinki 17:20—(AY077) —	—	機内	メトロ 5
32	11 (金)	○	—関空 8:55	—		
			歩行距離＋ロス 合計	690.0+28 =718.0		

第 10 次　仏・トゥールの道、バスク中央の道、フランス人の道　2014.9.14～10.14 (31 日間)

日順	月日 (曜日)	天候	行　程	宿泊施設 (€)	歩行距離 (km)	備考 (交通費等) (€)
1	9.14 (日)	○	関空 11:45—BKK 15:35 (TG623)	機内	—	
2	15 (月)	☂	BKK 0:05—Madrid 8:00 (TG948)　Madrid 11:30—(AVE)—13:37 Lleida 14:00— (バス) —Andorra la Vella 16:10	H 30*	—	メトロ 5, AVE 76.5, バス 22
3	16 (火)	○	Andorra la Vella 15:00～(バス)—18:55 Toulouse 19:13—(SNCF)—Bordeaux 21:32	Hs23*	—	バス 32.4, SNCF 32.60

4	17 (水)	○/♣♠	ボルドー市内、大聖堂−Gradignan−（バス）−Bordeaux 19:30　市内巡礼路	Hs 23*	8.0		B−日券 4.3
5	18 (木)	○/♣♠	7:05 Bordeaux−(トラムとバス)−Prieure de Cayac(Gragignan) 8:15〜Le Barp 14:25	G 0	28.0+1.0		バス 1.5
6	19 (金)	♣♠	7:10 Le Barp〜Belin-Beliet〜Le Muret〜Moustey 15:20	C 37	35.6+2.0		C：民宿
7	20 (土)	○	7:30 Moustey〜Pissos〜Labouheyre 13:30	C 20*	26.0		※朝食付
8	21 (日)	♣♠/○	7:20 Labouheyre〜Onesse et Laharie〜Lesperon 17:00	G 6	37.9+3.0		G：ジット
9	22 (月)	♣♠/○	8:10 Lesperon〜Castets〜Azur〜Soustons 17:55	C 0	37.2		調子上がらず
10	23 (火)	♣♠/○	6:40 Soustons〜Seignosse/Bourg〜Capbreton〜Tarnos〜Bayonne 16:20	C 20*	45.3+2.5		車利用 6
11	24 (水)	♣♠	7:10 Bayonne〜Birdat〜St.Jean de Luz〜Hendaye〜Irun 17:50	Am 5*	38.2+4.0		右足踝痛める
12	25 (木)	♣♠/○	7:20 Irun〜Oiartzun〜Astigarraga〜Herman〜Andoain 18:00	Am 5	36.4+3.0		調子上がらず
13	26 (金)	♣♠/○	7:35 Andoain〜Tolosa〜Legorreta〜Beasain 17:05	Am 5	33.6+1.0		以下数日続く
14	27 (土)	◎	8:20 Beasain〜Segura〜Zegama 13:05	Am 3	19.7		
15	28 (日)	♣♠	7:00 Zegama〜San Andrian〜Zlduondo〜Agurain/Salvatierra 15:10	Am 5	22.0		
16	29 (月)		7:10 Salvatierra〜Areaya〜Vitoria 14:50	Ap 10	28.0		
17	30 (火)	♣♠	7:15 Vitoria〜La Puebla de Arganzon 13:40	Am 5	20.5+1.5		
18	10.1 (水)	♣♠/○	6:30 La Puebla de Arganzon〜Brinas〜Haro 16:40	Am 5	33.5+1.0		
19	2 (木)	◎	6:55 Haro〜Zarraton〜Banares〜12:10 Santo Domingo de la Calzada 14:00 (バス) −15:15 Burgos 18:15−(Renfe)−Leon 20:14	Am 5	20.0+1.0		バス 4.82, Renfe 20.14
20	3 (金)	◎/○	6:30 Leon 7:13−(Renfe)−11:00 Monforte de Lemos 12:55−(バス)−Sarria 13:15 13:20 Sarria〜Ferreiros〜Mercadoiro 18:00	Ap 10	17.3+4.0		Renfe 14.05 バス 3.4
21	4 (土)	♣♠♣	8:00 Mercadoiro〜Gonzar〜Hospital da Cruz〜Palas de Rei 16:25	Ap 10	31.7		右踝痛再発
22	5 (日)	♣♠/○	6:50 Palas de Rei〜Moto Casanova〜Ribadiso〜Arzua 14:20	Ap 10	29.4		時々右踝痛む
23	6 (月)	♣	7:40 Arzua〜Pedrouzo/Pino〜Monte do Gozo〜Santiago 17:30	Hs 23*	39.8		
24	7 (火)	♣	Santiago	Hs 23*	−		
25	8 (水)	♣	Santiago	Hs 23*	−		
26	9 (木)	♣	以降観光（バックパック） Santiago 15:50−(FR2574)−17:20 Malaga 19:00−（バス）−Ronda 20:55	Hs 25*	−		国内線 20.43 鉄道・バス 15.61

173

27	10 (金)	☀/☁	Ronda 13:15 −（バス）−16:25 Algeciras 17:00−（バス）−La Linea 17:45〜（徒歩）〜Gibraltar 18:05	Hs18(£)	—	バス 13.58
28	11 (土)	☁☀	Gibraltar 出国 10:00 La Linea 10:30−（バス）−Fuengirola 12:30	Hs 23	—	バス 9.96
29	12 (日)	☁	Fuengirola 11:00−（Renfe）−11:48 Malaga 22:30−（夜行バス）−	夜行	—	鉄道・バス28.89
30	13 (月)	☁☀	−5:20 Madrid 13:00−（TG949）−	機内	—	メトロ 6.7
31	14 (火)	☁	−6:05 Bangkok 11:00−（TG672）−関空 18:30	—	—	
			歩行距離＋ロス 合計		582.1+24 =606.1	

第 11 次 ラナ（羊毛）の道, フランス人の道 2015.3.16−4.17 (33 日間)

日順	月日 (曜日)	天候	行　　　程	宿泊施設 (€)	歩行距離 (km)	備考（交通費 等, €）
1	3.16 (月)	○	関空 11:45−（AY078）−15:10 Helsinki 17:00−（AY3183）−20:25 Madrid 23:45 Madrid−（ALSAバス）−	夜行	—	バス 44.20
2	17 (火)	☁○	−5:20 Alicante 6:45−(Renfe)− 7:15 Elche 11:00−(Renfe)− Alicante 11:30	H 25	—	Renfe 5.9
3	18 (水)	☁	−7:25 Alicante〜Orito〜Monforte del Cid〜Novelda 16:30	Am 0	30.9+1	
4	19 (木)	☁	8:20 Novelda〜Elda〜Sax 16:00	H 22※	25.3+1	※朝食付
5	20 (金)	☁	8:25 Sax〜Villena〜Caudete 15:55	Am 5	28.9	
6	21 (土)	☁☀	7:40 Caudete〜Almansa 14:10	Ap 6	25.8	教会営
7	22 (日)	☁☀	7:55 Almansa〜Alpera 13:15	Hs 18	23.1	
8	23 (月)	☁	7:40 Alpera〜Alatoz 13:30	Am D5	25.3	D は客付
9	24 (火)	☁	7:15 Alatoz〜Alcara del Jucar〜Casas Ibane 14:50	H 20※	28.3+4.5	
10	25 (水)	☁/○	7:35 Casas Ibanez〜Villamalea〜Villarta 13:55	c 0	27.2+2	c：公共施設

11	26 (木)	○	7:20 Villarta〜Campillo de Altobuey 14:20	c	0	31.2	
12	27 (金)	◎○	6:30 Campillo de Altobuey〜Monteagudo de las Salinas	c	D5	27.8+4.0	
13	28 (土)	◎	7:40 Monteagudo de las Salinas〜Fuentes 13:30	Hs	12	23.2+2	市内 5
14	29 (日)	◎/○	8:30 Fuentes〜Mahorte〜Cuenca 14:45　　本日よりサマータイム	Am	D5	21.5+4.5	足にまめ、腰痛
15	30 (月)	○◎	7:55 Cuenca〜Villaconejos 20:40	Ap	D10	51.2	足にまめ (両足)
16	31 (日)	◎	8:00 Villaconejos〜Valdeolivas〜Salmeron 16:00	c	0	28.7+5.4	以降連日痛む
17	4.1 (月)	◎	8:25 Salmeron〜Trillo 15:40	c	0	31.0	
18	2 (火)	◎	7:25 Trillo〜Cifentes〜Mandayona 17:40	c	0	39.7+1	
19	3 (水)	◎/○	7:10 Mandayona〜Huermeces del Cerro〜Atienza 17:20	c	0	36.2+3.0	
20	4 (土)	◎	7:15 Atienza〜Retortillo de Soria 14:00	Hs	30	25.7	
21	5 (日)	◎	7:30 Retortillo de Soria〜San Esteban de Gormaz 13:50	Hs	25	44.4+2	うち 22.1 はバス
22	6 (月)	◎	7:40 San Esteban de Gormaz〜Quintanarraya 16:40	Am	5	32.3+2	
23	7 (火)	◎	7:35 Quintanarraya〜Santo Domingo de Silos 15:05	Ap	0	25.4+5.0	教会営
24	8 (水)	◎	7:20 Santo Domingo de Silos〜Covarrubias〜Mecerreyes 13:05	Am	5	24.9	
25	9 (木)	♣♣	7:15 Mecerreyes〜Burgos 16:50	Ap	6	34.9+5.0	
26	10 (金)	♣♣	3:45 Burgos 4:25 − (バス) − Lugo − (バス) − 11:10 Sarria 11:45〜Portomarin 18:55	Ap	10	22.9+3	バス 37.1
27	11 (土)	♣/○	7:20 Portomarin〜Palas de Rey〜Melide 18:20	Ap	10	41.4	
28	12 (日)	◎/○	7:45 Melide〜Ribadiso〜Salceda〜Pedrouzo do Pino 15:45	Ap	10	33.3	
29	13 (月)	◎/○	7:00 Pedrouzo do Pino〜Santiago de Compostela 11:30	Hs	23※	20.6	
30	14 (火)	♣/♣	Santiago − (バス) − Muxia − (バス) − Santiago	Hs	23※	−	バス 16
31	15 (水)	♣♣	Santiago 21:30 − (夜行バス) −	−	−	−	
32	16 (木)	♣	−7:10 Madrid 空港 T4　Madrid 10:15 − (AY3184) − 15:30 Helsinki 17:20 − (AY077) −	−	−	−	バス 48.13
33	17 (金)	♣/○	−関空 8:55	−	−	−	
			歩行距離+ロス ネット合計			811.1+45.4−22.1(車) =834.4	

175

第12次 マドリッドの道、フランス人の道、サルバドールの道、プリミティヴォの道 2015.6.22－7.16 (25日間)

日順	月日(曜日)	天候	行程	宿泊施設 (€)	歩行距離 (km)	備考 (交通費等、€)
1	6.22 (月)	☀☁	関空 0:10－BKK 4:15 (TG673) (バンコクで半日)	夜行便		
2	23 (火)	○☔	BKK 0:05－Madrid 8:00 (TG948) 10:30 Santiago 教会 (マドリッド)～Colmenar Viejo 20:30	H30	34.7＋2	メトロ 5
3	24 (水)	◎☁	8:10 Colmenar Viejo～Mataelpino 4:00	Am 8	22.9	
4	25 (木)	◎☁	6:55 Mataelpino～Cercedilla～Segovia～Zamarramala 20:55	Am 0	46.8＋3	
5	26 (金)	◎	8:20 Zamarramala～Santa Maria la Real de la Nieva 16:05	Am 5	29.1	
6	27 (土)	◎	7:15 Santa Maria la Real de Nieva～Coca～Villeguillo 16:05	Am 5	29.7	
7	28 (日)	◎	6:10 Villeguillo～Alcazaren～Valdesillas～Puente Duero 18:00	Ap 10	43.0	
8	29 (月)	◎	6:25 Puente Duero～Simancas～Cigunuela～Wamba～Penaflor de Hornua 13:55	Am 3	30.6	
9	30 (火)	◎	6:20 Penaflor de Hornua～Medina de Rioseco 12:40	Ap 7	24.3＋1.0	
10	7. 1 (水)	◎○	5:55 Medina de Rioseco～Cuenca de Campos～Villaolon de Campos 12:55	Am 4	28.1	
11	2 (木)	◎○	6:05 Villaoln de Campos～Melgar de Arriba～Sahagun 15:35	Am 5	39.4＋1.5	
12	3 (金)	◎◎	5:45 Sahagun～Bercianos del Real Camino～Mansilla de las Mulas 15:35	Am 5	39.0	
13	4 (土)	◎○	5:50 Mancilla de las Mulas～Puente Villarente～Leon～Cascantes～La Robla 18:50	Am 5	50.3	
14	5 (日)	☀☔	6:35 La Robla～Roladura de la Tercia～Pajares 17:25	Am 7	38.3	
15	6 (月)	◎	6:35 Pajares～Campomanes～Pola de Lena 14:30	Am 7	23.7＋3.5	
16	7 (火)	☀☔	6:05 Pola de Lena～Ujo～Mieres del Camino～El Pedrun～Olloniego～Oviedo 16:30	Ap 5	32.0＋3.5	
17	8 (水)	☀○	Oviedo 6:30－ (バス) －Lugo 10:30	Am 6	－	バス 22.1
18	9 (木)	◎	6:25 Lugo～O Candido～Ferreira 13:10	Ap 11	29.0＋0.5	
19	10 (金)	◎○	6:25 Ferreira～Melide～Ribadiso～Arzua 16:25	Ap 10	36.2＋1.0	
20	11 (土)	☀○	6:20 Arzua～Pedrouzo de Pino～Monte do Gozo～Santiago de Compostela 16:55	Hs 23	39.6	

176

21	12 (日)	○◎	Santiago de Compostela	Hs 23	—	—
22	13 (月)	☁/○	Santiago de Compostela	Hs 23	—	—
23	14 (火)	◎	8:15 Santiago de Compostela — (FR5316) — Madrid 9:30 13:00 Madrid — (TG949) —	夜行便	—	空港バス 3
24	15 (水)	☁○	— Bangkok 6:05	600 B	—	バタヤ泊
25	16 (木)	☁☂	Bangkok 11:00 — (TG672) — 関空 18:30	—	—	
				歩行距離＋ロス 合計	616.7＋16.0 ＝632.7	

第13次 カタルーニャの道I、モサラベの道（グラナダ）、プリミティヴォの道 2015.9.13−10.9（27日間）

日順	月日(曜日)	天候	行　　　程	宿泊施設 (€)	歩行距離 (km)	備考（交通費 等、€）
1	9.13 (日)	☁	関空 23:25 — (QR803) —	夜行便		
2	14 (月)	○	— 4:15 ドーハ 13:15 — (QR151) — 19:30 マドリッド 22:25 — (ALSA)	夜行		バス 32.41
3	15 (火)	☁○	— 6:00 バルセロナ 8:55 — (FGC・登山電車) — Montserrat 10:30 11:20 Montserrat~Castelloli~Igualada 19:10	Am 10	25.3＋1	2.45＋10.6 市内 6K
4	16 (水)	☁/○	7:20 Igualada~La Panadella~Vergos~Cervera 19:00	Ap 10	39.2	
5	17 (木)	☁/○	7:10 Cervera~Tarrega~Anglesola~Castellnou de Seana 15:15	Am 2	30.1＋2	
6	18 (金)	◎	7:10 Castellnou de Seana~El Palau d'Anglesola~Lleida 16:45	YH 17.2※	33.5	※朝食付
7	19 (土)	◎	9:00 Lleida~Alcarras~Fraga 18:35	Hs 0	32.0＋3	教会の紹介
8	20 (日)	◎	6:40 Fraga~Candasnos~Penalba 15:30 19:07 — (ALSA) — Zaragoza 20:45	夜行	37.0	バス 6.37
9	21 (月)	○	0:35 Zaragoza — (ALSA) — Madrid — (ALSA) — Granada 12:00 13:20 Granada~Atarfe~Pinos Puente 19:40	Ap 5 (d)	19.5＋2	バス 42.05 d：寄付
10	22 (火)	◎	7:45 Pinos Puente~Olivares~Moclin~Ermita Nueva~Alcala la Real 18:30	H 25	42.6＋0.5	

11	23 (木)	◎	7:40 Alcala la Real~Alcaudete 14:30	P 24	26.8+2	市内 2K
12	24 (木)	◎	7:55 Alcaudete~Baena~Castro del Rio 19:40	Am 0	45.8	
13	25 (金)	◎	7:40 Castro del Rio~Cordoba 18:50	Hs 20	39.5+1	
14	26 (土)	◯🐾	7:10 Cordoba~Los Villaros~El Vacar~Villaharta 17:45	P 15	37.4+10.0	一車 3.5K
15	27 (日)	◎🐾	7:10 Villaharta~Alcaracejos 16:55	Hs 17	39.5	
16	28 (月)	🐾◯	7:20 Alcaracejos~Hinojosa del Duque 12:40	Am 5 (d)	24.5	
17	29 (火)	🐾◯	7:40 Hinojosa del Duque~Monterrubio 15:35	Ap 5 (d)	33.7	
18	30 (水)	◎	7:30 Monterrubio~Castuera~Campanario 17:05	Am 0	39.6	総合体育館
19	10.1 (木)	◎	7:20 Campanario~Magacela~Don Benito~Medellin 16:50	Am 0	36.5+2	総合体育館
20	2 (金)	◎	6:35 Medellin~Torrefresneda~Merida 18:25　21:40 Merida－（ALSA）－	夜行	43.0+3.5	バス 40.87
21	3 (土)	◯	－Lugo 7:30　9:05 Lugo~As Seixas 17:30	Am 6	32.5	
22	4 (日)	🐾	8:00 As Seixas~Melide~Arzua 16:20	Ap 10	31.3	
23	5 (月)	🐾	8:10 Arzua~Calle~Salceda~Pedrouzo do Pino 12:50	Ap 10	19.2	暴風雨
24	6 (火)	🐾	7:10 Pedrouzo do Pino~Santiago de Compostela 11:30	Hs 23※	20.6	暴風雨
25	7 (水)	🐾	Santiago de Compostela	Hs 23※	－	
26	8 (木)	◯	8:15 Santiago de Compostela－(FR5316)－9:30 Madrid 15:35－(QR150)－ －ドーハ 23:20	夜行便	－	
27	9 (金)	◯	1:35 ドーハ－(QR802)－関空 17:25	－	－	車－3.5K
			歩行距離＋ロス ネット合計		729.1+27.0－3.5 ＝752.6	

第14次 アウグスタの道、南の道、カスティリャーノ・アラゴネスの道、フランス人の道　2016.2.14－3.11（27日間）

日順	月日(曜日)	天候	行　　程	宿泊施設 (€)	歩行距離 (km)	備考（交通費等、€）
1	2.14 (月)	☘	自宅－関空 23:25－(EK317)－	－	－	
2	15 (火)	○☘	－5:45 ドバイ 7:25－(EK141)－12:40 マドリッド 16:15－(Renfe)－Cadiz 20:10	Hs 15	－	鉄道 46.60
3	16 (水)	◎	9:55 Cadiz～San Fernando～Puerto Real 17:10	Hs 20	30.1+1	市内 7K
4	17 (木)	◎	8:10 Puerto Real～El Puerto de Santa Maria～Jerez de la Frontera 14:40	H　23	27.0	市内 8.5K
5	18 (金)	☘	8:00 Jerez～El Cuervo 15:30	Hs 15	27.7+2	
6	19 (土)	☘☂	8:00 El Cuervo～Las Cabezas de San Juan 14:15	Hs 15	28.3	
7	20 (日)	◎/○	7:40 Las Cabezas de San Juan～Utrera 15:30	Hs 20	32.1	
8	21 (月)	◎	7:40 Utrera～Alcala de Guadaira～Sevilla 17:10	Hs 13	34.2+4	
9	22 (火)	◎/○	7:30 Sevilla－(バス)－8:40 Huelva 11:30～Trigueros 16:40	Hs 18	19.6	
10	23 (水)	◎	7:50 Trigueros～Valverde del Camino 14:15	民　5	28.1	警察署紹介
11	24 (木)	◎/☂	7:40 Valverde del Camino～Minas Rio Tinto 14:20	Am 0	27.0+1.5	総合体育館
12	25 (金)	☘☂	7:35 Minas Rio Tinto～Campofrio～Aracena 16:35	H 26.1	31.1+6.5	
13	26 (土)	☂暴風雨	8:00 Aracena～Canaveral de Leon 14:25	Am 0	26.1	総合体育館
14	27 (日)	☘	8:00 Canaveral de Leon～Fuentes de Leon～Segura de Leon～Valencia del Ventoso 16:45	Am 0	34.1+1	
15	28 (月)	◎/○	7:25 Valencia de Ventoso～Zafra 14:05　Zafra 15:30－(バス)－Zaragoza 1:05	－	22.3+3	市内 2K
16	29 (火)	☘	8:00 Zaragoza－(バス)－8:40 Gallur 9:05～Borja 14:50	H 30	22.0	
17	3.1 (水)	○☘	7:50 Borja～Santuario de Misericordia (Ermita)～Tarazona 16:45	Hs 28	27.7+2.5	
18	2 (木)	○☘	7:40 Tarazona～16:00 Agreda 17:25－　(バス)　－18:10 Soria 18:30－(バス)－ －21:20 Valladolid 0:57－(Renfe)－	夜行列車	25.5+5.5	バス 15.97 鉄道 25.54
19	3 (金)	☘	－Sarria 6:42　7:15 Sarria～Ferreiros～Eirexe 17:50	Am 6	41.4	
20	4 (土)	☂	8:25 Eirexe～Palas de Rei～Melide 14:25	Ap 6	22.9+1	
21	5 (日)	☘☂	8:10 Melide～Boente～Arzua～Salceda～Pedrouzo do Pino 17:10	Am 6	33.3	

179

				行　　　　　　程	宿泊施設	歩行距離	備考
22	6 (月)	☂☀		7:20 Pedrouzo do Pino～Lavacolla～Santiago de Compostela 11:40	Hs 23	20.6	朝食付
23	7 (火)	☂☀		Santiago de Compostela	Hs 23	—	同上
24	8 (水)	☂☀○		Santiago de Compostela	Hs 23	—	同上
25	9 (木)	☂☀○		Santiago de Compostela 8:15 – (FR5316) – Madrid 9:30	Hs 27	—	
26	10 (金)	○		～マドリッド 14:25 – (EK142) –	—	—	
27	11 (土)			–0:35 ドバイ 3:00 – (EK316) – 関空 16:50	—	—	
				歩行距離＋ロス 合計		561.1＋28.0 ＝589.1	

第15次　ジローナの道、カステリャーン・アラゴネスの道（続）、フランス人の道　2016.5.29－6.23（26日間）

日順	月日（曜日）	天候	行　　　　　　程	宿泊施設 (€)	歩行距離 (km)	備考（交通費等、€）
1	5. 29 (日)	☁	18:50 自宅　関空 23:40 – (EK317) –	夜行便	—	
2	30 (月)	○	– ドバイ – (EK141) 13:25 – マドリッド 22:30 – (ALSA) –	同上	—	バス 32.41
3	31 (火)	○☀☁	– 6:05 バルセロナ 7:12 – (Renfe) – Figueres 8:15 Figueres ↔ Girona (鉄道)	Hs 18	—	Renfe 15.75, 6.70
4	6. 1 (水)	☁☀	8:10 Figueres – (バス) – Els Limits 8:55 9:35 Pertus (仏) ～Coll de Panissars～Jonquera～Biure～Figueres 20:25	Hs 18	35.6＋2	バス 3.9
5	2 (木)	☁	7:50 Figueres～Pontos～Bascara 12:40	P 25	18.0＋1	※朝食付
6	3 (金)	◎○	7:00 Bascara～Viladasens～Sarria de Ter～Girona 17:05	Hs 15.62※	33.1＋2	
7	4 (土)	☁☀	12:20 Girona～Bescano～Angles～Amer 20:00	Hs 25	25.5＋2	眼鏡作製
8	5 (日)	◎○☁	7:45 Amer～Les Planes d'Hostalot – (車) – Contonigros 18:15	C/R 20	38.3＋2	車 – 8.5K
9	6 (月)	◎○☁	7:10 Cantonigros～Roda de Ter～Vic 14:40	Ap 15.5※	22.5＋6.5	山中で道迷い
10	7 (火)	◎	8:15 Vic～L'Estany～Artes 20:50	Am 6	44.7＋4	山中で道迷い

11	8 (水)	◎/○	8:45 Artes～Navaroles～Manresa 14:45	IYH 17.24※	21.0+1	
12	9 (木)	○	8:05 Manresa～Montserrat 14:40	Am 6	25.5	
13	10 (金)	○	8:15 Montserrat－(電車)－9:45 Barcelona 11:00－(AVE)－12:23 Zaragoza 13:00－(バス)－Agreda 14:23	P 22	—	電車 10.2 AVE 47.15 バス 8.29
14	11 (土)	○/◎	7:20 Agreda～Pozalmuro 12:55	Am 0	20.5	
15	12 (日)	♣○	7:10 Pozalmuro～Ontalvilla de Monte～Soria 18:00	Hs 24	37.7+2.5	体育館
16	13 (月)	♣○	7:20 Soria～Cidenes～Villaverde de Monte～Abejar 17:45	Am 0	37.6+2.5	
17	14 (火)	♣○	7:30 Abejar～Navaleno～San Leonardo de Yague 15:25	Am 6	30.1+1	
18	15 (水)	♣👣	7:45 San Leonardo de Yague－(バス) 9:15 Burgos 10:30－(バス)－14:20 Leon 14:43－(Renfe)－Sarria 18:59	Ap 9	—	バス 22.75 Renfe 14.65
19	16 (木)	👣	7:20 Sarria－Gonzar－Hospital 17:00	Am 6	35.5	
20	17 (金)	👣	7:30 Hospital～Ventas de Naron～Mato・Casanova～Melide 15:00	Ap 10	28.8	
21	18 (土)	👣♣	7:40 Melide～Pedrouzo de Pino 15:25	Ap 10	33.3	
22	19 (日)	◎	6:20 Pedrouzo de Pino～Santiago de Compostela 11:05	Hs 23 ※	20.6	
23	20 (月)	○	Santiago de Compostela	Hs 23 ※	—	
24	21 (火)	◎/○	Santiago de Compostela 17:00－(Renfe)－Madrid 22:45	Hs 27	—	Renfe 35.35
25	22 (水)	◎	マドリッド 15:20－(EK142)－	機内	—	
26	23 (木)	○	－ドバイ－(EK316)－関空 17:10	同上	—	
			歩行距離＋ロス 合計		508.3+18 =526.3	

第16次 モサラべへの道（マラガ）、サン・ファン・デ・ラ・ペーニャの道、インヴェルノ（冬）の道 2016.9.26～10.26（31日間）

日順	月日（曜日）	天候	行　程	宿泊施設（€）	歩行距離（km）	備考（交通費等、€）
1	9.26（月）	☁	関空 10:45 –（AY78）–ヘルシンキ –（AY3183）– 20:25 マドリド 23:00 –（バス）	—	—	
2	27（火）	○	–マラガ 5:00 〈Camino Mozarabe de Maraga〉	Hs 18※	市内のみ	朝食付
3	28（水）	○☁	7:35 Malaga～La Junta de los Caminos～Almogia 15:20	Am 5 d	23.3 + 2	d：寄付
4	29（木）	◎/○	7:40 Almogia～Villanueva de la Concepcion 14:40	Am 3 d	18.4 + 4	山中道迷い
5	30（金）	◎	7:35 Villanueva de la Concepcion～Antequera～Cartaojal 16:35	Am 0	27.8	町役場に宿泊
6	10.1（土）	○	7:25 Cartaojal～Villanueva de las Algaidas～Cuevas Bajas～Encinas Reales 15:00	P 18	28.2	
7	2（日）	○◎	7:30 Encinas Reales～Lucena～Cabra 16:20		34.0	
8	3（月）	◎	7:50 Cabra～Dona Mencia～Baena 13:35 Baena15:00 – 16:45 Granada 18:30 – 23:15 Madrid （バス）	夜行バス	22.2 + 1.5	B→G 10.91 G→M 18.63
9	4（火）	◎	Madrid 1:30 – 7:05 Lleida 7:30～Tarrega 8:30（バス）〈Camino Catalan II〉 9:25 Tarrega～Tornabous～Bellcaire de Urgell～Balaguer 18:50	Am 5	35.8 + 2.5	M→L 28.25 L→T 6
10	5（水）	☁/○	8:50 Balaguer～Algerri 13:30	Am 5	17.5 + 0.5	
11	6（木）	☔☁	7:40 Algerri～Alfarras～Tamarite de Utera 13:25	Am 3	21.5	
12	7（金）	○	7:05 Tamarite de Utera～Monzon～Selgua～Berbegal 18:30	Am 5	41.7 + 2	
13	8（土）	○/◎	7:00 Berbegal～Pertus～Pueyo de Fananas 15:45	Am 5	29.4	スペイン人男と
14	9（日）	○/◎	7:15 Pueyo de Fananas～Huesca 12:05	Am 10	17.4	同上
15	10（月）	○/◎	7:00 Huesca～Bolea 13:30	Am 5	23.0 + 1	同上
16	11（火）	○	6:45 Bolea～Loarre～Sarsamarcuello 11:40	Am 5	16.3	同上
17	12（水）	☔☁	7:00 Sarsamarcuello～Ena 14:30	Am 5	25.6 + 0.5	同上
18	13（木）	☔	6:50 Ena～Monasterio Nuevo～Monasterio Viejo San Juan de la Pena～Santa Cruz de Seroz～16:00 Santa Cilia de Jaca 17:01 – 17:17 Jaca 19:00 – 21:20 Zaragoza 22:50	夜行列車	23.5 + 1	バス 1,3,15,9 Renfe 51.5
19	14（金）	☁/◎	–7:06 Ponferrada 8:45〈Camino de Invierno〉～Borrenes～Las Medulas 16:10	P 20	27.2 + 2	
20	15（土）	☁	8:10 Las Medulas ～ Sobradelo ～ O Barco de Valdeorras ～ Vilamartin de	Am 0	34.7	

	月日 (曜日)	天候	行　程	宿泊施設 (€)	歩行距離 (km)	備考 (交通費等、€)
21	16 (日)	☀☁	Valdeorras 17:50 7:55 Vilamartin de Valdeorras〜A Rua de Vardeorras〜Quiroga 16:00	Am 10	32.2	
22	17 (月)	☁☀	7:50 Quiroga〜A Pobra de Brollon〜Monforte de Lemos 17:50	P 20	35.4	
23	18 (水)	☁	8:10 Monforte de Lemos〜Chantada 17:30	P 15	29.7+1	
24	19 (水)	☁	8:20 Chantada〜Penasillas〜Rodeiro 15:40	P 20	25.8	
25	20 (木)	☁	8:00 Rodeiro〜Lalin〜A Laxe 16:25	Am 6	27.2	
26	21 (金)	◎☁	7:35 A Laxe〜Bandeira〜Ponte Ulla〜Outeiro 17:40	Hs 6	35.8+1	(前回 39.0)
27	22 (土)	☁☀	7:50 Outeiro〜Santiago de Compostela 12:05	Hs 23※	17.7	
28	23 (日)	☁☀	Santiago de Compostela	Hs 23※	—	
29	24 (月)	○	Santiago de Compostela	Hs 23※	—	
30	25 (火)	○	Santiago de Compostela 6:45 − (FR5316) − 8:00 Madrid 10:20 − (AY3184) − Helsinki	夜行便	—	タクシー 21
31	26 (水)	○	− (AY77) − 関空 8:55			
			歩行距離 + ロス 合計		671.3+19 =690.3	

第17次 モサラベの道 (ハエン)、カステリョンの道、ヴァディニエンセ・レバニエゴの道、プリミティヴォの道、フィステーラ・ムシアの道

2017.3.28〜4.27 (31 日間)

日順	月日 (曜日)	天候	行　程	宿泊施設 (€)	歩行距離 (km)	備考 (交通費等、€)
1	3.28 (火)	○	関空 10:00 − (LH741) − 14:50 フランクフルト 17:00 − (LH1122) − マドリッド 19:35	—	—	バス 23.79
2	29 (水)	◎	マドリッド 1:30 − (バス) − 6:30 Granada 7:00 − (バス) − Jaen 8:10 10:45 Jaen〜Mortos 17:05	Ap 5d	22.0+3	d：寄付
3	30 (木)	◎○	8:30 Martos〜14:30 Alcaudete 17:00 − (ALSA) − 18:10 Granada 23:30 − (ALSA) −	夜行バス	22.8	バス 52.63

183

4	31 (金)	♣/○	－Castellon de la Plana 9:00	Hs	25	25.0+5	市内 5K
5	4.1 (土)	◎/○♣	11:00 Castellon de la Plana～Ermita de la Magdalena～La Pobla Tornesa 18:05	Am	2d	27.0+1	
6	2 (日)	◎	7:55 La Pobla de Tornesa～Serra d'en Galceran 15:00	Hs	25	38.0	
7	3 (月)	○	7:25 Serra d'en Garceran～Cati 16:10	民家	30※	35.0	※朝食付
8	4 (火)	◎	7:30 Cati～Morella 16:35	Hs	20	43.6	
9	5 (水)	♣	7:30 Morella～Aguaviva 17:25	Am	5	37.6	
10	6 (木)	◎	7:35 Aguaviva～Alcorisa～Andorra 17:40	Am	15	22.6	
11	7 (金)	◎	8:10 Andorra～Albalate del Arzobispo 13:40	Hs	25	34.2+3	
12	8 (土)	◎	7:20 Albalate del Arzobispo～Belchite 16:40	IYH	14.4※	32.2+2	バス 2.85
13	9 (日)	◎/♣	7:30 Belchite～16:15 Fuentes de Ebro 16:30－（バス）－Zaragoza 17:10	Ap	10※	－	バス 31.85
14	10 (月)	♣/◎	6:00 Zaragoza－バス－(Santander)－バス－San Vicente de la Barquera 13:25	Am	5	32.5+1	
15	11 (火)	♣/◎	7:45 San Vicente de la Barquera～La Fuente～Cicera 16:20	Am	5	23.6+1	
16	12 (水)	♣/◎	7:40 Cicera～Santo Toribio de Liebana (Monasterio)～Cabanes～Potes 17:00	Ap	18※	27.4+6	
17	13 (木)	◎/○	7:50 Potes～Espinama 16:40	Hs	12	37.8	－12.4 車移動
18	14 (金)	◎/○♣	7:40 Espinama～Fuente De～Portilla de la Reina － 車 － Boca de Huergano 16:30	Ap	15	16.3	
19	15 (土)	○	7:45 Boca de Huergano～Riano～Horcadas 12:05	Am	5	31.1	
20	16 (日)	○	7:30 Horcadas～Cistierna 15:00	Am	5	22.8	
21	17 (月)	◎	7:40 Cistierna-Gradefes 13:30	Ap	5	23.5	
22	18 (火)	○/◎	7:40 Gradefes～Mansilla de las Mulas 12:50 7:50 Mansilla de las Mulas－（バス）－8:25 Leon 10:15－（バス）－Lugo 14:00 14:25 Lugo～San Romao Retorta Guntin 19:50	Ap	10	20.0+2.5	バス 17.53
23	19 (水)	○/♣	8:05 San Romao Retorta Guntin～Melide 14:40	Ap	10	29.0	
24	20 (木)	○	7:30 Melide～Pedrouzo 15:10	Ap	10	35.1	
25	21 (金)	◎	7:00 Pedrouzo～ Santiago de Compostela 11:40 13:00 Santiago de Compostela －（バス）－Fisterra 16:00 (岬往復・徒歩 5K)	Ap	10	20.6 5.0	バス 13.1
26	22 (土)	◎/○	7:35 Fisterra～Muxia 15:15	Ap	12	31.0+2	
27	23 (日)	◎	7:30 Muxia － (バス) － Santiago de Compostela 9:30	Hs	23 ※	－	バス 8

28	24 (月)	○	Santiago de Compostela	Hs 23※	—	
29	25 (火)	♣/○	7:48 Santiago de Compostela –(Renfe)– Madrid 13:06	Hs 27	—	Renfe 46.05
30	26 (水)	♣	Madrid 8:30 – (LH1123) – 11:10 フランクフルト 13:20 – (LH740) –	夜行便	—	
31	27 (木)	○♣	– 関空 7:40	—	—	
			歩行距離＋ロス		695.7＋26.5－12.4(車)	
			ネット合計		＝709.8	

185

コンポステーラ（巡礼証明書、第 17 次）

Capitulum huius Almae Apostolicae et Metropolitanae Ecclesiae Compostellanae, sigilli Altaris Beati Iacobi Apostoli custos, ut omnibus Fidelibus et Peregrinis ex toto terrarum Orbe, devotionis affectu vel voti causa, ad limina SANCTI IACOBI, Apostoli Nostri, Hispaniarum Patroni et Tutelaris convenientibus, authenticas visitationis litteras expediat, omnibus et singulis praesentes inspecturis, notum facit: Dnum

TOSHIYUKI KASAI

hoc sacratissimum templum, perfecto Itinere sive pedibus sive equitando post postrema centum milia metrorum, birota vero post ducenta, pietatis causa, devote visitasse. In quorum fidem praesentes litteras, sigillo eiusdem Sanctae Ecclesiae munitas, ei confert.

Datum Compostellae die 21 mensis Aprilis anno Dni 2017

Segundo L. Pérez López
Decanus S.A.M.E. Cathedralis Compostellanae

参考資料

『ぶらりあるきサンティアゴ巡礼の道』安田知子著（2006）、芙蓉書房出版
『聖地サンティアゴ巡礼の旅：日の沈む国へ』エンジン・ルーム社編集部（2008）、ぴあ
『スペイン巡礼史「地の果ての聖地」を辿る』関哲行著（2006）、講談社現代新書
『スペイン巡礼の道を行く：世界遺産カミノ・サンティアゴ』米山・古財共著（2002）、東京書籍
『巡礼コメディ旅日記：僕のサンティアゴ巡礼の道』ハーペイ・カーケリング著（2010）、みすず書房
『世界遺産：サンティアゴ巡礼路の歩き方』南川三治郎著（2010）、NPO 日本カミーノ・デ・サンティアゴ友の会
『人生に疲れたら巡礼：飲み食べ歩く 800 キロの旅』小野美由紀著（2015）、光文社新書
『聖地巡礼：世界遺産からアニメの舞台まで』岡本亮輔著（2015）、中央公論新書
『21 世紀世界遺産の旅』（2007）、小学館
『フランス世界遺産の旅』シャトルトラベル編（2002）、シャトルトラベル社
『アルビオンを歩く：イングランドケルト紀行』武部好伸著（2006）、彩流社
『日本人が知らない世界の歩き方』曽野綾子著（2006）、PHP 新書
『ガリア戦記』カエサル著（2009）、平凡社新書
『物語スペインの歴史：海洋帝国の黄金時代』岩根圀和著（2002）、中公新書
『バスク民族の抵抗』大泉洸一著（1993）、新潮新書
『地中海歴史散歩：スペイン』地中海学会編（1997）、河出書房新社
『ローマ人の物語 I～XIV』塩野七生著（1992～2005）、新潮社
『ゲルマーニア』タキトウス著、岩波文庫
『ポエニ戦争』ベルナール・コンペ＝ファルヌー著（1999）、文庫クセジュ
『ケルト文明とローマ帝国：ガリア戦記の舞台』フランソワーズ・ベックル他共著（2004）、創元社
『ローマ帝国衰亡史：上下』E. エドワード・ギボン著（1951）、岩波文庫
『ヨーロッパ文化の源流：聖書・神話の世界から歴史へ』水之江有一著（1993）、丸善ライブラリ
『ケルト人 Les Celtes』ヴァンセスクス・クルー著（1991）、白水社
『イタリア・ルネサンス』澤井繁男著（2001）、講談社現代新書 1557
『世界史（上）（下）』ウィリアム・H・マクニール著（2008）、中公新書
『十字軍物語 1』塩野七生著（2010）、新潮社

『十字軍物語2』 塩野七生著（2011）、新潮社
『十字軍物語3』 塩野七生著（2011）、新潮社
『中世ヨーロッパの歴史』 堀越孝一著（2006）、講談社学術文庫
『不思議なキリスト教』 橋爪大三郎・大澤真幸共著（2011）、講談社現代新書2100
『ローマ帝国と地中海文明を歩く』井村凌二編著（2013）、講談社
『ドン・キホーテ（新訳）後編』セルバンテス著・岩根圀和訳（2012）、彩流社
現地で入手した各種ガイドブック（英・西・仏語文）
スペイン巡礼に関する各種ウェブサイト、他

著者紹介

笠井利之（かさい としゆき）

1946 年	京都府に生まれる
1969 年	京都大学農学部卒業
1969 年〜	国際協力関係の仕事を 29 年間、大学教員を 11 年間務める
2009 年	退職を 2 年早め、自由人となる
	退職直後から長距離ウォーキングに目覚める
	四国遍路、熊野古道を歩き、2010 年からスペイン巡礼路を歩く
	併行して、職業上関心の強かったメコン川流域を徘徊（個人旅行）する

京都市内在住

スペイン巡礼路を歩き尽くす
―2010 年‐2017 年　11,300 キロ独り歩きの記録―

2017 年 11 月 10 日　第 1 刷発行

著　者　笠井利之

発行者　黒川美富子

発行所　図書出版　文理閣
　　　　京都市下京区七条河原町西南角〒600-8146
　　　　TEL（075）351-7553　FAX（075）351-7560
　　　　http://www.bunrikaku.com

印刷所　モリモト印刷株式会社

©Toshiyuki KASAI 2017　　　ISBN978-4-89259-816-6